재미있는
법률
여행
1

재미있는 법률여행 1

민법:재산법

초판 1쇄 발행 1991. 12. 20.
개정판 1쇄 발행 2014. 11. 14.
개정판 10쇄 발행 2024. 5. 2.

지은이 한기찬

발행인 박강휘
편집 조혜영
발행처 김영사
등록 1979년 5월 17일 (제406-2003-036호)
주소 경기도 파주시 문발로 197(문발동) 우편번호 10881
전화 마케팅부 031)955-3100, 편집부 031)955-3200 | 팩스 031)955-3111

값은 뒤표지에 있습니다.
ISBN 978-89-349-6930-3 04360
        978-89-349-6929-7 (세트)

홈페이지 www.gimmyoung.com   블로그 blog.naver.com/gybook
인스타그램 instagram.com/gimmyoung   이메일 bestbook@gimmyoung.com

좋은 독자가 좋은 책을 만듭니다.
김영사는 독자 여러분의 의견에 항상 귀 기울이고 있습니다.

재미있는

법률
여행

민법
재산법

1

한기찬 지음

김영사

머리말

법률을 전공하지 않은 일반 시민들을 위하여 민법·형법 등 중요한 법률 내용을 쉽고 재미있게 전달함으로써 소위 '법률의 대중화'에 기여해 보겠다는 저의 평소 생각이 김영사의 기획 의도와 결합되어, 그 합작품으로 《재미있는 법률여행》 시리즈 제1편 민법(재산법), 제2편 민법(가족법), 제3편 형법, 제4편 형사소송법을 세상에 선보인 지도 벌써 20년 이상의 세월이 흘렀습니다.

이 시리즈는 열 권을 목표로 하였고 이를 예고까지 하였습니다만, 그 후 제가 본의 아니게 법률학도로서는 외도인 분야에 뛰어들다 보니, 제4편 이후부터는 약속을 지키지 못하였습니다. 이는 저에게 항상 마음의 무거운 짐이자 빚으로 작용하고 있었습니다.

묵은 빚을 갚기 위해 시리즈 제1편에 해당하는 '민법: 재산법'의 개정판을 내게 되었습니다. 출간 이후 민법도 여러 번 개정이 되었고, 관련 법률(특별법)들도 제정되었으며, 중요한 판례도 많이 나왔습니다. 여기에 맞추어 구판의 내용을 적절히 고치거나 바꾸고, 재미와 유익을 더하기 위하여 지면이 허락하는 한 관련 사례의 설명과 법원의 판례를 덧붙이기도 하였습니다.

오랫동안 기다려주신 독자 여러분, 그리고 제가 본업으로 돌아와 약속한 《재미있는 법률여행》 시리즈의 안내를 맡아주길 기다려주신 김영사에 마음으로부터 정말 고맙다는 말씀을 드립니다.

2014년 11월

한기찬

차례

머리말

법률여행을 시작하려는 당신에게

민법에 관하여

PART 1 총칙

민법 총칙에 관한 기초적 설명

PART 2 물권

물권에 관한 기초적 설명

PART 3   채권

채권에 관한 기초적 설명

총칙

계약

법률여행을 시작하려는 당신에게

1. 이 책은 실제로 어떤 법률문제에 부딪혀서 당장 실용적인 해답을 구하려는 분에게는 어울리지 않습니다.

그런 분은 여행에 나설 것이 아니라, 서점에 산처럼 쌓여 있는 법률 상담집을 구해 보거나 변호사 사무실의 문을 두드리는 것이 더 빠르고 옳은 길입니다.

2. 이 책은 전문적인 법률 서적이 아닙니다.

'재미있는'이라는 수식어가 암시하고 있듯이 전적으로 법률을 전공하지 않은 일반 시민들의 법률 공부(여행)에 도움을 주기 위한 것입니다.

3. 이 책은 법률 퀴즈 문답집이 아닙니다.

퀴즈 문답집이라면 해답만 필요하고, 구태여 해설까지는 필요치 않을 것입니다.

4. 이 책은 민법의 재산법 분야에서 중요하고도 기본적인 개념이나 제도 중 150여 개를 선정해서 사례화하고, 사례마다 3개 정도의 문항을 제시한 뒤 정답을 해설하고 있습니다.

• '사례'는 전부 우리 사회에서 실제로 일어나는 사건들입니다. 여

러 번 읽어 사례의 내용과 질문의 취지를 충분히 파악해보십시오. 사례에는 때로 함정도 파놓았습니다.

• 그다음, 제시된 해답 중에서 당신의 상상력과 상식을 총동원하여 정답을 구해야 합니다. 이때 이러한 수고를 생략하고 곧바로 뒷장의 정답을 찾는다면 당신은 법률여행에 동참할 자격이 없습니다. 여행의 진가는 스스로 고생해보는 데 있으니까요.

• 뒷장의 정답에서 당신이 틀렸다고 하더라도 부끄러워할 필요는 전혀 없습니다. 여행은 알지 못하던 미지의 세계에 대한 노크이기 때문입니다. 그러나 정답은 즐거운 여행의 기억처럼 오랫동안 기억해야만 합니다. 실제 상황이 벌어졌을 때 남아 있는 기억이 당신을 구원할 수도 있습니다.

• 해설은 충분히 음미해보시기 바랍니다. 정답을 확인한 것에 만족하고 해설을 음미하는 수고를 빠뜨린다면, 당신은 진짜 여행을 다녀온 것이 아닙니다.

5. 여행을 마치고 나면 법률에 대한 당신의 인식이 바뀌기를 기대해봅니다. 법률도 인간을 위해 존재하는 것이고, 인간이 만들고 해석하고 적용하는 것입니다. 산이 등산가만을 위해 존재하는 것이 아닌 것처럼 어려운 법률도 당신의 노력 여하에 따라 친구가 될 수 있습니다.

6. 끝으로 저와 김영사가 안내하는 다른 법률의 여행지에서 당신과 다시 만날 수 있기를 바랍니다.

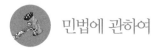 민법에 관하여

1. 법은 왜 필요한가?

우리가 여행하고자 하는 민법이 어떤 법인가를 알기 위해서 먼저 법은 왜 필요한가를 알아둘 필요가 있을 것 같다.

만일 사람이 살아가는 사회에 법이 없다면 사회는 어떻게 될까? 그 야말로 무법천지가 되고 힘 있고 강한 자만이 판을 치지는 않을까? 사회에 법이 없다면 사회에서는 그 순간부터 '만인에 대한 만인의 투쟁' 이 전개되고 말 것이다.

법은 이처럼 인간이 무리 지어 사는 사회에서 질서를 유지하는 대단히 중요한 기능을 수행하고 있다. 물론 질서 유지 기능은 도덕과 윤리, 관습 또는 종교의 계율도 담당하고 있다. 도덕, 관습, 종교도 넓은 의미에서는 사회 구성원에게 지켜야 할 어떤 기준이나 규칙을 제시하고 있고, 구성원들이 이것을 자발적으로 지키고 있는 한 일종의 법(규범이라고 한다)임에는 틀림이 없다.

그러나 이들 규범은 그 위반자가 나타나더라도 비난, 축출, 파문과 같은 약한 제재밖에는 가할 수 없다. 하지만 법, 더 정확하게 법률은 전혀 다르다.

법률은 형벌이나 권리의 박탈, 또는 의무의 부과를 통하여 위반자를 강력하게 제재할 수 있고, 이를 위반하지 않고 있는 사람들에게도 본 보기를 보여줄 수 있는 힘이 있다. 법률은 이처럼 국가 권력에 의하여 그 준수가 강제된다는 점에서 사회생활의 가장 강력한 기준이나 준칙이 되는 것이다.

현대의 문명국가는 강자의 힘에 의한 지배나 통치를 거부하고 법에 의한 지배를 받는 법치 국가이다. 그리고 무수히 제정, 공포되는 법률은 일정한 통일적 체계를 갖추고 있다는 점에서 법과 질서는 동의어인 셈이다.

우리가 여행하고자 하는 법의 세계는 무수한 법률 중 바로 법질서의 일부인 '민법'이다.

2. 민법은 어떤 법인가?

민법이 어떤 법인가를 알기 위해서는 민법이 법질서 중에서 어떤 위치를 차지하고 있는가를 먼저 살펴보아야 한다. 이런 관점에서 학자들은 민법을 '사법, 일반법, 실체법'이라고 정의하고 있다.

1) 민법이 규율, 즉 적용하고자 하는 대상은 개인의 사회적 생활 관계이다. 가령 남에게 돈을 빌려주면 빌려준 사람에게는 어떤 권리가 있고, 빌린 사람에게는 어떤 의무가 생기는가, 집을 팔고 살 때 판 사람과 산 사람의 권리와 의무는 무엇인가 등 개인의 사회생활 관계를 주된 적용 대상으로 삼고 있다고 해서 사법(私法)이라고 한다. 민법을 사법이라고 파악하는 것은 가령 세금에 관한 법률인 국제징수법과 같은

공법(公法)과 대비하기 위해서이다. 민법은 공법이 아닌 사법임을 알아두자.

2) 민법은 적용 대상이 특정한 사람이나 장소 또는 사항이 아니라, 모든 사람, 장소, 사항에 대해 보편적으로, 즉 일반적으로 적용된다. 그래서 민법을 일반법이라고 한다.

민법을 일반법과 특별법으로 나누어 생각하는 실익은, 특별법이 있으면 이 특별법이 먼저 적용되어야 하기 때문이다. 가령 민법에도 이자에 관한 규정이 있지만 이자의 최고 한도에 대해서는 별도로 이자제한법이 제정되어 있어서 이자라는 문제(사항)에 대해서는 이자제한법을 먼저 적용하게 된다(이를 '특별법 우선의 원칙'이라고 한다).

3) 민법은 개인 상호 간의 사회생활 관계에서 핵심적인 권리와 의무의 내용을 정해주고 있다고 해서 실체법에 속한다고 한다. 가령 앞에서 든 돈 관계에서 빌려준 사람이 빌려준 돈의 반환을 청구할 수 있는 권리를 채권이라고 파악하고, 빌린 사람의 의무를 채무로 파악하는 형식이다.

이에 비해서 권리를 어떻게 실행하고 의무의 이행을 어떻게 구할 것인가를 정하는 법을 절차법이라고 하는데, 민사소송법이 전형적인 절차법이다.

이렇게 법질서 중에서 사법, 일반법, 실체법이라는 위치와 특성을 부여받고 있는 우리나라 민법은 1958년 2월 22일 국회에서 제정되어 1960년 1월 1일부터 지금까지 시행되고 있는 법이다. 또 민법은 다섯 편으로 구성되어 있고, 본문이 1,118개조, 부칙이 28개조로 이루어진 방대한 법률이다.

우리나라에서 민법보다 방대한 법은 없다. 민법은 조문이 많은 우리나라 최대 용량의 법이다. 민법이 이렇게 방대한 조문을 갖고 있다는 것은 그만큼 민법이 개인 간의 사회생활 관계를 규율하는 법으로서 가장 중요하고 기본적인 법률이라는 것을 뜻하고, 이러한 현상은 세계 공통이라고 할 수 있다.

3. 민법의 역사

민법이 어떤 법인가를 이해하기 위해서 민법의 역사를 살펴보는 것도 의미가 있겠다.

사실 1,118개조의 방대한 조문을 자랑하는 우리 민법은 우리나라 고유의 법이 아니다. 조선의 멸망 직전까지 우리나라는 대체로 중국의 법을 모방해서 사용했지만, 모방된 법은 오늘날과 같이 근대적이고 문명국가적인 법은 아니었다. 1910년 우리나라는 한일 합병으로 주권을 상실하게 되었다. 주권의 상실은 곧 독자적 법률의 제정권을 박탈당하고 침략 국가의 법률을 적용받는다는 것을 뜻한다. 그래서 36년간에 걸친 일본의 우리나라에 대한 지배는 일본법에 의한 지배를 의미하게 되었다.

일본은 우리나라를 합병하자마자 거의 동시에 '조선에 시행할 법에 관한 건'이라는 긴급 칙령을 발포하여 식민지의 법률은 조선 총독부령의 형식으로 한다는 방침을 정하고 2년 후인 1912년 3월 이른바 '조선 민사령'을 공포하였는데, 이것은 두말할 것도 없이 일본의 민법이었다.

그런데 일본 민법도 사실은 일본이 이른바 '메이지 유신'을 단행하여 봉건적 막부 정치 시대와 결별한 뒤에 서구 유럽의 민법을 모방하여 만든 것에 불과하다. 즉, 일본 민법의 원본은 이른바 1804년의 나폴레옹 민법이라는 프랑스 민법과 1888년 공포된 독일(프러시아) 민법을 전적으로 모방한 것에 지나지 않는다. 일본이 유럽의 법을 모방·계수하고, 우리가 일본의 지배를 받게 됨으로써 그 후 우리나라는 유럽 대륙의 법계로 편입되어 오늘에 이르고 있는 셈이다. 물론 이것은 우리의 독자적인 선택은 아니었다.

해방이 되어 일본의 법률 지배를 벗어난 대한민국은 독자적인 법률 제정에 착수하였고, 10여 년간의 작업 끝에 앞서 말한 대로 1958년 2월 22일 민법을 제정하였다. 그리고 약 2년간의 준비 기간을 거쳐 1960년 1월 1일부터 본격적인 시행을 보게 되었던 것이다. 민법은 방대하다는 이유도 있지만, 기본적이고 중요한 법이기 때문에 제정에도 상당한 시간이 소요되고 개정도 오랜 시간이 걸리는 것이 보통이다.

민법은 1960년 1월 1일 이후 오늘에 이르기까지 21회의 개정이 있었는데, 모두 부분적인 손질에 지나지 않았다. 제정된 지 한 세대가 넘었어도 생명력을 잃지 않고 여전히 우리의 일상적인 사회생활 관계에서 파생되는 문제를 해결하고 있다.

4. 민법은 어떻게 구성되어 있는가?

1,118개조에 달하는 민법은 다섯 편으로 구성되어 있고, 각 편에는 다음과 같이 조문이 배당되어 있다.

제1편: 총칙(제1조~제184조)

제2편: 물권(제185조~제372조)

제3편: 채권(제373조~제766조)

제4편: 친족(제767조~제996조)

제5편: 상속(제 997조~제1,118조)

제1편 총칙은 민법 전반에 걸쳐 적용되는 중요한 기본적 원리를,

제2편 물권은 소유권 등 여덟 개의 물권을,

제3편 채권은 주로 계약을,

제4편 친족은 혼인과 가정의 질서를,

제5편 상속은 재산 상속에 관한 규정을 담고 있다.

제1편 총칙과 제2편 물권, 제3편 채권은 그 내용이 주로 재산 관계를 규정하고 있고, 제4편 친족, 제5편 상속은 신분 관계를 규정하고 있다고 해서, 학자들은 제1편, 제2편, 제3편을 '재산법'으로, 제4편, 제5편은 '가족법'으로 명명하고 있다. 학자들의 이러한 구분과 명명은 사회에도 그대로 통용되어 민법을 재산법과 가족법으로 나누어 생각하는 것이 보편적인 현상이 되었다. 이 책도 민법을 재산법과 가족법으로 나누고 있고, 이 시리즈의 첫 권에 해당하는 것이 바로 '민법: 재산법' 이다.

일러두기

1 본문의 표기는 현행 '한글 맞춤법 규정'에 따랐으나, 법률의 명칭은 '법제처 국가법령정보센터' 사이트의 표기를 따랐음.

2 법률의 재·개정이나 판결 일자가 괄호 안에 부가적인 설명으로 들어갈 때는 '0000. 00. 00.'로 표기하였음.

3 법률 조항의 경우, 해당 권에 관한 법인 경우 법률명을 밝히지 않고 조항만 표시했음.

4 '참고 조문' 부분의 동그라미 속 숫자는, 사례와 관련 있는 조문의 조항 번호를 가리킴.

PART 1
총칙

● 민법 총칙에 관한 기초적 설명

1. 총칙의 구성

모두 1,118개조로 이루어진 방대한 민법전을 펼쳐보면 민법은 조문을 단순히 나열하고 있는 것이 아니라, 총칙, 물권, 채권, 친족, 상속의 다섯 편으로 크게 나누고, 각 편을 다시 장과 절로 세분한 다음 조문을 장, 절에 따라 적절히 안배하고 있음을 발견할 수 있다.

즉 민법전은 마치 대형 건물의 설계도처럼 아주 치밀하게 설계되어 있는 것이다. '총칙'은 이름 그대로 다섯 편으로 구성된 민법전의 선두에 서서, 민법전 전체에 걸치는 원칙적이고 기본적인 규정을 담아 나머지 네 편의 안내자 역할을 담당하고 있다(그러나 실제로 총칙 내용은 재산법 분야에 관련되는 원칙적 규정을 더 많이 갖고 있다).

2. 총칙의 내용 분석

옷감으로 비유하다면 옷감이 날줄과 씨줄이 교차하여 조직되듯이, 민법은 권리와 의무라는 두 가지 기본 개념을 중심으로 전개된다.

이에 따라 총칙도

첫째, 권리와 의무의 주인공(주체)은 누구인가?

둘째, 권리와 의무의 대상(객체)은 무엇인가?

셋째, 권리와 의무의 발생, 변동, 소멸의 형식은 어떠한가?

라는 관점에 따라 구성되어 있다.

제1장은 총칙의 총칙이라고 할 수 있고,

제2장은 권리와 의무의 주체로서의 사람(자연인)을,

제3장은 또 하나의 권리와 의무의 주체자로서의 법인을,

제4장은 권리의 대상으로서의 물건을,

제5장은 권리와 의무를 발생·변동·소멸시키는 사유로서의 법률 행위를,

제6장은 권리 존속 기한(기간)의 계산 방법을,

제7장은 권리 소멸로서의 시효 제도를

각각 규정하고 있다.

3. 이 책의 총칙 편 구성

이 책은 총칙 편 제7장 184개 조문의 내용 중에서도 독자 여러분이 이해하여야 할 원칙적이고 기초적인 것을 35개 선정하여 해설을 시도하고 있다.

1. 달면 삼키고 쓰다고 뱉어서는 안 된다

김달중은 별장을 지어 여기서 노후를 보내려고 이수일의 임야 2,000평을 2,000만 원에 사기로 하고 매매 계약을 체결, 계약금과 중도금을 치렀다. 그런데 잔금을 치르는 날, 100만 원이 부족하여 6개월 후에 100만 원을 주되 월 5푼의 이자를 물어주기로 하고 간신히 등기를 하였다.

그 후 한 달이 지난 어느 날, 그 일대에 어느 재벌이 골프장을 짓는다는 소문이 돌자 땅값이 폭등하였다. 이렇게 되자 이수일은 땅을 싸게 판 것이 억울해서 궁리 끝에 잔금을 안 주었다는 이유로 계약을 해제한다는 내용증명 우편을 김달중에게 보냈다. 이 계약은 해약된 것으로 보아야 할까?

① 이수일의 해약 통고로 계약은 해제되어 땅은 다시 이수일의 소유가 된다.

② 매매 대금 중에서 못 받은 100만 원이 차지하는 비율만큼 이수일 소유가 된다.

③ 여전히 김달중이 땅의 소유권자다.

임야 2,000평에 대한 매매 계약에 의하여 김달중은 대금을 지급할 의무가 생긴 것이고, 김달중이 그 대금을 지급하지 않으면 이수일로서는 당연히 매매 계약을 해제할 권리가 있다(이것을 채무 불이행에 의한 계약 해제라고 한다).

그러나 매매 대금 중 극히 일부분에 지나지 않은 돈을 지급하지 않았다는 이유만으로 계약 전체를 해제하려는 것은, 상대방의 신뢰를 해치고 거래 관계에 있어서의 신의에 어긋나는 것이므로 법이 도와줄 수 없다. 즉 이수일의 계약 해제는 효력이 없다. 따라서 임야는 여전히 김달중의 소유가 된다. 이처럼 권리의 행사와 의무의 이행은 신의에 따라 성실히 하여야 한다.

이것을 '신의 성실의 원칙(약칭: 신의칙)'이라고 하며, 이 원칙은 단순한 도덕상의 원칙만이 아니고 모든 법의 원리를 지배하는 대원칙이다. 이런 점에서 법도 사실은 도덕, 윤리, 정의에 기초하고 있다고 말할 수 있다.

📝 참고 조문

제2조(신의 성실)
① 권리의 행사와 의무의 이행은 신의에 좇아 성실히 이행하여야 한다.
② 권리는 남용하지 못한다.

🔨 어드바이스

이수일의 계약 해제 통고가 신의 성실의 원칙에 비추어 허용될 수 없는 무효의 것이라고 하더라도, 김달중으로서는 적극적으로 대처할 필요가 있다. 대처 방법은 즉시 주지 못한 잔금 100만 원과 이자를 합해 이수일에게 지급해야 하고, 이수일이 이것을 받지 않는다면 공탁하여야 한다.

2. 법에도 놀부가 있는가

연놀부는 자기 땅 100평 중 50평을 심순애에게 떼어 팔았다. 심순애는 이 땅을 측량해보지 않고 놀부가 지적해준 위치에 2층 주택을 신축하여 딸 심청이와 잘 살고 있다.

몇 년 후 연놀부도 남은 자기 땅에 3층 주택을 지으려고 측량을 해보니 심순애의 주택 중에서 안방 부분 약 세 평이 자기 땅으로 들어와 있는 것이 아닌가?

그래서 연놀부는 심순애에게 주택을 헐고 땅 세 평을 내놓든지, 아니면 평당 500만 원씩 쳐서 돈을 물어내든지 하라며 매일 으름장을 놓고 있다. 응하지 않으면 철거 소송을 한다는 엄포도 잊지 않고 있다. 현재의 시가는 평당 100만 원이다. 자, 심순애는 어떻게 해야 하나?

① 철거 요구에 응하지 않아도 된다.
② 남의 땅에 집을 지은 이상 철거하든가, 땅을 사는 수밖에 없다.
③ 법원이 정해주는 가격으로 세 평의 땅만 다시 사면 된다.

심순애에 대한 철거 요구나 매수 요구는 연놀부 자신의 권리 행사처럼 보일 수 있다.

그러나 권리의 행사는 정당한 행사일 때만 법의 보호를 받는다. 권리 행사를 빙자하여 시가보다 다섯 배나 되는 가격으로 매수할 것을 요구하는 것은 권리 행사로 승인할 수 없고, 법이 도와줄 리가 없다. 즉, 권리는 남용되어서는 아니 되는데, 이것을 '권리 남용 금지의 원칙'이라고 부른다.

어떤 것이 정당한 권리 행사이고 남용인지는 구체적인 사건마다 따져보아야 하지만, 외형은 권리 행사로 보이나 실질적으로는 권리의 공공성, 사회성에 벗어나는 경우는 권리 남용이 된다는 기준을 제시할 수 있을 것이다. 이러한 기준에 비추어보면, 연놀부의 요구는 권리 남용으로 보아야 한다. 따라서 이 사건의 경우 심순애는 연놀부의 권리 행사를 권리 남용이라고 주장할 수 있고, 철거 요구나 매수 요구에 응하지 않아도 된다.

권리 남용 금지의 원칙은, 신의 성실의 원칙과 함께 법의 기본 원칙의 하나임을 잊지 말자.

🔨 어드바이스

법은 정당한 자만을 보호한다. 달면 삼키고 쓰면 뱉는 신의 없는 자, 권리가 있다고 이것을 빙자해서 남을 해치는 자는 법이 보호하지 않으며 보호해서도 안 된다. 그러나 연놀부는 철거 소송을 하고 말 것이다. 그러면 심순애는 그 소송 과정에서 놀부의 소송이 권리 남용임을 주장하여야 한다.

3. 결혼하면 어른이 된다

노미호는 만 18세의 대학교 1년생이다. 그런데 고등학교 동창생인 동 갑내기 여자 친구 주리혜와는 장래를 약속한 사이이고, 한시라도 떨어져 서는 못 살 지경이다.

그래서 양쪽 집안이 나서서 부랴부랴 결혼을 시켰고, 노미호의 아버지 는 작은 아파트 하나를 사주었다. 노미호는 학교에 다니고 노미호의 처인 주리혜는 집에만 있게 되자, 노미호는 경제적으로도 부모님으로부터 독 립하자는 생각으로 그 자금 마련을 위해 아파트를 갑에게 팔기로 하고 매 매 계약을 체결, 중도금까지 받았다. 물론 부모님의 사전 동의를 받지는 않았다. 이 소식을 들은 부모가 갑에게 찾아와 노미호와 주리혜는 미성년 자이므로 위 계약을 취소한다고 통고하고 갔다.

이 매매 계약의 운명은 어떻게 되는 걸까?

① 법정 대리인인 부모가 계약을 취소하였으므로, 노미호는 받은 돈을 갑에게 돌려주어야 한다.
② 부모라도 계약을 취소할 수 없고, 노미호는 잔금을 받고 갑에게 등기를 넘 겨주어야 한다.
③ 부모가 노미호의 법률 행위를 취소할 수 있으나, 다만 노미호가 받은 돈에 계약금만큼 더 주어야 취소할 수 있다.

미성년자는 문자 그대로 '만 19세 미만의 사람'으로서, 미성년자가 매매 계약과 같은 법률 행위를 할 때는 부모, 즉 법정 대리인의 동의를 얻어야 한다. 이때 동의 없는 미성년자의 법률 행위는 법정 대리인이 취소할 수 있다.

그러나 민법에서는 혼인을 한 미성년자는 부부 생활을 영위할 수 있는 정신적 능력과 독자적 생활 능력이 있는 것으로 보아 성년으로 간주한다.

이때에는 누구의 동의 없이도 법률 행위를 할 수 있으므로 부모도 취소가 불가능하다. 민법에서는 미성년자라도 결혼하면 성년, 즉 어른으로 대접하는 것이다. 참고로 현행 민법상 성년에 달하면 부모의 동의 없이 자유롭게 약혼할 수 있고, 혼인할 수 있다.

참고 조문

제5조(미성년자의 능력)
① 미성년자가 법률 행위를 함에는 법정 대리인의 동의를 얻어야 한다. 그러나 권리만을 얻거나 의무만을 면하는 행위는 그러하지 아니하다.
② 전항의 규정에 위반한 행위는 취소할 수 있다.
제826조의 2(성년 의제)
미성년자가 혼인을 한 때에는 성년자로 본다.

어드바이스

미성년자와 매매 계약과 같은 법률 행위를 하는 사람은 그 행위가 취소될 가능성이 있음을 염두에 두어야 하고, 가급적이면 법률 행위를 삼가는 것이 좋다. 부득이한 경우라도 상대방의 성년 여부를 주민 등록증을 제시받아 확인하는 조심성이 있어야 한다.

4. 무서운 10대

　박 영감이 뒤늦게 얻은 외동아들 박달팽 군은 소문난 개망나니이다. 아직 미성년자인데 하라는 공부는 안 하고 놀러 다니기만 한다.

　아버지가 용돈을 주지 않자 박달팽 군은 아버지의 집문서와 인감도장을 갖고 나가 집을 팔고는 그 돈을 갖고 가출해버렸다.

　집을 산 사람은 박달팽 군이 아버지가 병원에 입원하여 대신 승낙을 얻었다고 하는 바람에 믿었다고 한다.

　박달팽 군의 법률 행위, 즉 아버지의 재산을 처분한 행위를 아버지가 취소할 수 있는가?

① 미성년자의 법률 행위는 부모가 언제든지 취소할 수 있다.

② 아버지의 동의가 있었다고 하고 팔았으므로 이 계약은 아버지라도 취소할 수 없다.

③ 산 사람이 동의하지 않는 한 취소할 수 없다.

미성년자의 법률 행위는 법정 대리인(부모, 또는 후견인)이 취소할 수 있다. 그러나 미성년자가 상대방에게 성년자라고 속였거나 법정 대리인의 동의가 있다고 속인 경우(이를 '제한 능력자의 속인 행위'라고 한다)에는 미성년자와 거래한 상대방을 보호하기 위해 법정 대리인의 취소권이 인정되지 않는다.

그러나 단순히 말로만 속인 경우는 속인 행위라고 할 수 없고, 나이를 속이기 위해 호적 등본을 위조해서 제시하거나, 법정 대리인의 동의서를 위조해서 제시하는 적극적인 경우만을 속인 행위라고 보아야 한다.

따라서 이 사건의 경우 박달팽 군이 아버지의 재산을 처분하는 과정에서 아버지의 동의가 있었다는 사유만으로는 적극적인 속인 행위를 한 것이라고 볼 수 없다. 따라서 박 영감은 아들의 법률 행위를 취소해서 집을 되찾을 수 있다.

📝 참고 조문

제17조(제한 능력자의 속임수)

① 제한 능력자가 속임수로써 자기를 능력자로 믿게 한 경우에는 그 행위를 취소할 수 없다.

② 미성년자나 피한정 후견인이 속임수로써 법정 대리인의 동의가 있는 것으로 믿게 한 경우에도 제1항과 같다.

🔨 어드바이스

동거하는 미성년의 자녀가 부모의 재산을 부모 몰래 처분하는 경우가 적지 않다. 부동산의 매매 계약의 경우에 사는 사람이 파는 사람과 소유자가 같은지를 확인하여야 하고, 만일 다른 경우에는 법정 대리인의 동의 또는 대리권의 유무도 확인하여야 한다.

5. 치매 노인을 구하라

 전설의 장수인인 삼천갑자 동방삭도 말년에는 치매에 걸렸다. 그동안 모아놓은 재산은 적지 않으나, 동방삭이 워낙 장수하다 보니 처와 자식들을 앞서 보내 그는 노인 요양원에서 홀로 최후를 보내고 있다.

 그렇다면 치매에 걸린 노인의 재산 관리는 누가 하여야 하는가?

① 친족이 있으면 그 친족이 재산 관리인이 된다.

② 동방삭이 살고 있는 지방자치단체의 장에게 위탁할 수 있다.

③ 믿을 수 있는 공익단체에 위탁하면 된다.

④ 처, 자식, 친족이 없으면 검사나 지방자치단체의 장이 법원에 후견인 선임을 청구하면 된다.

풍요와 의학의 발달로 장수 시대가 진행되고 있다. 그래서 "재수 없으면 100살도 산다"는 우스갯소리도 공감을 얻고 있다.

그 부산물일까? 이른바 치매 노인도 늘어나고 있다. 장수 시대의 비극이 강요하는 전형적인 사례인 치매 때문에 당사자는 물론이거니와 그 간병에 매달려야 하는 가족 또한 형용할 수 없는 고통을 겪고 있다. 치매뿐 아니라 질병, 장애, 노령 등의 이유로 정신적 능력이 쇠퇴, 약화되어가는 성년자(노인 포함)도 늘어나고 있으며, 이들에 대한 돌봄과 재산 관리는 누가 어떻게 해야 하는지에 대한 문제도 사회적 문제로 대두되고 있다.

2011년 3월 7일 개정된 민법은 이러한 사회적 요구에 대응하고자 '질병, 장애, 노령 등 그 밖의 사유로 인한 정신적 제약으로 사무를 처리할 능력이 결여된 사람'에 대하여, 본인, 배우자, 4촌 이내의 혈족, 미성년의 후견인과 감독인 등, 검사 또는 지방자치단체의 장의 청구에 의하여 법원이 선임하는 '성년 후견인' 제도를 도입하였다. 법원은 사무 처리 능력이 '결여'된 사람에 대해서는 성년 후견인을, 그 능력이 '부족'하게 된 사람에 대하여는 한정 후견인을 세운다. 이들의 임무는 피후견인의 법률 행위에 대한 동의와 동의를 얻지 아니한 법률 행위에 대한 취소, 그리고 재산의 관리이다. 후견인이 선임된 이후에 후견의 원인이 되는 사유가 소멸한 경우에는 성년 후견 종료의 심판을 통해 원상을 회복할 수 있게 된다. 또한 당사자 본인은 타인과 후견 계약을 맺어 그 타인에게 대리권과 재산 관리권 등을 부여할 수 있다('임의 후견인').

🔨 어드바이스

성년 후견인 제도는 시대적, 사회적 변화에 따라 꼭 필요한 제도라고 할 수 있다. 이 후견 심판을 청구할 수 있는 사람은 다양한데, 처나 자식, 친족이 없으면 공익을 대표하는 검사나 지방자치단체의 장도 청구할 수 있게 하고 있다.

6. 태아도 사람인가

재벌 2세인 오제비 씨는 유명한 플레이보이다. 결혼은 했으나 소생이 없었는데 그만 교통사고로 죽고 말았다.

많은 재산을 젊은 미망인이 차지할 판인데, 갑자기 묘령의 아가씨가 나타나서 오제비 씨의 아이를 가졌다며 상속권을 주장한다. 일가친척들은 오제비 씨의 평소 품행으로 보아 배 속의 아이가 오제비 씨의 아이일 것으로 믿고 있지만, 그래도 태어나지도 않은 아이가 무슨 상속권이 있냐며 펄쩍 뛴다.

과연 이 태아는 사람으로 대접할 수 있을까? 또 상속권도 있는 것일까?

① 법적으로 태아는 출생하기까지는 사람이 아니다. 따라서 상속권이 없다.

② 태아는 살아서 태어나는 것을 조건으로 사람이다. 따라서 상속권도 있다.

③ 태아는 어머니 배 속에서부터, 즉 잉태된 순간부터 사람이다. 따라서 상속권도 있다.

　법적으로 배 속에 든 아기는 사람이 아니다. 사람은 그 신체가 모체로부터 완전히 분리되어 출생할 때부터 법적으로 사람이 되고, 생존 기간 동안 권리와 의무의 주체가 된다. 따라서 태아는 출생 전까지는 사람으로 간주하지 않는다. 이 점에서 정답은 ①일 수밖에 없다.

　그러나 예외 없는 원칙이 없듯이, 예외적으로 태아도 사람으로 간주해야 하는 경우가 있다. 즉 이 사건에서처럼 상속 문제에 있어서는 민법은 예외를 인정하여 태아에게도 상속권을 주고 있다. 다만 이때에도 태아가 출생 시 살아 있어야 한다는 전제가 따른다. 오제비 씨의 상속과 관련해서 정답을 찾는다면 정답은 ②라고 할 수 있다. 민법이 이처럼 아직 태어나지도 않은 태아에게 예외적으로 상속권과 같은 권리를 인정하는 이유는 태아를 보호하기 위해서이다. 예컨대, 아버지가 사망한 지 몇 시간 후에 출생한 자는 이 '예외'가 인정되지 않는다면 상속권이 없다는 부당한 결과가 되기 때문이다. 또 태아는 타인의 불법 행위를 이유로 하는 손해 배상 청구권도 인정되고 있다.

📑 참고 조문

제3조(권리 능력의 존속 기간)
사람은 생존한 동안 권리와 의무의 주체가 된다.
제762조(손해 배상 청구권에 있어서의 태아의 지위)
태아는 손해 배상의 청구권에 관하여는 이미 출생한 것으로 본다.
제1000조(상속의 순위)
③ 태아는 상속 순위에 관하여는 이미 출생한 것으로 본다.

👤 어드바이스

오제비 씨의 유족들은 태아의 상속권을 인정하고 그 상속분을 나누어주어야 한다. 다만 태아가 사산되는 경우를 예상하여 출산 시까지 기다려보자고 제안하거나 합의해볼 수는 있다.

7. 김삿갓의 재산을 어떻게 관리하나

여기 천성적으로 방랑을 하는 현대판 김삿갓이 있다고 가정하자. 그는 번거로움이 싫어 결혼도 마다하고 오직 독신의 삶과 방랑 생활에 도취하고 있을 뿐이다.

그는 대대로 물려받은 서울 강남의 땅 1,000평을 둔 채 자신의 방랑벽을 이해해주는 하나밖에 없는 친구인 봉이 김선달로부터 자금 500만 원을 빌려 넓은 세상을 견문하겠다면서 해외여행을 떠나버렸다.

김삿갓은 1년에 한두 번 김선달에게 안부만 전할 뿐 돌아올 줄 모르고 있다. 이제 김선달은 김삿갓의 땅을 처분해서라도 빌려준 돈을 받고 싶은데 방법이 있을까?

① 김삿갓에게 가족이 없으므로 아무런 방법이 없다.
② 김삿갓이 죽으면 강남의 땅은 국가 소유가 되므로 방법이 없다.
③ 김선달이 관리할 수 있다.
④ 하나밖에 없는 친구인 김선달이 땅을 차지할 수 있다.

사는 곳, 생활 근거지(이를 법률상으로는 '주소'라고 한다)를 떠나서 당분간은 돌아올 가망이 없는 사람을 '부재자'라고 한다. 해외여행 중에 있으나 돌아올 가망이 없는 김삿갓도 오늘날의 법률 용어로는 부재자이다.

부재자에 대해서는 '재산의 관리'라는 사회적 필요에 부딪히게 된다. 부재자가 재산 관리인을 선임해놓고 떠났다면 별 문제가 없지만, 그렇지 못한 경우에는 배우자, 가족, 채권자와 같은 이해관계인, 마지막으로는 검사가 법원에 재산 관리인 선임을 청구할 수 있고, 선임된 재산 관리인이 부재자가 돌아올 때까지 그 재산을 관리하도록 되어 있다.

이 사건에서, 김선달은 친구라는 지위가 아니라, 돈을 빌려준 채권자라는 지위에서 법원에 김삿갓의 재산 관리인 선임을 청구할 자격이 있고, 자신을 재산 관리인으로 지명해달라고 청구할 수 있다. 재산 관리인이 되면 이 땅을 제3자에게 임대해서 그 돈으로 자신이 빌려준 돈을 회수하는 것도 가능할 것이다. 그렇다고 하더라도 김선달이 재산 관리인의 지위에서 법원의 허가 없이 김삿갓의 땅을 마음대로 처분할 수는 없다.

📝 **참고 조문**

제22조(부재자의 재산의 관리)
① 종래의 주소나 거소를 떠난 자가 재산 관리인을 정하지 아니한 때에는 법원은 이해관계인이나 검사의 청구에 의하여 재산 관리에 관하여 필요한 처분을 명하여야 한다. 본인의 부재 중 재산 관리인의 권한이 소멸한 때에도 같다.

🔨 **어드바이스**

부재자 제도는 부재자가 돌아올 때까지, 생사가 확정될 때까지 잠정적으로 부재자의 재산을 관리하기 위한 제도다. 이 제도는 가족뿐만 아니라 채권자와 같은 이해관계인도 이용할 수 있다.

8. 남은 자를 위하여

등산을 좋아하는 무정해 씨는 히말라야로 혼자 등산을 떠난 후 10년이 지나도록 아무런 연락도 없이 돌아오지 않고 있다. 시체가 발견된 일도 없어서 생사가 불분명하지만 무정해 씨의 가출로 가족들이 여러 가지 곤경에 빠졌음은 말할 것도 없다.

가족들은 이미 죽은 사람으로 생각하고 제사도 지내는데, 서류상으로는 사망 신고를 할 수 없어서 살아 있는 사람으로 되어 있다. 생활이 곤란한 무정해 씨의 가족들은 무정해 씨의 명의로 된 재산 일부라도 팔아서 생계에 보태려고 하는데 방법이 있을까?

① 경찰에 가출 신고를 한 뒤에는 처분이 가능하다.

② 행방불명이 된 지 10년이 지났으면 법에서도 사망한 것으로 간주하므로 가족들이 임의로 처분해도 무방하다.

③ 죽었다는 증거 없이는 아무런 방법이 없다.

④ 법원에 무언가 청구를 하여 사망한 것으로 간주하도록 한다.

　생활 근거지, 즉 주소를 떠난 사람의 생사 불명 상태가 장기간에 이르러서 사망하였을 개연성은 크지만, 그렇다고 사망의 확증도 없는 경우가 있다. 이를 그대로 방치하여 가족이나 이해관계인이 입는 고통이나 불이익이 적지 않다. 이런 경우 법원이 일정한 조건하에 생사 불명 상태의 사람을 사망한 것으로 간주해주는 제도가 '실종 선고'다.

　실종 선고는 반드시 가족이나 재산 관리인, 채권자와 같은 이해관계인, 또는 검사가 법원에 청구하여야 한다. 그리고 실종 선고를 청구하기 위해서는 상당 기간의 실종 기간이 필요하다.

　전쟁, 선박 침몰, 항공기 추락 등 재난에 의한 실종은 1년이고, 그 이외의 실종은 5년이 경과되어야 한다. 법원이 실종 선고를 내리면 그 사람은 사망한 것으로 보게 되어, 상속을 받을 수 있게 되고 남은 배우자는 재혼도 가능하다. 이 사건에서 무정해 씨는 실종 기간이 5년이 넘었으므로 가족들은 실종 선고를 청구할 수 있다.

참고 조문

제27조(실종의 선고)
① 부재자의 생사가 5년간 분명하지 아니한 때에는 법원은 이해관계인이나 검사의 청구에 의하여 실종 선고를 하여야 한다.
② 전지에 임한 자, 침몰한 선박 중에 있던 자, 추락한 항공기 중에 있던 자, 기타 사망의 원인이 될 위난을 당한 자의 생사가 전쟁 종지 후 또는 선박의 침몰, 항공기의 추락, 기타 위난이 종료한 후 1년간 분명하지 아니한 때에도 제1항과 같다.

어드바이스

6·25 전쟁이나 월남전 참전 등으로 우리나라는 전쟁 실종의 경우도 적지 아니하고, 선박 침몰, 항공기 추락 등에 의한 실종의 경우도 종종 발생한다. 실종 선고 제도는 남은 자를 위하여 이용되는 중요한 제도다.

9. 죽은 줄만 알았는데 살아 돌아오다니

장보고 씨는 두 살 난 아들과 예쁜 아내를 둔 젊은 어부다. 그런데 원양 어선에 승선해 고기잡이를 나갔다가 태풍을 만나 배가 침몰하는 바람에 실종되었다. 모든 사람이 그가 죽었을 거라고 말했다.

미망인은 경제적 이유 때문에 2년 만에 할 수 없이 친척의 중매로 마음 씨 좋은 노총각 농부와 재혼하였다.

그런데 웬일인가? 죽은 줄만 알았던 장보고 씨가 3년 만에 살아 돌아온 것이다. 이런 경우 미망인은 법적으로 누구의 아내인가?

① 여전히 장보고 씨의 아내다.

② 재혼한 농부의 아내다.

③ 미망인이 다시 선택하는 사람의 아내다.

실종 선고 제도는 실종자를 사망한 것으로 '간주'하는 것이지, 실종자가 사망했다는 사실의 공적인 확인은 아니다. 즉 실종 선고를 받아 법적으로는 사망으로 간주한 실종자가 살아서 돌아오는 경우가 있을 수 있는 것이다. 따라서 실종자가 살아 돌아오면 실종 선고를 취소해야만 한다.

그런데 이미 실종자가 사망한 것으로 믿고 남은 배우자가 재혼한 경우에는 재혼의 효력은 어떻게 될까? 이런 경우 민법은 '실종 선고 후 그 취소 전에 선의로 한 행위'의 효력은 유지된다는 규정을 두어 해결하고 있다. 따라서 죽은 것으로 믿고 재혼한 경우 재혼의 효력은 그대로 유지되므로, 미망인은 법적으로 농부의 아내인 것이다.

📝 참고 조문

제29조(실종 선고의 취소)

① 실종자의 생존한 사실 또는 전조의 규정과 상이한 때에 사망의 사실의 증명이 있으면 법원은 본인, 이해관계인 또는 검사의 청구에 의하여 실종 선고를 취소하여야 한다. 그러나 실종 선고 후 그 취소 전에 선의로 한 행위의 효력에 영향을 미치지 아니한다.

⚖️ 어드바이스

이 사건은 드라마에서 나올 법한 이야기이지만 실종 선고가 사망으로 간주되는 우리 사회에서 얼마든지 있을 수 있는 일이기도 하다. 법률은 이처럼 어떤 기정사실을 기초로 하여 효력을 부여한다.

10. 시어머니와 며느리의 유산 다툼

젊은 실업가 김중배 사장의 가족으로는 처와 아들 그리고 어머니가 있다. 그런데 어느 날 김 사장이 아들과 단둘이 해외여행을 떠났다가 불행히도 비행기 추락 사고로 죽었는데, 시간상으로 누가 먼저 죽었는지는 모른다.

김 사장에게는 상당한 재산이 있었는데, 평소부터 시어머니와 며느리 사이가 좋지 않아서 서로 김 사장의 유산이 자기 것이라고 주장하는데, 유산은 누가 차지하게 될 것인가?

① 당연히 김 사장 처의 차지가 된다.
② 김 사장의 직계 존속인 어머니의 차지다.
③ 시어머니와 며느리가 공동으로 상속한다.

상속은 처만 있으면 처가 단독으로, 자식과 처가 있으면 공동으로, 자식이 없으면 사망자의 부모와 처가 공동으로 받게 되는 것이 민법이 정한 원칙이다. 처는 사망자에게 부모도 자식도 없는 경우에만 단독 상속인이 된다.

따라서 이 경우 만일 아들이 아버지보다 1분이라도 늦게 죽었다고 한다면 김 사장의 유산은 일단 아들과 김 사장의 부인인 어머니가 상속하게 된다. 그런데 아들에게 상속된 재산은 다시 며느리에게 상속된다. 반대로 아들이 먼저 죽었다고 한다면, 아들에게는 유산이 없으므로 아들의 유산을 누가 상속할 것인가 하는 상속 문제가 발생할 여지는 없다. 며느리에게는 한 푼도 상속되지 않는 것이다.

그런데 시간상으로 부자 중 누가 먼저 죽었는지가 분명하지 않은 경우, 즉 2인 이상이 동일한 재난으로 사망한 경우에 민법은 동시에 사망한 것으로 추정하여 문제를 해결하고 있다.

이 사건도 '동시 사망'으로 보아야 하고, 따라서 김 사장의 유산은 시어머니와 며느리가 공동으로 상속한다(이때 가령 며느리가 임신 중이라면, 유산은 며느리와 태아가 공동으로 상속하고 어머니에게는 상속권이 없게 된다).

참고 조문
제30조(동시 사망)
2인 이상이 동일한 위난으로 사망한 경우에는 동시에 사망한 것으로 추정한다.

어드바이스
2인 이상이 동일한 재난으로 사망한 경우 법률이 동시에 사망한 것으로 추정하는 동시 사망 제도는 어디까지나 '추정'에 불과하므로, 사망 시각이 다르다는 것을 입증하면 문제는 달라진다. 그런데 이 사건에서 이것을 입증한다는 것은 사실상 불가능하다. 따라서 유산은 남은 자들끼리 사이좋게 공동 상속하게 될 것이다.

11. 죽거든 시신은 대학 병원에 기증하라

저명한 의학 박사인 허준 교수는 이상한 병에 걸렸다. 그가 재직 중인 대학 병원의 모든 의료진이 병의 원인을 규명하고 치료하려고 노력하였으나 보람도 없이 사망하고 말았다.

허준 교수는 사망 전, 자기가 죽거든 시신을 대학 병원에 기증하고 해부, 연구하여 자기가 걸린 병의 원인과 치료법을 발견하라고 자식들에게 유언하였다. 법적으로 자식들이 이 유언을 따라야 할 의무가 있는가?

① 아버지의 유언은 그 내용이 반사회적인 것이 아닌 이상 자식들이 따라야 할 의무가 있다.

② 고인이 생전에 자기의 유해를 처분하는 행위는 자식들에게 법적 구속력이 없다. 따라서 유언에 따라야 할 의무는 없다.

③ 법적으로 유해는 물건이므로, 이를 상속한 자식들의 의사에 달려 있다.

　민법은 권리와 의무라는 두 가지 기본 개념을 중심으로 삼아 사람들 간의 분쟁을 해결하려고 하고 있다. 민법의 중심적 기본 개념인 권리는 그 대상이 물건이다. '물건'이란 무엇인가? 민법은 '유체물, 전기, 기타 관리할 수 있는 자연력'을 물건이라고 정의하고, 이것이 권리의 객체가 되는 것으로 파악한다. 이에 따르면 살아 있는 사람의 인체는 인격권의 대상이 되나, 소유권의 대상은 되지 않는다고 본다. 다만 사망한 뒤 그 유해(시체, 시신)는 물건이라고 보는 데 다툼이 없다. 따라서 유해도 소유권의 대상이 되나, 이것은 자녀, 좀더 정확하게는 상속인들에게 귀속된다고 보고 있다.

　그러나 보통의 물건은 사용, 수익, 처분, 포기할 수 있는 데 반하여, 유해만큼은 양도, 처분 등은 할 수 없고 후손들의 매장, 화장 및 제사의 대상만 되는 제한적 성격을 갖게 된다. 그러므로 유해를 상속한 상속권자도 상속권자의 마음에 따라 유해를 대학 병원에 기증하는 처분 행위를 할 수 없고, 또한 고인도 생전에 자기 유해를 처분하는 행위는 할 수 없다고 본다. 고인이 생전에 처분했다고 하더라도, 또 유언을 통해 사후에 처분한다고 하더라도 후손들이 여기에 법률상 구속되는 것은 아니다.

📑 **참고 조문**

제98조(물건의 정의)
본 법에서 물건이라 함은 유체물 및 전기, 기타 관리할 수 있는 자연력을 말한다.

⚖️ **어드바이스**

의학의 발전은 질병에 대한 집요한 도전의 결과이고, 이 도전은 해부학의 발전을 가져왔다고 한다. 이 사건에서 후손들은 법적 의무는 없지만 고인의 유언을 존중하여 유해를 기증하여야 하지 않을까? 유언을 존중하여 유해를 기증하는 것을 반사회적 법률 행위라고 할 수 없다.

12. 개 밥그릇도 샀다

다음 내용은 유명한 유머다.

골동품 수집가인 박 교수가 어느 지방엘 갔는데 어떤 농부의 집 대문 곁에 개 한 마리가 있었다. 그런데 개의 밥그릇을 가만히 살펴보니 몇백 년 묵은 귀한 골동품이 아닌가? 그래서 그는 개 주인이 이 개 밥그릇의 가치를 모르는 줄로만 알고, 개를 사면 개 밥그릇은 거저 얻을 수 있다고 생각하고 값을 부르는 대로 주고 개를 샀다.

그러고 나서 주인 보고 "기왕이면 필요 없게 된 개 밥그릇은 주시오" 했더니, 농부가 웃으면서 이렇게 말했다는 것이다. "그 개 밥그릇 때문에 지금까지 개장사를 할 수 있었소이다"라고.

이것은 유머지만, 법적으로도 한번 생각해보자. 박 교수는 개를 삼으로써 개 밥그릇도 산 것일까?

① 개가 주물이면 개 밥그릇은 종물이다. 따라서 개를 삼으로써 밥그릇도 산 셈이다.

② 밥그릇까지 팔고 산다는 명시적인 의사 표시가 없는 한 밥그릇까지 산 것이라고는 볼 수 없다.

③ 개값에 밥그릇값까지 포함된 것이라면 밥그릇도 산 것이다.

어떤 물건이 있고, 그 물건의 일상적인 사용을 위해서 그 물건에 다른 물건을 부속시켰을 때, 민법은 주된 물건을 '주물(主物)'이라 부르고, 부속된 물건을 '종물(從物)'이라 부른다. 예를 들면 배와 노, 자물쇠와 열쇠, 시계와 시곗줄의 관계는 주물과 종물의 관계에 있다. 이처럼 물건을 주물과 종물로 구별해보는 실익은, 주물의 처분이 있었을 때 종물의 법률적 운명을 어떻게 할 것인가에 있다고 할 수 있다.

그래서 민법은 "종물은 주물의 처분에 따른다"라고 규정하여 운명을 같이 하도록 하고 있다. 이 규정이 있음으로 해서 예컨대 배를 산 사람은 비록 노를 산 것은 아니지만 노까지도 인도받을 수 있는 것이다.

그러나 민법에 이 규정이 있어도 당사자가 별도의 명확한 의사 표시를 하였을 때는 이에 따라야 한다. 게다가 이 사건에서 개와 밥그릇은 소위 주물과 종물의 관계로 볼 수 없다. 따라서 개를 샀다고 해서 밥그릇까지 산 것이라고는 볼 수 없다. 개를 판 사람이 개 밥그릇의 가치를 알고 있었던 이상 더욱 그렇다고 해야 한다. 결국 박 교수는 농부에게 보기 좋게 당한 셈이다.

📝 **참고 조문**

제100조(주물, 종물)
① 물건의 소유자가 그 물건의 상용에 공하기 위하여 자기 소유인 다른 물건을 이에 부속하게 한 때에는 그 부속물은 종물이다.
② 종물은 주물의 처분에 따른다.

⚖️ **어드바이스**

우리나라 사람들은 계약을 해도 대강 해치우고 치밀하지 못하다. 이 사건에서 박 교수가 개를 살 때 개 밥그릇까지 포함하여 가격을 절충하였다고 한다면 어떻게 되었을까? 계약 조항은 자세하고 치밀하게 정해놓을 필요가 있다.

13. 남의 땅에 심은 호박

순박한 농부인 어진이 씨는 도시에 나가 자리를 잡은 큰아들의 성화에 못 이겨 도시로 이사하였다. 할 일도 없고 심심해서 자기 집 옆 공터에 주인의 양해 없이 밭을 일구고 호박을 심어 정성껏 가꾸었다.

그런데 호박이 잘 익어 따 먹으려고 할 무렵 공터의 주인이 나타나 자기 땅에 심은 호박이니 자기 것이라고 우긴다.

자, 남의 땅에 심은 호박은 누구의 소유인가?

① 심은 사람의 것이다.

② 땅 주인의 것이다.

③ 호박의 반은 심은 사람, 반은 땅 주인의 것이다.

④ 호박은 땅 주인의 것인데, 다만 종잣값은 물어주어야 한다.

　원래 토지에서 경작되거나 재배되는 각종 농작물은 토지의 일부나 토지의 본질적 구성 부분으로 간주되어 토지 소유자의 것이 된다는 것이 원칙이다.

　그러나 우리나라에서는 법원의 판례가 "타인의 토지에서 경작하거나 재배된 농작물만큼은 경작자에게 소유권이 있다"고 판결하고 있다. 이 경우에 토지 소유자의 승낙이나 양해가 없더라도 결론은 마찬가지다.

　따라서 순박한 농부였던 어진이 씨가 호박을 심을 때 땅 주인의 양해를 얻지 않는 것은 불찰이지만, 그래도 호박만큼은 경작자인 어진이 씨의 것으로 보아야 한다.

📝 참고 조문

제102조(과실의 취득)
① 천연 과실은 그 원물로부터 분리하는 때에 이를 수취할 권리자에게 속한다.

⚖️ 어드바이스

이 사건에서 호박이 심은 사람의 것이라는 결론은 법원의 판례에 따랐기 때문이다 (그러나 우리나라 민법의 태도는 천연 과실은 원물에서 분리할 때에 수취할 권리자에게 속한다고 하여, 씨는 뿌린 자가 거두어들인다는 '생산주의 원칙'을 배제하고, 로마법의 '원물주의 원칙'을 갖고 있음을 유의할 필요가 있다).

⚖️ 참고 판례

양도 담보의 목적물로서 원물인 돼지가 출산한 새끼 돼지는 양도 담보 설정자에게 귀속된다(대법원 1996. 9. 10. 선고).

14. 노름에 손을 끊는다고 해서 빌려주었는데

　방탕한 씨는 소문난 노름꾼이다. 초등학교 동창생인 정직해 씨는, 방탕한 씨가 찾아와 이제는 노름에서 손을 끊고 조그만 포장마차라도 하겠다고 하면서 돈 500만 원을 빌려달라고 하자, 설마 하면서도 차용증과 노름을 하지 않겠다는 각서를 받고 빌려주었다.

　그런데 제 버릇 개 못 준다고, 방탕한 씨는 이 돈을 노름에 탕진했다. 정직해 씨는 이 돈을 소송을 해서라도 받으려고 하는데, 빌려준 돈이 노름에 사용됐다는 점에서 꺼림칙하다. 받을 수 있을까?

　① 노름에 사용된 이상 소송을 하더라도 받을 수 없다.

　② 차용증과 각서가 있는 이상 받을 수 있다.

　③ 돈을 빌려줄 때 노름에 사용하는 줄 몰랐다면, 설령 빌려준 돈이 노름에 사용됐다 하더라도 받을 수 있다.

노름, 즉 도박이나 또는 범죄에 사용되는 줄 알면서 돈을 빌려주는 경우, 아무리 차용증, 각서를 받아두었다고 하더라도 법으로 청구해서 받을 수는 없다. 노름이나 범죄는 반사회적 행위이고 범죄 행위이기 때문이다. 이런 경우 빌려주거나 투자하는 사람도 법적으로 잘못이 있다고 본다.

그러나 이러한 사정을 모른 경우에는 법은 빌려준 사람을 보호해야 한다. 설사 그 돈이 반사회적 행위에 사용되었다고 하더라도 말이다.

이 사건에서 정직해 씨는 방탕한 씨가 노름에서 손을 끊고, 포장마차라도 차려 건실하게 살겠다고 하는 말을 믿었으므로 보호되어야 한다. 그런데 이 사건에서 정직해 씨가 법으로 보호받아야 하는 이유는 그가 돈을 빌려줄 때 차용증과 각서를 받아두었기 때문은 아니다. 어찌되었건 반사회적 법률 행위는 무효임을 명심하자.

📝 참고 조문

제103조(반사회 질서의 법률 행위)
선량한 풍속, 기타 사회 질서에 위반한 사항을 내용으로 하는 법률 행위는 무효로 한다.

⚖️ 어드바이스

사회 규범으로서의 법과 도덕은 규제 대상, 강제력의 유무로 구별되지만, 때로는 법에서도 도덕의 요청을 승인하는 경우가 적지 않다. 선량한 풍속에 위반되는 법률 행위를 반사회적이라고 보아서 무효로 하는 것이 그 실례다. 노름과 노름빚을 대주는 것은 법과 도덕이 함께 비난하는 것이다.

15. 아들이 무엇이길래

　6·25 전쟁 당시 이북에서 월남한 박고독 씨는 슬하에 딸만 다섯을 두었다. 이대로 가면 자손이 끊길 것이라는 강박 관념에 시달린 박 씨는 아들을 보기 위해 과부 하나를 사귀게 되었다.

　그래서 아들을 낳아주면 집 한 채를 사주기로 약속하고 동거하기 시작했다. 물론 오랜 설득 끝에 아내의 동의도 얻었다.

　박 씨가 아들을 낳으면 집 한 채를 사주기로 하고 동거하기로 한 과부와의 계약은 유효한가?

　① 본처의 동의가 있었으므로 유효하다.

　② 본처의 동의가 있다 하더라도 무효이다.

　③ 딸들의 동의가 없는 한 무효이다.

　일부일처제는 민법이 규율하는 혼인의 질서다. 따라서 일부일처제의 질서를 해치는 것을 목적으로 하는 법률 행위, 즉 이 사건과 같은 과부와의 동거 계약은 무효다. 아내(본처)의 동의가 있더라도 무효이고, 자녀인 딸들의 동의가 있더라도 마찬가지다. 이처럼 선량한 풍속, 기타 사회 질서에 위반한 사항을 목적으로 하는 법률 행위('사회 질서에 반하는 행위')는 언제나 무효다.

　사회 질서에 반하는 법률 행위의 또 다른 실례로는 범죄 행위에 가담하는 계약(예: 밀수 자금의 대여), 담합 행위, 인륜에 반하는 행위, 개인의 자유를 현저하게 제한하는 행위(예: 일생 동안 혼인하지 않겠다는 계약), 생존의 기초가 되는 재산의 처분 행위 등 다양하다.

　따라서 아들을 얻기 위한 과부와의 동거 계약은 무효다.

📝 참고 조문

제103조(반사회 질서의 법률 행위)
선량한 풍속, 기타 사회 질서에 위반한 사항을 내용으로 하는 법률 행위는 무효로 한다.

⚖ 어드바이스

아들을 얻기 위해 아내가 아닌 다른 여자와 한 계약은 일체 무효다. 지금은 남녀평등 시대가 아닌가? 아들을 얻기 위해 소위 첩을 얻는 시대착오적인 풍토는 이제 사라져야겠다.

16. 가정으로 돌아가련다

중년 사업가인 신우중 씨는 조강지처와 1남 1녀를 두고 있어 남부러울 것이 없는 사람이다. 그러나 호사다마라고, 뒤늦게 어여쁜 처녀와 우연히 알게 되어 아파트를 하나 얻어 살림까지 차렸다. 가족들이 울며불며 만류하였으나 늦게 배운 도둑질이 더 무섭다는 말처럼 중년의 사랑놀이는 식을 줄 몰랐다.

그러나 1년이 지나자 사랑도 식어서 헤어지고 가정으로 돌아가려고 한다. 그래서 헤어지는 대가로 살고 있는 아파트를 증여하려고 하는데, 이 증여 계약은 법적으로 효력이 있는가?

① 유효하다.
② 본처와 자녀들이 동의하면 유효하다.
③ 반사회적 법률 행위이므로 무효다.

이미 혼인을 한 사람이 다른 여자와 동거 계약(소위 첩 계약)에 들어가는
것은 일부일처제를 본질로 하는 혼인 질서에 반하는 법률 행위로서, 무효라
는 것은 이미 앞에서 살펴본 바와 같다.

그러나 불륜 관계를 해소하기로 하면서 이 해소와 관련하여 또는 해소를
조건으로 하는 법률 행위는 유효하다고 보아야 한다. 또한 가령 첩과의 불륜
관계를 해소하면서 생활비를 대주겠다는 계약이나, 그 사이에서 출생한 자녀
의 양육비를 대주겠다는 계약도 유효하다고 본다.

이처럼 반사회적 법률관계를 맺는 것은 무효이지만, 그것을 종료시키는
과정에서의 법률 행위는 유효라고 새기는 것에 법률의 묘미가 있다.

📝 **참고 조문**

제103조(반사회 질서의 법률 행위)
선량한 풍속, 기타 사회 질서에 위반한 사항을 내용으로 하는 법률 행위는 무효로
한다.
제810조(중혼의 금지)
배우자 있는 자는 다시 재혼하지 못한다.

⚖ **어드바이스**

간통은 배우자 있는 자가 배우자 아닌 자와의 육체관계를 맺는 것을 말하고, 이것은
범죄이고 불법 행위다. 불륜 관계를 맺는 것은 인생 파탄의 시작일지도 모른다. 법
률가의 관점에서 볼 때 아무리 아름답고 숭고한 사랑도 비합법적일 때에는 곤란하다
고 할 수밖에 없다.

17. 궁지에 빠진 유족

최만석은 35세의 건강한 농사꾼인데, 농한기에도 돈을 벌어야 되겠기에 공장을 경영하는 김 사장에게 두 달간 고용되어 일을 하다가 공장 지붕이 무너져 사망하고 말았다.

갑자기 가장을 잃은 최만석 씨의 유족들은 충격과 슬픔 속에서 장례비까지 걱정해야 하는 아주 어려운 상태가 되었다.

이때 김 사장의 직원인 박 전무가 잽싸게 최만석의 부모에게 나타나 우선 합의서를 작성해야 김 사장이 처벌을 받지 않는다고 조르는 통에, 무식한 최만석 씨의 아버지는 300만 원을 받고 "앞으로 민·형사상의 이의를 제기하지 않는다"라는 내용의 합의서를 써주었다.

장례를 치르고 나서 여기저기 알아보니 소송을 했더라면 3,000만 원 정도는 받을 수 있었다고 한다. 이미 손해 배상 문제에 합의하고 합의금 300만 원까지 수령하였는데 방법이 있을까?

① 합의서에서 서명 날인했으므로 어쩔 수 없다.

② 너무 적은 액수이므로 1,000만 원 정도는 더 요구할 수 있다.

③ 궁박한 상태에서의 합의는 무효이므로 나머지 2,700만 원을 청구할 수 있다.

손해 배상에 관한 가해자와 피해자 측의 '합의'도 일종의 법률 행위이다. 그런데 모든 법률 행위는 공정해야 유효한 것이다. 자식이 죽고 장례비까지 걱정해야 하는 어려운 상태에서, 계약과 같은 법률 행위 경험이 없는 부모가 300만 원을 받고 한 합의는 누가 보아도 공정하다고 할 수 없다. 따라서 이 합의는 무효, 즉 효력이 없다고 보아야 한다. 그렇지 않으면 궁박한 상태하의 사회적 약자를 보호할 수 없기 때문이다.

이처럼 민법은 "당사자의 궁박, 경솔 또는 무경험으로 인하여 현저하게 공정을 잃은 법률 행위는 무효로 한다"라고 선언하고 있다. 이를 '불공정 법률 행위'라고 한다.

그러면 아주 어려운 상태, 즉 궁박한 상태에서의 합의는 언제나 무효일까? 그렇지 않다. 현저하게 불공정한 경우이어야 한다. 어떤 경우가 현저하게 불공정한가는 법원이 판단하게 된다.

이 사건에서 최만석의 부모는 합의가 불공정한 법률 행위라고 주장하여 받을 수 있었던 3,000만 원 중 받은 돈을 제외한 나머지를 청구할 수 있다.

📝 참고 조문

제104조(불공정한 법률 행위)
당사자의 궁박, 경솔 또는 무경험으로 인하여 현저하게 공정을 잃은 법률 행위는 무효로 한다.

⚖ 어드바이스

불공정한 손해 배상의 합의는 무효다. 따라서 유족들은 통상적으로 받을 수 있었던 배상금을 마저 청구(소송의 제기)할 수 있지만, 손해 배상의 합의라는 중요한 계약은 사전에 법률가의 자문을 얻어야 한다.

18. 본심이 아닌 사표

   이름 그대로 성실하기로 소문난 신성실 씨는 고등학교 선생님이다. 수학여행의 인솔자 대표가 되어 학생들을 이끌고 수학여행을 갔다가, 학생들끼리 패싸움을 벌이는 불상사가 일어나자 사태 수습을 위해 학교에 사표를 냈다.

   물론 본인은 학교 측이 자신의 성실성을 높이 평가하여 수리하지 않을 것으로 믿고 형식상 낸 것이다. 그런데 의외로 학교에서는 "본인의 의사가 그렇다면 할 수 없다"고 하면서 사표를 수리하였다. 본심에서 우러나는 사표가 아닌데 효력이 있는가?

① 학교는 본심인지 아닌지의 여부를 알 수 없었으므로 사표 수리는 유효하다.

② 본의가 아닌 것이 분명하므로 학교의 사표 수리는 무효다.

③ 본심 여부를 떠나서 무조건 무효다.

의사 표시는 진의, 즉 본심에 의한 것일 때 효력이 있는 법이다. 따라서 본심에서 우러나온 것이 아니고, 상대방도 이런 점을 알았다면 그 의사 표시는 무효인 것이다. 예를 들어 술을 먹고 호탕한 기분으로 친구에게 자동차를 한 대 사주겠다든가, 또는 자기 차를 주겠다고 말하는 것을 상대방도 본심이 아님을 알고 있다면 자동차를 사주겠다거나 차를 주겠다는 증여의 의사 표시는 효력이 없다.

그러나 상대방이 아무리 주의해도 본심이 아닌 줄을 몰랐다면 본심이 아닌 의사 표시도 유효한 것이 된다. 따라서 이 사건의 경우 사태 수습을 위해서 본심이 아닌 형식상 사표를 낸다는 점을 학교 측이 알 수 없었으므로 사표의 수리는 유효한 것이 된다.

📝 참고 조문

제107조(진의 아닌 의사 표시)
① 의사 표시는 표의자가 진의 아님을 알고 한 것이라도 그 효력이 있다. 그러나 상대방이 표의자의 진의 아님을 알았거나 이를 알 수 있었을 경우에는 무효로 한다.
② 전항의 의사 표시의 무효는 선의의 제3자에게 대항하지 못한다.

⚖️ 어드바이스

사표(사직원)의 제출은 고용 관계를 근로자가 스스로 종료하겠다는 의사 표시이고, 직업 선택의 자유가 보장된 이상 자유의 영역에 속한다. 그러나 사표의 제출은 신중하여야 하며, 기분 내키는 대로 해서는 안 되는 것이다.

⚖️ 참고 판례

물의를 일으킨 사립 대학 조교수가 사직원이 수리되지 않을 것이라고 믿고 형식상 이사장 앞으로 사직원을 제출한 경우 학교 법인이나 이사회가 그러한 사실을 알았거나 알 수 있는 경우가 아닌 한 유효하다(대법원 1980. 10. 14. 선고).

19. 믿는 도끼에 발등 찍힌다

김덕팔은 자신의 사업이 잘되지 않자 곧 부도가 날 것을 우려하여 자신의 집과 임야 1만 평의 소유권을 매매 형식으로 해서 외삼촌 앞으로 이전해두었다.

그런데 몇 년 후 외삼촌은 욕심이 생겨 그 임야를 아무런 사정도 모르는 박철민에게 팔아버렸다. 사실 이 임야는 김덕팔과 외삼촌이 짜고 외삼촌에게 등기를 넘겨놓은 것뿐인데, 이제 와서 김덕팔은 이 임야를 되찾을 수 있을까?

① 짜고 했다고 해도 외삼촌에게 일단 등기가 되어서 불가능하다.

② 짜고 해둔 것이므로 박철민으로부터 되찾을 수 있다.

③ 외삼촌에게서 제3자에게 넘어갔으므로 불가능하다.

상대방과 짜고 한 법률 행위는 무효이다. 이것을 '통정 허위 표시'라고 한다. 부도와 파산을 대비하여 믿을 수 있는 제3자에게 재산을 도피시키는 '가장 매매'가 전형적인 실례이다. 짜고 한 당사자 간에는 무효이므로 언제든지 반환을 요구할 수 있다.

그러나 이 무효에도 예외와 한계는 있다. 두 사람 사이를 떠나 제3자가 개입될 때 그렇다. 즉 통정 허위 표시에 기인한 것을 모르고 거래한 제3자가 있을 때에는 이 선의의 제3자를 보호해야 한다. 따라서 김덕팔은 가장 매매로 외삼촌에게 넘긴 임야를, 사정을 모르고 취득한 박철민으로부터 돌려받을 방법은 없다(다만 김덕팔은 믿는 도끼였던 외삼촌에게 손해 배상을 받을 수는 있다).

참고 조문

제108조(통정한 허위의 의사 표시)
① 상대방과 통정한 허위의 의사 표시는 무효로 한다.
② 전항의 의사 표시의 무효는 선의의 제3자에게 대항하지 못한다.

어드바이스

우리나라 사회에서는 가장 매매의 실례가 너무 많다. 그만큼 사람들의 심성이 영악해져서일까? 가장 매매는 무효이므로 당사자 간에는 언제든지 진정한 원래의 소유자 앞으로 환원시킬 수 있지만, 선의의 제3자에게 넘어간 경우에는 불가능하다는 것은 가장 매매에 대한 일종의 법적 제재일 수 있다.

참고 판례

동거하는 부부 간에서 남편이 아내에게 토지를 매도하고 등기까지 넘겨주는 것은 이례적으로 가장 매매라고 추정하여야 한다(대법원 1978. 4. 25 선고).

20. 부자 꿈을 취소한다

　부동산으로 돈을 버는 사람이 많은 세상, 황당한 씨도 여유 자금이 생기자 중개인을 만났다. 부동산 중개인의 말에 의하면 지방의 임야지만 사두면 산업 도로가 그 옆을 통과하는 개발 계획이 있기 때문에 금방 몇 배는 값이 오를 것이라 하여, 이를 믿고 시가의 두 배 가격으로 매수하였다.

　그러나 개발 계획은 발표되었으나 그곳은 전혀 엉뚱한 곳이어서, 황당한 씨가 되팔려고 내놓자 제값도 못 받게 되었다. 황당한 씨는 억울하기 짝이 없는데 이 계약을 취소할 수 있나?

① 계약 자체를 취소할 수는 없고, 중개인에게 속았으므로 중개인에게 손해 배상을 요구할 수는 있다.

② 시가 변동은 매수인의 부담이므로 취소할 수 없다.

③ 이 개발 계획 발표를 서로 알고 이를 계약서에서 표시한 경우에만 취소할 수 있다.

원래 시가 변동에 따른 위험은 매수자가 부담해야 한다. 따라서 자기 뜻을 이룰 수 없게 됐다고 해서 함부로 계약을 취소할 수는 없다.

그러나 매매 당사자 간에 매수인이 매수하는 동기가 무엇인지 알고 있고, 그 동기가 매매 계약의 내용으로 표시된 경우에는 그것이 사실과 어긋날 때 취소가 가능하다. 즉 의사 표시는 '중요 부분에 착오가 있는 경우'에 한해서 취소할 수 있는 것이다. 따라서 개발 계획의 발표를 전제로 해서 사고판 것이었다면 착오임을 주장해서 취소, 즉 계약을 무를 수 있다.

다만 착오가 일방적인 경우이거나 자기의 중대한 과실로 일어난 경우에는 취소할 수 없다. 실무상, 착오로 인한 의사 표시라고 해서 취소한다고 하는 유형의 소송에서 법원은 이것을 잘 인정하지 않는 경향이 있다.

📝 참고 조문

제109조(착오로 인한 의사 표시)

① 의사 표시는 법률 행위의 내용의 중요 부분에 착오가 있는 때에는 취소할 수 있다. 그러나 그 착오가 표의자의 중대한 과실로 인한 때에는 취소하지 못한다.

② 전항의 의사 표시의 취소는 선의의 제3자에게 대항하지 못한다.

⚖️ 어드바이스

개발 계획이 발표될 예정이고 그렇게 된다면 땅값이 폭등할 것을 예상하고서도 그 땅을 팔겠다는 사람이 있을까? 소송 실무에서 착오로 인한 의사 표시라고 해서 취소한다고 주장하더라도 법원이 이를 잘 인정하지 않는 이유는 매수인보다도 거래의 안전을 보호하기 위해서다. 이 사건도 실은 착오라고는 보기 어렵다고 해야 하지 않을까?

21. 돼지 쓸개를 곰쓸개로 알고 샀다면

대동강 물을 팔아먹은 유명한 사기꾼 봉이 김선달의 직계손쯤 되는 김 판달은, 수출로 크게 돈을 모은 최부호 씨의 노모가 중병으로 누워 있다 는 소식을 듣고 산돼지 쓸개를 곰쓸개로 속여 비싸게 팔았다.

이 산돼지 쓸개를 곰쓸개로 믿고 복용한 최부호 씨의 노모는 기적적으 로 건강을 회복하였으나, 최부호 씨는 나중에 자기가 산 것이 곰쓸개가 아니라 산돼지 쓸개라는 것을 알고 몹시 불쾌했다.

자, 일이 이렇게 되면 산돼지 쓸개를 곰쓸개로 알고 산 계약은 어떻게 되는가?

① 비록 속았다고 하더라도 노모가 건강을 회복한 이상 유효하다.

② 비록 속았다고 하더라도 산 물건이 복용해서 없어진 이상 계약은 유효하다.

③ 속은 이상 계약은 취소할 수 있다.

계약, 즉 의사 표시는 상대방의 '사기'나 '강박'에 의해 이루어지게 되면 이를 취소할 수 있다(취소하게 되면 계약은 처음부터 없었던 것이 되므로 각자 지급받은 것은 반환하여야 하는 의무가 남는다).

산돼지 쓸개를 곰쓸개로 속이는 바람에 비싼 값에 사게 되었다면, 산 사람은 사기를 이유로 이 계약을 취소할 수 있다. 병이 나았다는 우연적 사실은 취소권 행사와는 아무런 상관이 없다. 민법은 사기나 강박과 같은 행위 때문에 어떤 법률적 의사 표시를 한 사람에게는 취소권을 인정하여 보호하고 있다. 그래야 공평하기 때문이다.

또 사기나 강박을 한 사람은 경우에 따라 형사상 사기죄나 공갈죄의 처벌을 받을 수도 있다. 어떤 행위가 민사상으로는 사기나 강박, 부당 이득 또는 불법 행위가 되면서 동시에 형사상으로도 범죄를 구성하는 경우가 적지 않은데 사기에 의한 의사 표시의 경우가 전형적인 실례라고 할 수 있다.

📝 참고 조문

제110조(사기, 강박에 의한 의사 표시)
① 사기나 강박에 의한 의사 표시는 취소할 수 있다.
② 상대방 있는 의사 표시에 관하여 제3자가 사기나 강박을 행한 경우에는 상대방이 그 사실을 알았거나 알 수 있었을 경우에 한하여 그 의사 표시를 취소할 수 있다.
③ 전 2항의 의사 표시의 취소는 선의의 제3자에게 대항하지 못한다.

⚖️ 어드바이스

우리나라 사람들처럼 녹용과 웅담에 대한 미신에 사로잡혀 있는 경우도 없다고 한다. 산돼지 쓸개를 곰쓸개로 속아서 산 이상, 이것을 사기로 인한 의사 표시로 보아 취소를 인정해야 하겠지만, 미신으로부터의 해방도 시급하다고 할 수 있다.

22. 모르면 약이 된다

　김중배 씨는 부동산 투기로 부자가 된 사람이다. 이수일 청년은 이 사실을 알고 김중배 씨에게 "갖고 있는 땅 중에서 100평을 주지 않으면 탈세 혐의를 경찰에 고발하겠다"라고 협박하여 100평을 증여 형식으로 받아냈다. 그런 다음 이런 내용을 모르는 심순애 씨에게 팔았다.

　김중배 씨는 이 땅을 심순애 씨로부터 찾고 싶은데, 가능할까?

① 땅이 이미 제3자에게 넘어갔으므로 불가능하다.

② 협박에 의해 땅을 내놓은 것이므로 찾을 수 있다.

③ 탈세한 세금을 자진 납부한 뒤에야 찾을 수 있다.

　원래 다른 사람의 사기나 강박에 의하여 하게 된 의사 표시는 취소할 수 있다. 여기서 '취소할 수 있다'는 것은 법의 보호를 받을 수 있다는 뜻이다. 즉 취소를 통하여 원래의 상태로 회복할 수 있다. 그러나 이 취소권은 그 내용을 모르는 '선의의 제3자'에게는 대항할 수 없다. 무슨 뜻이냐 하면, 이 사건의 경우처럼 김중배 씨는 이수일 씨에게 한 증여는 취소할 수 있지만, 이미 취소 이전에 심순애 씨가 이수일 씨로부터 협박으로 취득한 땅인 줄 모르고 사서 취득한 이상, 김중배 씨가 뒤늦게 사기나 강박을 이유로 취소한다고 하더라도 선의의 제3자인 심순애 씨에게는 대항할 수 없다는 것이다.

　민법은 이처럼 사기나 강박을 당하여 법적 의사 표시를 한 당사자 간에는 취소권을 주어 보호하지만, 일단 선의의 제3자가 생기면 이를 보호하게 된다. 법에서는 몰랐다는 것이 약이 되는 경우도 많다. 아무런 과실 없이 몰랐다는 것을 민법에서는 '선의'라고 부른다.

📑 참고 조문

제110조(사기, 강박에 의한 의사 표시)
① 사기나 강박에 의한 의사 표시는 취소할 수 있다.
② 상대방 있는 의사 표시에 관하여 제3자가 사기나 강박을 행한 경우에는 상대방이 그 사실을 알았거나 알 수 있었을 경우에 한하여 그 의사 표시를 취소할 수 있다.
③ 전 2항의 의사 표시의 취소는 선의의 제3자에게 대항하지 못한다.

⚖️ 어드바이스

김중배 씨의 부동산 투기에 대한 사회적, 법적 제재와 김중배 씨가 이수일 씨로부터 강박에 의해 땅 100평을 빼앗긴 것에 대한 구제는 별도의 문제다. 김중배 씨는 선의의 제3자인 심순애 씨에게는 대항할 수 없지만 이수일 씨를 공갈죄로 형사 고소하거나, 손해 배상을 청구할 수는 있다.

23. 편지가 위임장이 될 수 있는가

　김연수는 국내에서 사업에 실패하자, 외국에 가서 새 삶을 개척하려고 온 가족을 이끌고 미국으로 이민을 갔다.

　그러나 이민 생활이 화려할 리 없었다. 고생의 연속인데, 국내에 남아 있는 재산을 팔아서라도 자립해보려고 고향 친구에게 편지로 국내의 재산을 팔아달라고 부탁했다. 고향 친구가 이 편지만으로 김연수의 재산을 처분할 수 있을까?

　① 편지는 편지일 뿐이고, 위임장이 필요하다.

　② 위임장만으로 안 되고, 인감도장도 있어야 한다.

　③ 편지만으로도 충분하다.

우리들은 사회생활에서 무수한 법률 행위를 하게 된다. 그런데 이 법률 행위는 반드시 본인이 직접 하게 되는 것은 아니다. 즉 법률 행위는 다른 사람에게 부탁하거나 시켜서 하는 경우도 많다. 이처럼 다른 사람이 본인의 이름으로 본인을 위하여 어떤 법률 행위를 할 때, 이 사람을 '대리인'이라고 한다. 대리인에는, 미성년자의 부모와 같이 그 대리권이 법률에 의하여 부여된 '법정대리인'과 본인의 위임이나 부탁에 의하여 이루어지는 '임의 대리인'이 있다.

대리 제도(특히 임의 대리)는 근대법의 소산이고, 이 대리 제도에 의하여 우리는 활동 범위를 확장하거나 보충할 수 있게 된다. 대리에 의하여 법률 행위가 이루어지면 그 효과, 즉 결과는 본인에게 귀속되는 것이다.

그리고 우리가 다른 사람에게 대리를 부탁할 때, 즉 대리권을 부여할 때 반드시 위임장이라는 형식이 요구되는 것은 아니다. 이 사건의 경우처럼 편지로도 대리권을 부여할 수도 있는 것이다. 다만 문제는 대리인과 법률 행위를 하는 상대방의 신뢰 여부일 것이다. 그래서 실제로는 대리인의 자격을 증명하기 위해 위임장과 인감 증명이나 인감도장이 함께 부여되기도 한다.

📝 참고 조문

제114조(대리 행위의 효력)
① 대리인이 그 권한 내에서 본인을 위한 것임을 표시한 의사 표시는 직접 본인에게 대하여 효력이 생긴다.

⚖ 어드바이스

본인이 아닌 대리인과 '계약'이라는 법률 행위를 맺는 상대방으로서는 대리인의 자격과 권한, 범위를 확인해야 후일의 시비를 피할 수 있다.

24. 돈 좀 빌려 달랬지, 집을 팔아달라고 했나

사업 자금에 시달리고 있던 윤 사장은 은행 융자가 여의치 않게 되자, 마당발이라고 소문나 통하지 않는 데가 없다는 전통해 씨에게 자기 집을 담보로 해서 사채를 마련해줄 것을 부탁했다.

그런데 전통해 씨는 윤 사장의 위임장, 등기 문서를 이용해 대리인 자격으로 아예 이 집을 사채업자 태모리 씨에게 팔아버렸다.

윤 사장은 뒤늦게 이 사실을 알고 태모리 씨에게 넘어간 집을 되찾으려고 한다. 어떻게 하면 될까?

① 대리인에게 집을 담보로 융자를 위임한 이상, 그 집이 처분되었어도 방법이 없다.

② 집을 처분한 것은 대리권을 넘은 행동이므로 찾을 수 있다.

③ 집을 산 사채업자가 동의한다면 되찾을 수 있다.

집을 담보로 사업 자금을 융통해달라고 대리인에게 대리권을 주었는데, 대리인이 그 범위를 넘어 아예 '처분'이라는 법률 행위를 하였을 때 이 법률 행위의 효력은 어떻게 될까?

민법은 다음의 조건하에서는 그 처분 행위도 일단 유효하다고 본다. 즉 상대방(이 사건에서는 사채업자)이 대리인이 그만한 법률 행위를 할 자격과 권한이 있다고 믿었고, 이렇게 믿는 데 과실이 없는 경우이다. 본인의 위임장, 등기가 넘어가는 데 필요한 서류를 지참하고 있다면 누구라도 그 사람에게 대리권이 있다고 믿을 수밖에 없는 것이다.

따라서 이 사건과 같은 경우를 '대리권을 넘은 법률 행위'라고 하는데, 윤 사장은 대리권을 준 이상 대리인이 그 범위를 넘어 처분했다고 하더라도 그 결과를 감수할 수밖에 없다.

참고 조문

제126조(권한을 넘은 표현 대리)
대리인이 그 권한 외의 법률 행위를 한 경우에 제3자가 그 권한이 있다고 믿을 만한 정당한 이유가 있는 때에는 본인은 그 행위에 대하여 책임이 있다.

어드바이스

대리인의 배신도 우리 사회에는 적지 않다. 대리인이 권한을 넘어 한 재산 처분 행위도 유효하다고 보아야 하지만, 거래 안전을 보호하기 위해서 대리인을 배임죄로 형사 고소하거나, 손해 배상을 청구하는 구제 방법은 남아 있다.

25. 아내의 월권

이상해 씨는 정신병에 시달려오다가 끝내 장기간 병원에 입원을 했다. 그러다 보니 이상해의 처 김억순이 집안 생활을 어렵게 꾸려나가야 했다.

이상해가 입원비, 생활비, 자녀 교육비 등을 준비해둔 바가 없어서 할 수 없이 김억순은 이상해의 인감도장을 이용해 박곤경에게 이상해 씨의 집과 대지를 팔아 입원비, 생활비 등으로 사용하고 나머지 돈은 전셋집을 얻는 데 사용했다.

박곤경은 이런 사실을 모른 채 이상해 씨의 집과 대지를 샀다. 그런데 병원에서 완쾌되어 나온 이상해 씨가 박곤경에게 매매 계약이 무효라고 주장한다. 이 계약은 무효인가?

① 김억순이 남편으로부터 매매를 정식으로 위임받은 바 없으므로 계약은 무효다.

② 김억순이 권한을 넘어서 한 행위지만, 박곤경은 김억순에게 그러한 권한이 있다고 믿을 수 있었으므로 유효다.

③ 이상해의 인감이 사용되었으므로 무조건 유효다.

　원래, 대리인이 본인으로부터 대리권을 받지 못하고 한 법률 행위는 '무권 대리(無權代理)'가 되어 무효가 된다. 물론 부부간에도 마찬가지다.

　그러나 원칙적으로 무효지만, 상대방인 박곤경의 입장에서는 김억순에게 그러한 권한이 있다고 믿을 만한 정당한 이유가 있으므로 유효라고 보아야 한다. 왜냐하면 아내에겐 가사를 대리하여 꾸려나갈 '가사 대리권'이 있는데, 집을 파는 행위는 위 권한을 넘는 행위로 일상적인 가사 대리 행위에 포함되지는 않지만, 남편이 정신병으로 장기간 입원한 경우 제3자가 볼 때 아내가 집을 팔아 생활비 등에 쓸 수 있다고 믿을 만한 것이다.

　이러한 이유로 김억순의 이상해 씨의 재산 매매는 유효한 것이다. 따라서 이상해 씨는 무효 주장을 할 수 없고, 박곤경은 안전하게 취득한 것이 된다. 이처럼 어떤 권한이 있는 자가 그 권한을 넘는 법률 행위를 하더라도, 상대방이 대리인에게 그럴 권한이 있다고 믿었을 때에는 상대방을 보호하지 않으면 안 된다는 것이 법의 정신이기도 하다.

참고 조문

제126조(권한을 넘은 표현 대리)
대리인이 그 권한 외의 법률 행위를 한 경우에 제3자가 그 권한이 있다고 믿을 만한 정당한 이유가 있는 때에는 본인은 그 행위에 대하여 책임이 있다.

어드바이스

이 사건에서 아내의 법률 행위가 유효한 것은, 부부에게는 서로 부부 공동생활에 수반되는 일상적인 대외적 거래를 할 수 있는 '가사 대리권'이라는 권리가 있기 때문이다. 그러나 상대방은 아내에게 일상 가사 대리권이 있다는 것만 무조건 믿어서는 안된다. 나름대로 본인의 의사나 관계 문서를 세심하게 살펴야 한다.

26. 해고된 수금 사원에게 치른 생숫값은

소심해 씨는 수돗물을 못 믿는 것이 요즘 세상이라고 말하곤 하였다. 소심해 씨의 지론에 따르면 식수는 생수를 사서 마셔야 안전하다는 것이다. 그래서 생수 회사로부터 매일 생수 배달을 받았고, 그 대금은 월말에 찾아오는 수금 사원 김수동에게 지급하곤 했다.

그런데 어느 날 김수동이 찾아와 회사 자금 사정이 안 좋으니 다음 달 생숫값까지 미리 줬으면 좋겠다고 하여 아무런 의심 없이 지난달과 한 달 후의 생숫값을 치렀다.

그런데 며칠 후 다른 수금 사원이 나타나, 김수동은 해고된 지 한 달이나 지난 사람이므로 김수동에게 낸 돈은 소용없으니 다시 내라고 하는 것이 아닌가? 소심해 씨는 생숫값을 다시 내야 하나?

① 소심해는 결국 속아서 준 것이므로, 다시 내야 한다.
② 소심해는 김수동의 해고 사실을 몰랐으므로, 다시 낼 필요 없다.
③ 서로 책임이 있으므로 반반씩 부담해야 한다.

영업 사원은 배달은 물론 수금할 권한(대리권)이 있는 것이 보통이다. 그런데 해고된 후에는 수금의 대리권도 소멸한다. 그러나 해고된 사실을 모르고 수금의 대리권이 있다고 믿는 그 사원에게 대금을 치른 상대방은 보호되어야 한다.

따라서 이 경우 해고된 사원에게 치른 생숫값은 유효하다. 생수 회사에서는 적절한 방법으로 소비자에게 김수동의 해고 사실을 미리 알려왔어야 하는 것이다.

그러나 소심해가 해고 사실을 알 수 있음에도 불구하고 주의력 부족으로 모른 경우는 무효다. 그때는 물론 다시 내야 한다.

참고 조문

제129조(대리권 소멸 후의 표현 대리)
대리권의 소멸은 선의의 제3자에게 대항하지 못한다. 그러나 제3자가 과실로 인하여 그 사실을 알지 못한 때에는 그러하지 아니하다.

어드바이스

한 번 주어진 대리권은 대리 행위가 종료되면 그것으로 대리권도 소멸한다. 계속적인 대리권도 그 대리인이 자격을 잃으면 소멸한다. 법률 행위 당시에 대리인이 대리권을 계속 보유하고 있는지 여부를 확인하는 것도 거래자의 의무나 지혜일 수 있다.

27. 말 한마디로 천 냥 빚 진다

황당해의 아내 나몰라 여사는 남의 일을 척척 해결해준다고 동네에서 해결사로 불린다. 그러나 중이 제 머리 못 깎는다고, 자신이 계주가 된 계가 깨지는 바람에 계원들에게 시달리게 되었다.

견디다 못해 나몰라는 남편 명의로 된 아파트를 계원들에게 넘겨준다는 각서를 써주게 되었는데, 이 각서를 들고 계원들이 황당해에게 찾아와 곗돈을 물어내라고 아우성치는 바람에, 황당해는 가정을 지키고자 "마누라 빚이 내 빚이니, 각서대로 6개월 내에 갚아주겠다"라고 약속했다.

그러나 남편을 볼 면목이 없어진 아내는 가출하고 말았다. 이렇게 되자 황당해도 아내의 빚을 갚아주기가 싫어졌다. 갚지 않아도 될까?

① 남편이 아내의 빚을 갚을 의무가 없으므로 갚지 않아도 된다.

② 자기가 갚겠다고 한 약속이 있으므로 갚아야 한다.

③ 가정을 지키기 위한 약속이었으므로, 가정이 깨진 이상 갚을 의무는 없다.

아내가 곗돈을 갚기 위해 남편의 승낙 없이 남편 명의로 갚겠다는 각서를 써준 것은, 사실은 권한이 없는 행위이다. 이를 '무권대리'라고 한다.

원래 무권대리는 법률상 효력이 없다. 그러나 본인인 남편이 각서 내용대로 갚겠다고 약속하였으므로 당연히 갚을 의무가 생겼다. 이를 '무권대리의 추인'이라고 한다. 무권대리 행위라도 본인이 알고 나중에 이를 승인하면, 즉 추인하면 이 추인에 따라 무권대리 행위가 효력이 생기는 것이다.

남편은 말 한마디로 아내의 빚을 떠안게 되었다. 무권대리를 일단 추인한 후에 아내가 가출하였다거나, 심지어는 아내와 이혼하였다고 하더라도 추인에 따른 법률상의 의무는 변동이 없다.

📝 참고 조문

제130조(무권대리)
대리권 없는 자가 타인의 대리인으로 한 계약은 본인이 이를 추인하지 아니하면 본인에 대하여 효력이 없다.

⚖ 어드바이스

무효는 시간이 지나더라도 무효이다. 그러나 법률은 이 무효를 유효로 전환시키는 장치를 두고 있다. 즉 무효를 본인이 승인(추인)하는 것이 그것이다. 무효가 유효가 되면 계속해서 유효일 뿐이다. 무효를 유효로 만드는 사람은 그만한 각오가 있어야 한다.

28. 어른으로서의 책임

미성년자 유상아 군은 어떤 변두리 지역에 신도시 개발 계획이 있다는 소문을 듣고, 아버지가 유산으로 남긴 증권을 팔아 그곳 땅 200평을 샀다. 그러고는 그곳 주민 한수길 씨와 매매 계약을 체결하고 한 달 후 중도금을 지불하였다.

그런데 자신이 들은 소문이 헛소문이라는 것을 알고 나니 위 계약을 취소하고 싶어졌다.

미성년자의 법률 행위는 법정 대리인의 동의가 없으면 취소할 수 있다는데, 유상아 군의 계약은 취소할 수 있나? (다만 유상아 군은 계약 체결 후 보름째 되는 날 20번째 생일을 맞았다.)

① 미성년자일 때 체결한 계약이므로 취소할 수 있다.

② 계약금을 포기하는 방법으로 취소할 수 있다.

③ 성년이 된 후 대금 일부를 지불하였으므로 취소할 수 없다.

미성년자가 한 계약이라도 성년이 된 후 대금을 지급하거나 상대방에게 채무의 이행을 요구하였다면 그 이후에는 취소할 수 없다. 어른이 된 후 자신의 계약을 유효한 것으로 받아들인 행동이 있었으면 그에 대한 책임을 지게 되는 것이다. 이를 '법정 추인'이라고 한다.

법정 추인 제도는 취소할 수 있는 법률 행위에 관하여 이것을 취소할 수 있는 취소권자의 취소 또는 추인의 의사 유무를 묻지 않고 일정한 행위가 뒤따르면 당연히 추인한 것으로 간주하는 제도로서, 그 사유는 계약의 전부나 일부의 이행, 이행의 청구, 담보의 제공, 권리의 양도, 강제, 집행 등이다. 이 제도는 전적으로 상대방을 보호하기 위해서다.

유상아 군은 불과 한 달 간격의 일이지만 미성년자로서 보호받다가 성년으로서의 책임을 지게 된 것이다. 결국 유상아 군은 대금 반환을 요구할 수 없고, 나머지 대금을 지불하고 등기 이전을 받아야 한다.

참고 조문

제145조(법정 추인)
취소할 수 있는 법률 행위에 관하여 전조의 규정에 의하여 추인할 수 있는 후에 다음 각호의 사유가 있으면 추인한 것으로 본다. 그러나 이의를 보류한 때에는 그러하지 아니하다.
  1. 전부나 일부의 이행   2. 이행의 청구   3. 경개   4. 담보의 제공
  5. 취소할 수 있는 행위로 취득한 권리의 전부나 일부의 양도   6. 강제 집행

어드바이스

미성년자의 법률 행위, 사기, 강박 또는 착오에 의한 의사 표시와 같이 취소할 수 있는 법률 행위에서의 취소권도 일정한 기간 내에 하지 않으면 안 된다. 그 기간은 추인할 수 있는 날로부터 3년 내에, 또는 법률 행위를 한 날로부터 10년 내이다.

29. 권리 위에서 잠자는 자, 화 있을지어다

　남에게 싫은 소리를 못 하는 성미의 김억만 씨는 10년 전, 돈 1,000만 원을 1년 후에 받는다는 약속하에 무심해 씨에게 차용증을 받고 빌려주었다. 그런데 돈을 빌려간 무심해 씨가 그 후로도 내내 형편이 피질 않아, 김억만 씨는 차마 야박하게 돈을 갚으라고 재촉할 수가 없었다.

　그러나 11년 6개월이 지난 지금은 갚을 형편이 되는데도, 잊어먹었는지 갚을 생각을 않는다. 김억만 씨가 아무리 착한 성품의 소유자이기는 하지만 이제는 괘씸해서 소송을 하려고 하는데, 소송을 하면 이길 수 있을까?

① 갚기로 한 때로부터 10년이 지났기 때문에 소송을 하더라도 이길 수 없다.
② 차용증이 있으므로 증거가 확실해서 이길 수 있다.
③ 상대방이 갚겠다고 승인하는 조건하에 이길 수 있다.

　권리자가 권리를 행사할 수 있는데도 불구하고 일정 기간 이를 행사하지 않을 시 권리 자체를 소멸시키는 제도가 '소멸 시효 제도'이다. 남에게 돈을 빌려준 경우 채권자의 권리는 '갚기로 한 때'로부터(빌려준 때로부터가 아니다) 10년이 경과하도록 행사하지 않았다면 소송을 하더라도 이길 수 없다. 즉 받아낼 수 없다.

　소멸 시효 제도가 있는 이유는, 일정 기간 권리를 행사하지 않는 사람, 즉 권리 위에서 잠자는 법이 보호할 필요가 없는 것이고, 또 장기간의 시간이 경과하도록 행사하지 않았다면 증거의 소실 등으로 과거의 법률관계를 증명하거나 재현하기 어렵기 때문이다.

　법은 우는 아이에게만 젖을 준다. 권리 위에 잠자는 자에게는 이런 면에서 뜻하지 않은 화가 돌아오는 것이다.

📝 참고 조문

제162조(채권, 재산권의 소멸 시효)
① 채권은 10년간 행사하지 아니하면 소멸 시효가 완성한다.
② 채권 및 소유권 이외의 재산권은 20년간 행사하지 아니하면 소멸 시효가 완성한다.

⚖ 어드바이스

소멸 시효 제도가 있다고 해서 의무를 부담하고 있는 사람이 이를 악용해서는 안 될 것이다. 왜냐하면 사람은 법률에도 충성을 해야 하지만 도덕, 윤리 그리고 양심의 요청과 명령에도 봉사하여야 하기 때문이다.
시효가 지난 채무도 도덕상으로는 갚을 의무가 있다. 다만 채권자가 강제 이행의 청구(소의 제기)를 할 수 없을 뿐이다. 그렇다 하더라도 채권자가 자기의 권리가 시효로 소멸한 줄 모르고, 또는 알면서도 청구 소송을 하였으나 상대방이 소멸 시효를 모르고 이를 소송에서 주장(항변)하지 않는다면, 채권자는 그 요행으로 이길 수도 있다.

30. 외상 술값을 안 주어 고민이다

　미모가 출중한 장녹수 마담이 강남에 분위기 좋은 카페를 차렸다. 얼굴 예쁜 주인이 있고 외상 인심 좋은 이 카페는 그래서 항상 문전성시를 이루고 있다.

　그런데 부근의 모 수출 회사 영업 과장인 연산군 과장이 개업 초기에 외국 바이어들을 몇 번 데리고 와서 외상으로 술을 마시고 갔다. 외상 술값이 몇백만 원에 달하는데, 1년이 넘도록 매일 준다는 소리만 하고 주지 않는다. 장 마담이 외상 술값을 받을 방법은 무엇일까?

　　① 외상 술값은 서비스를 더 잘해야 받을 수 있다.

　　② 1년이 지났으므로 법으로 해서는 받을 수 없다.

　　③ 1년밖에 안 된 외상은 법으로도 받을 수 있고 회사로 찾아가 망신을 주면 받을 수 있다.

술값, 음식값, 숙박료, 하숙비 같은 돈은 1년이 지나면 받을 수 없다. 이처럼 권리자가 권리를 행사할 수 있는데도 일정 기간 행사하지 않으면 권리 자체가 소멸하는 수가 있는데, 이것을 '소멸 시효' 제도라고 한다는 것은 이미 설명한 바 있다.

소멸 시효 제도 중 위에 예로 든 경우처럼 비교적 경미한 권리는 1년 내에 행사하지 않으면 소멸한다고 해서 '단기 소멸 시효'라고 한다. 민법상 모든 권리마다 소멸 시효 기간이 있다. 권리자는 그 기간 내에 의무자에게 이행을 청구해야만 한다.

📝 참고 조문

제164조(1년의 단기 소멸 시효)

다음 각호의 채권은 1년간 행사하지 아니하면 소멸 시효가 완성된다.

1. 여관, 음식점, 대석, 오락장의 숙박료, 음식료, 대석료, 입장료, 소비물의 대가 및 체당금의 채권
2. 의복, 침구, 장구, 기타 동산의 사용료의 채권
3. 노역인, 연예인의 임금 및 그에 공급한 물건의 대금 채권
4. 학생 및 수업자의 교육, 의식 및 유숙에 관한 교주, 숙주, 교사의 채권

⚖️ 어드바이스

단기 소멸 시효에 걸리는 권리들은 대개 경미한 금액일 수 있다. 이러한 경미한 금액에 대해서는 소액사건심판법에 의해 재판 절차가 신속하게 이루어진다. 따라서 단기 소멸 시효에 걸리는 채권을 갖고 있는 사람은 소송이 어렵고 번거롭다고 생각하지 말고 이 제도를 이용하면 될 것이다.

31. 돈을 갚으시오

농촌에 살고 있는 성삼문 씨와 박팽년 씨는 둘도 없는 친구이다. 박팽년 씨는 흉년이든 해에 성삼문 씨에게 쌀 다섯 가마를 빌리면서 다음 해가을에 현금으로 갚겠다고 약속하였다.

그런데 다음 해에도 농사가 여의치 않아, 얼마 안 되는 농토를 전부 팔아 이 돈으로 도시에 나가 조그만 슈퍼마켓을 차렸다.

성삼문 씨는 박팽년 씨가 돈을 갚기만을 학수고대하고 있는데, 박팽년 씨는 10년이 다 되도록 함흥차사이다. 그래서 성삼문 씨는 할 수 없이 정중하게 "내 돈을 갚으시오. 그러지 않으면 부득이 법으로 하겠소"라는 편지를 띄웠다.

채권은 10년간 청구하지 않으면 소멸한다는데, 이 편지는 법적 효력이 있을까?

① 편지만으로는 소멸 시효가 중단되지 않는다.

② 편지를 받은 사람이 갚으면 법적 효력은 있는 셈이다.

③ 편지라는 문서로 의사 표시의 증거를 남겼으므로 소멸 시효는 중단된다.

남에게 빌려준 돈은, 갚기로 한 때('변제기'라고 한다)로부터 10년 내 청구하지 않으면 그 권리가 시효로 소멸한다. 그러나 10년의 시효 기간 내에 재판상 청구, 가압류, 가처분 등의 법적 절차를 밟거나, 갚을 사람이 채권의 존재를 승인하거나 변제 의사를 밝히면 소멸 시효의 진행을 일단 '중단'시킬 수 있다.

편지나 내용 증명 우편으로 채무 이행을 독촉하는 것을 '최고(催告)'라고 하는데, 이 최고 다음에는 반드시 6개월 이내에 위와 같은 재판상 청구나 가압류, 가처분의 절차를 밟아야 시효 중단의 효력이 인정된다. 따라서 성삼문 씨가 "내 돈을 갚으시오"라는 편지를 보낸 것만으로는 시효 중단의 절차를 밟은 것으로 볼 수 없다.

📝 참고 조문

제174조(최고와 시효 중단)
최고는 6월 내에 재판상의 청구, 파산 절차 참가, 화해를 위한 소환, 임의 출석, 압류 또는 가압류, 가처분을 하지 아니하면 시효 중단의 효력이 없다.

⚖️ 어드바이스

소멸 시효는 권리자가 중단시킬 수 있다. 재판상 청구(소송의 제기), 가압류, 가처분의 신청에 의해 시효가 중단되면, 그때까지의 시효 기간은 계산하지 않고 중단된 이후부터 다시 시효 기간이 진행된다.

32. 땅을 사서 집까지 지었는데

정순진 씨는 15년 전 절친한 최고집 씨로부터 대지 50평을 사서 집을 지어 살고 있는데, 피차 믿는 사이라 대지에 대해 소유권 이전 등기는 하지 않고 있었다.

그런데 최고집 씨가 작년에 돌아가시자, 내용을 모르는 후손들은 정순진 씨가 15년 전에 산 땅이 아버지(최고집)의 명의로 되어 있으므로 상속 등기를 해버렸다. 뿐만 아니라 후손들은 정순진 씨에게 이 땅을 다시 사든지, 아니면 내놓으라고 한다. 이런 경우 착한 정순진 씨가 법적으로 구제받을 수 있을까?

① 아무리 샀다고 하더라도 등기를 받지 못한 이상 방법이 없다.

② 계약서와 영수증이 있으면 다시 사지 않아도 된다.

③ 샀다는 증거가 있으면 오히려 후손에게 지금이라도 등기 청구도 할 수 있다.

④ 산 땅에 집을 짓고 살고 있으므로 권리는 시효로 소멸되지 않았다.

부동산을 사고 잔금까지 치렀다면 산 사람은 판 사람에게 소유권 이전 등기 청구권을 행사할 수 있다. 그런데 이 권리도 10년간 행사하지 않으면 시효로 소멸한다.

그러나 예외적으로, 부동산을 사고 등기를 받지 못했다고 하더라도 그 부동산을 인도받아 점유하고 있으면, 점유하고 있는 한 이 권리는 시효로 소멸하지 않는다는 것이 대법원의 판결이다.

따라서 이 사건에서 정순진 씨는 지금도 최고집 씨의 후손들에 대해 소유권을 이전해달라고 청구할 수가 있다(주의할 것은 후손들이 이 부동산을 제3자에게 처분하면 등기 청구는 불가능하게 된다).

📝 참고 조문

제162조(채권, 재산권의 소멸 시효)
① 채권은 10년간 행사하지 아니하면 소멸 시효가 완성한다.

🏋 어드바이스

서양에서처럼 개인주의, 합리주의 그리고 권리 개념이 발달하지 못하고, 인정, 의리, 체면이 사고를 지배하는 우리 사회에서는 부동산을 팔고 사고도 그에 따른 등기 절차를 등한히 하는 경우가 적지 않다. 이 사건에서는 다행히 산 부동산을 인도받아 점유, 사용하고 있기 때문에 구제될 수 있지만, 그렇지 못한 경우, 그리고 산 사람의 후손이 처분하였다면 구제 방법이 없게 된다.

⚖ 참고 판례

부동산의 매수인이 그 목적물을 인도받아 계속 점유하는 경우에 그 소유권 이전 등기 청구권의 소멸 시효는 진행하지 않는다(대법원 1999. 3. 18. 선고).

33. 잘되면 갚게

김부자는 한때 대단한 부자였지만, 지금은 쫄딱 망해서 가난한 실업자 신세이다. 사실 한때 날리던 시절은 누구에게나 있기 마련 아닌가?

김부자가 날리던 시절, 고향 후배 비양심이 찾아와 사업 자금이 필요하니 빌려달라고 하여, 김부자는 "사업이 잘되면 갚게"라고 말하고 5,000만 원을 선뜻 빌려주었다.

계속 잊고 있었지만 지금 가난해진 김부자는 다시 생각이 나 비양심을 찾아가 돈을 갚으라고 했다. 비양심은 그 후 사업도 확장되고 골프 회원 권도 갖고 여가를 즐기면서도, 사업이 잘 안 되니 조금 더 기다리라고 한다. 과연 김부자는 돈을 받아낼 수 있을까?

① 지금은 비양심의 사업이 잘된다고 보이므로 받아낼 수 있다.

② 비양심이 자기 사업이 잘된다고 인정하지 않는 한 받아낼 수 없다.

③ 세무서나 법원이 비양심의 사업 실적을 판단하는 것에 달려 있다.

④ 김부자가 비양심에게 돈을 준 것은 빌려준 것이지 그냥 준 것이 아니므로, 사업의 성공 여부와 관계없이 언제나 받을 수 있다.

법률 행위에도 조건을 붙일 수 있다. 가령 "취직할 때까지 생활비를 대준다" "결혼하면 생활비를 끊는다"는 계약에서 '취직하면' '결혼하면'과 같은 조건이 그것이다.

그러므로 사업이 잘되면 갚는 것을 조건으로 돈을 빌려주고 꿀 수도 있다. 어느 정도가 사업이 잘되는 것인지 구분 짓기가 어렵지만, 이것도 하나의 조건으로서 유효한 계약이다.

그러면 조건이 충족되었는지는 누가 판단하나? 객관적으로 판단하여 사업이 잘된다고 인정되면 되는 것이다. 채무자를 판단 기준으로 삼으면 욕심꾸러기 채무자에게는 항상 사업이 잘 안 된다고 하면서 갚는 것을 기피할 수 있기 때문이다.

김부자의 실수라면 자신에게 너무 애매하고 불리한 조건을 붙였다는 것이지만, 객관적으로 보아 비양심의 사업이 잘되고 있으므로 조건은 성취되었고, 따라서 비양심은 갚아야 할 의무가 생긴 것이다.

📝 **참고 조문**

제147조(조건 성취의 효과)
① 정지 조건 있는 법률 행위는 조건이 성취한 때로부터 그 효력이 생긴다.
② 해제 조건 있는 법률 행위는 조건이 성취한 때로부터 그 효력을 잃는다.

⚖ **어드바이스**

법률 행위에 붙이는 조건을 "잘되면 갚게" 식으로 애매하게 해서는 곤란하다. 조건은 누가 보더라도 다른 해석의 여지가 없게 명확하여야 한다. 그리고 법률 행위는 가급적 문서를 작성해두는 것이 좋다. 또 문서는 오랫동안 잘 보관하는 것이 상책이다.

34. 헤어지면 돌려준다는 계약

일부일처제보다는 일부다처제를 좋아할 남자들이 많을지도 모른다.

능력 있는 남자 중에는 두 집 살림을 하는 사람이 간혹 있다. 물론 좋지 않은 일인데, 강호색이 그런 남자였다. 자기 부인과 자식들이 엄연히 있는데 김미선이라는 젊은 여자와 이른바 내연 관계에 빠졌다. 그런데 김미선이 아파트 한 채를 사달라고 자꾸 조른다.

강호색 씨로서는 김미선이 아파트만 챙기고 헤어지자고 할 것을 우려해 "만약 관계가 끝나면 아파트 증여 계약을 해제하기로 한다"는 조건으로 등기를 넘겨주었다. 이와 같은 아파트 증여 계약이 유효할까?

① 조건부 계약이므로 당연히 유효하다.

② 조건이 사회 질서에 위반하는 것이므로 조건만 무효다.

③ 조건이 사회 질서에 위반하는 것이므로 계약 자체가 무효다.

법률 행위에는 조건을 붙일 수 있지만, 사회의 질서나 선량한 풍속에 맞지 않는 불법 조건이 붙으면 계약 자체가 무효다. 강호색 씨가 내건 조건은 첩 관계나 내연의 관계를 유지시키고자 하는 조건이므로 당연히 사회 풍속이나 사회 질서에 위반하는 것이다. 결국 조건이 불법이면 계약도 불법인 것이다.

이 사건의 경우, 아파트를 증여받은 김미선으로서는 비록 조건부일지라도 만족하고 있을지 모른다. 그러나 법률적으로 무효이므로 김미선에게는 비록 등기가 자기 명의로 되어 있어도 아무런 권리가 없다.

📝 **참고 조문**

제151조(불법 조건, 기성 조건)
① 조건이 선량한 풍속, 기타 사회 질서에 위반한 것인 때에는 그 법률 행위는 무효로 한다.

⚖ **어드바이스**

"꿩 먹고 알 먹는다", 또는 "임도 보고 뽕도 딴다"는 속담도 있지만, 이 사건의 주인공은 해도 너무했다. 불륜 관계를 맺는 처지에 헤어질 경우까지 대비하였으니 말이다. 그러나 강 씨에게도 간통 행위라는 형사 책임과 사회적 비난이 뒤따르지 않을까?

⚖ **참고 판례**

부부 관계 종료를 해제 조건으로 하는 증여 계약은 그 조건만이 무효인 것이 아니라 증여 계약 자체가 무효다(대법원 1966. 6. 21. 선고).

35. 줄 것은 주고 받을 것은 받아야지

   이신속은 사업 자금이 필요하여 박원칙으로부터 1,000만 원을 빌리면서 1년 후에 갚되 이자는 매월 2푼을 지급하기로 계약하였다.

   그런데 의외로 사업이 잘되어 원금 1,000만 원을 갚을 여유가 생기자, 매달 20만 원씩 나가는 이자가 자신에게 손해라는 생각이 들어 빌린 지 6개월째 되는 달, 원금 1,000만 원을 송금하고 동시에 박원칙에게는 고맙다는 편지를 보내는 것도 잊지 않았다.

   그런데 한 달 후 박원칙에게서 이자를 왜 보내지 않느냐는 전화가 왔다. 원금을 갚았는데, 남은 6개월 동안의 이자도 주어야 하나?

   ① 원금을 갚았으므로 이자를 줄 필요가 없다.

   ② 1년을 계약하였으므로 남은 6개월 동안의 이자도 주어야 한다.

   ③ 6개월 동안의 이자를 주되 이자는 은행 이자 정도만 주면 된다.

돈을 빌려줄 때에는 대개 갚는 기한이 정해진다. 그리고 이 기한이 도래하지 않음으로써 그동안 당사자가 받는 이익을 '기한의 이익'이라고 한다.

이 사건의 경우처럼 이행기가 1년으로 정해졌다면 빌린 사람은 1년간 채권자로부터 원금의 독촉을 받지 않을 수 있는 것이다. 기한의 이익은 대체로 채무자를 위하여 인정되고 있다.

그런데 채무자는 자기에게 주어진 기한의 이익을 포기할 수도 있다. 그러나 기한의 이익이 채권자를 위해서도 존재하는 경우에는 채무자가 기한의 이익을 포기하더라도 상대방의 이익을 침해해서는 안 된다.

이 사건에서 채권자인 박원칙 씨에게 정해진 1년간의 이자 수입은 보장되어야 한다. 따라서 채무자인 이신속 씨가 자기의 기한의 이익을 포기하고 6개월 만에 원금을 갚더라도, 상대방인 박원칙 씨가 남은 6개월간의 이자 수입을 포기한다는 의사 표시가 없는 한 이신속 씨에게는 이자 지급 의무가 있게 된다.

📝 **참고 조문**

제153조(기한의 이익과 그 포기)
① 기한은 채무자의 이익을 위한 것으로 추정한다.
② 기한의 이익은 이를 포기할 수 있다.

⚖️ **어드바이스**

기한의 이익을 포기하고 원금을 기한 전에 갚는 경우에는, 채권자에게 기한까지 남은 이자는 주지 않는다는 양해를 함께 받아두어야 안전하다.

PART 2

물권

● 물권에 관한 기초적 설명

1. 물권의 구성

민법전 중 제2편 '물권'은 9장으로 구성되어 있고, 모두 187개 조문이 배당되어 있다. 물권이란 물건에 대하여 성립되는 권리를 말한다.

그리고 이 물권의 형태는 소유권, 점유권, 지역권, 유치권, 질권, 저당권 등 여덟 개로 파악한다.

이에 따라 민법의 물권 편은 제1장에 7개조를 배정해 물권 편의 총칙 규정을 두고, 제2장에서부터 제9장에 이르기까지 여덟 개의 물권 형태에 관하여 각각 규정해나가고 있다.

2. 물권의 종류별 설명

1)점유권: 물건을 사실상 지배하는 상태를 점유권이라고 하는데, 물권 편 제2장은 점유권이 성립하는 경우와 그 보호에 대한 규정을 두고 있다.

2)소유권: 물건을 전면적, 독점적, 배타적으로 지배할 수 있는 형태의 권리이다. 물건은 소유자가 임의로 사용하고 수익하고 처분할 수 있는 권리라고도 설명된다. 물권 편 제3장은 소유권의 내용과 한계, 소유권의 취득, 소유권의 공동 소유 형태에 관하여 규정하고 있다.

3)용익 물권: 물건에 대해 소유권은 없지만 다른 사람의 물건 중 부동산을 사용, 수익할 수 있는 권리는 얼마든지 있을 수 있다. 이러한 권리를 학

자들은 '용익 물권'이라고 하는데, 민법은 세 가지 형태를 인정한다. 지상권, 지역권, 전세권이 그것이다. 물권 편 제4장은 지상권을, 제5장은 지역권을, 제6장은 전세권에 대해 각각 규정하고 있다.

4) 담보 물권: 다른 사람의 물건 중 부동산을 수익하는 것이 목적이 아니라 그 부동산의 교환 가격이나 담보 가치를 장악하는 권리도 있다. 이를 학자들은 '담보 물권'이라고 하는데, 민법은 질권, 유치권, 저당권 등 세 가지를 인정한다. 물권 편 제7장은 유치권을, 제8장은 질권을, 제9장은 저당권에 대해 각각 규정하고 있다.

3. 이 책의 물권 편 구성

이 책에서는 물권 편 중 37개의 기본적 문제를 사례화하고 있다.

1. 내가 땅을 산 사실은 동네 사람들이 다 안다

도시 인심은 각박하지만 아직도 시골 인심은 살아 있다. 넉넉하고 훈훈한 인정이 지배하는 세계다.

앞뒷집에 이웃해서 사는 최 영감과 진 영감은 그래서 이웃사촌이다. 원래 최 영감이 사는 집은 몇 년 전 진 영감의 땅 100평을 사서 신축한 집이다. 서로 믿는 처지인지라 땅을 분할해서 등기는 하지 않고 있었다.

그런데 진 영감이 돌아가셨다고 가정해보자. 일찍이 도시에 나가 자리를 잡은 진 영감의 후손들은 그 사실을 모르고 최 영감에게 "이 땅을 매수하거나, 매수할 의사가 없으면 땅을 내놓으시기 바랍니다"라는 편지를 보냈다.

최 영감이 이 땅을 삼으로써 소유권도 취득했다고 주장할 수 있을까?

① 땅을 사기만 하고 아직 등기가 없으면 소유권을 취득했다고 할 수 없다.

② 등기가 없더라도 산 것이 확실하므로 소유자라고 할 수 있다.

③ 등기가 없더라도 내용을 잘 알고 있는 동네 사람들의 증언이 있으면 소유자라고 할 수 있다.

부동산은 샀다고 하더라도 등기(소유권 이전 등기)를 하지 않은 이상, 소유권자라고 할 수 없다. 민법이 시행되기 전(1960년 이전)까지는 당사자 간의 매매만으로도 소유권 변동의 효력이 생겼지만, 현행 민법은 "부동산에 관한 법률 행위로 인한 물권의 득실 변경은 등기하여야 효력이 생긴다"라고 명문으로 규정하고 있기 때문이다. 따라서 부동산의 매매는 등기를 해야 소유권 변동의 효력이 생기는 것이다. 이것을 '형식주의(또는 성립요건주의)'라고 한다.

그러므로 부동산을 매수해서 이를 인도받아 점유하고 있고, 그 매수를 증명할 수 있는 계약서, 영수증이 있고, 또 심지어 이 사실을 온 동네 사람들이 다 알고 있다고 하더라도 등기를 하지 않았다면 그 부동산의 소유권자로 대접받을 수 없다. 따라서 아무리 믿는 사이라고 하더라도 등기는 빨리 해야만 한다.

📝 참고 조문

제186조(부동산 물권 변동의 효력)
부동산에 관한 법률 행위로 인한 물권의 득실 변경은 등기하여야 그 효력이 생긴다.

⚖️ 어드바이스

지금이라도 최 영감은 진 영감의 후손들을 상대로 소유권 이전 등기를 청구하여야 한다. 또한 진 영감의 후손들이 최 영감이 산 땅을 포함해서 땅 전부를 제3자에게 처분할 경우에 대비하여 '처분 금지 가처분 신청'을 먼저 해두어야 한다.

2. 조상님이 물려주신 땅이거늘

샐러리맨인 홍길동 씨는 5대 독자이다. 비록 서울에서 말단 사원으로 있으나, 그의 고향에는 조상 대대로 내려오는 선산 1만여 평이 있다.

몇 년 전까지만 해도 임야의 시세가 별로였으나 부동산 값이 폭등하게 되자 홍길동 씨도 벼락부자가 된 기분이다. 그래서 동료 사원들에게 '이래 봬도 고향에 만 평의 산이 있고 시세로 따지면 10억 원이나 갈 것'이라고 어깨에 힘을 주고 자랑하였더니, 법대 출신인 미스터 최는 등기를 하지 않았으면 소용이 없다고 핀잔을 준다.

가만히 생각해보니 이 산은 아직도 5대조 할아버님 명의로 되어 있지 않은가? 홍길동 씨가 이 산을 자기 앞으로 등기하지 않았어도 소유권자라고 할 수 있을까?

① 조상 대대로 물려받은 땅이면 등기가 없어도 소유권자이다.

② 조상이 물려준 땅이라도 등기가 없으면 소유권을 취득하였다고 볼 수 없다.

③ 족보와 공적 문서로 조상이 밝혀지는 조건하에, 등기가 없어도 소유권자라고 할 수 있다.

앞의 사례에서 부동산에 관한 법률 행위는 등기를 해야 소유권 취득의 효력이 생긴다고 설명하였다. 이러한 원칙에 대한 예외가 '상속'의 경우다.

상속은 사망과 동시에 개시된다. 가령 아버지가 돌아가시면 돌아가신 순간 아버지의 재산은 상속권자(처와 자식들)에게 이전되는 것이다. 다시 말하면 사망과 동시에 돌아가신 아버지('피상속인'이라고 부른다)의 부동산 소유권은 상속권자에게 이전되는 것으로 보게 되고, 나중에 상속 등기를 함으로써 상속 등기 시에 상속 재산의 소유권을 취득하게 되는 것이 아니다.

이와 같이 상속이나 공용 징수, 판결, 경매의 경우에는 등기하지 않더라도 소유권을 취득한 것으로 보는데, 이것을 '법률의 규정에 의한 물권 변동' 사유라고 한다. 또 상속은 대개 상속 등기를 하게 되지만 언제까지 해야만 한다는 법규는 없다.

따라서 상속 등기는 언제라도 할 수 있다. 다만 상속으로 취득한 재산도 제 3자에게 처분하려면 이때는 상속 등기를 해야만 한다. 조상 대대로 물려받은 땅은 상속 재산이라는 이야기가 되는데, 그렇다면 상속 등기를 아직 하지 않았다고 하더라도 소유권자는 상속인인 홍길동 씨인 것이다.

📝 참고 조문

제187조(등기를 요하지 아니하는 부동산 물권 취득)
상속, 공용 징수, 판결, 경매, 기타 법률의 규정에 의한 부동산에 관한 물권의 취득은 등기를 요하지 아니한다. 그러나 등기를 하지 아니하면 이를 처분하지 못한다.

🔨 어드바이스

상속 등기는 언제까지 해야 한다는 규정이 없으므로 언제라도 할 수 있지만, 그래도 가급적 빨리 해두는 것이 좋다. 왜냐하면 요즘은 족보 등을 위조하여 남의 땅을 가로채는 부동산 사기꾼들도 있으니까.

3. 법은 멀고 주먹은 가깝다 I

　회사 경리과 사원인 송 과장은 은행에서 현금 500만 원을 찾아서 밖으로 나오는 순간 오토바이를 탄 날치기범에게 돈 가방을 날치기당했다. 지나가는 택시로 추적을 하였으나 끝내 놓치고 말았다.

　회사에 뭐라고 변명할지 고민에 빠져 근처 술집에서 술을 마시고 있는데 그 날치기범이 술집 안으로 들어왔다. 송 과장은 격투 끝에 돈 가방을 찾는 데 성공하였지만 날치기범은 부상을 입고 말았다.

　돈 가방을 찾기 위한 이런 행동은 법적으로 정당한가?

① "법은 멀고 주먹은 가깝다"는 말처럼, 실력 행사는 불가피하고 정당했다.

② 날치기범이 이미 현행범이 아니므로 실력 행사할 수는 없다.

③ 경찰에 신고하고, 돈 가방은 경찰로부터 돌려받았어야 한다.

자기의 소유물이나 점유물을 침탈당한 때에는 소유자 또는 점유자가 스스로 현장에서 또는 추적하여 가해자로부터 탈환할 수 있다. 이를 '자력 구제'라고 한다. "법은 멀고 주먹은 가깝다"는 말의 뜻은 이런 경우에 적절하다고 할 수 있다.

그러나 이 사건에서는 이미 현장 또는 추적 중인 상태는 아니다. 그렇다고 정말 우연히 만나게 된 날치기범을 언제 경찰에 신고하여 체포할 것인가?

이런 경우에 소유자의 실력 행사는 어느 정도 그 정당성을 인정하는 것이 법의 정신일 것이리라. 따라서 송 과장의 실력 행사는 그 불가피성과 정당성을 인정해야 할 것이다(다만 날치기범에게 중상을 입힌 경우라면 마땅히 치료비 등 배상을 하여야 할 것이지만, 치료를 요하지 않는 가벼운 부상을 입힌 경우에는 민사상 배상 책임도 없다고 보아야 한다).

📝 **참고 조문**

제209조(자력 구제)

① 점유자는 그 점유를 부정히 침탈 또는 방해하는 행위에 대하여 자력으로써 이를 방어할 수 있다.

② 점유물이 침탈되었을 경우에 부동산일 때에는 점유자는 침탈 후 직시 가해자를 배제하여 이를 탈환할 수 있고 동산일 때에는 점유자는 현장에서 또는 추적하여 가해자로부터 이를 탈환할 수 있다.

⚖️ **어드바이스**

소유자나 점유자에게 법이 인정하는 자력 구제권은 어디까지나 예외적인 조치임을 명심하자. 필요한 범위를 넘는 행사는 경우에 따라서 불법 행위가 될 수도 있다.

4. 법은 멀고 주먹은 가깝다 Ⅱ

회사원 손재수 씨는 결혼 선물로 받은 라이카 카메라를 애지중지하다가 도둑을 맞았다. 아내는 이름 그대로 손재수가 생겼으니 단념하라고 하지만 여간 분하지가 않다.

그런데 몇 달 후 덕수궁에 놀러 갔더니, 어느 사람이 자기 카메라를 갖고 사진을 찍고 있는 것이 아닌가? 자기 것이 확실하여 돌려달라고 하였지만, 그 사람은 중고 카메라 시장에서 산 것이라고 하면서 완강히 거절한다. 자, 이런 경우 손재수 씨의 권리는 무엇인가?

① 도난당한 물품은 2년간은 언제든지 소유자가 실력 행사로 찾을 수 있다.

② 도난당한 물품이라도 제3자가 선의로 취득하면 찾을 수 없다.

③ 소지자에게 취득한 대가를 변상하고 돌려줄 것을 청구할 수 있다.

　도난당한 물품이나 잃어버린 물품은, 2년 내에 그것을 소지하고 있는 사람에게 돌려줄 것을 청구할 수 있다. 그러나 문자 그대로 청구할 수 있을 뿐이지, 강제로 빼앗다시피 해서 되찾을 수 있다는 뜻은 아니다.

　또 소지자가 도난품을 경매나 공개 시장에서, 또는 동 종류의 물건을 판매하는 상인에게서 선의로 매수한 때에는, 피해자는 소지자가 지급한 대가를 변상하여야만 되찾을 수 있다. 그래야 선의의 제3자의 권리도 보호되기 때문이다.

　이 사건에서 손재수 씨는 실력으로 강제 회수할 수는 없고 대가를 변상하여야만 돌려달라고 요구할 수 있다.

📝 참고 조문

제250조(도품, 유실물에 대한 특례)
전조의 경우에 그 동산이 도품이나 유실물인 때에는 피해자 또는 유실자는 도난 또는 유실한 날로부터 2년 내에 그 물건의 반환을 청구할 수 있다.

제251조(도품, 유실물에 대한 특례)
양수인이 도품 또는 유실물을 경매나 공개 시장에서 또는 동 종류의 물건을 판매하는 상인에게서 선의로 매수한 때에는 피해자 또는 유실자는 양수인이 지급한 대가를 변상하고 그 물건의 반환을 청구할 수 있다.

⚖️ 어드바이스

이 사건도 합리적으로, 법률적으로 해결해보자. 우선 손재수 씨는 카메라의 소지자가 그 주장대로 정당하게 매수한 것인지를 확인한다. 확인이 되면 그 사람이 매수한 가격을 대가로 변상하고 돌려받아야 한다. 이렇게 해결해야지 서로 언성을 높여 다투기만 할 필요는 없다.

5. 모로 가도 서울만 가면 되나

임 사장은 박 노인에게서 임야 1만 평을 샀다. 잔금까지 다 치르고 등기를 내려고 하는데 그만 박 노인이 사망하였다. 박 노인의 맏아들과 이 문제를 의논하니, 상속 등기를 한 후 등기를 넘겨드려야 하지만 상속세가 나오니 알아서 하라는 것이다.

그래서 박 노인이 아직 살아 있는 것처럼 박 노인을 상대로 소송을 하여 이긴 다음 판결로 등기를 냈다. 판 사람이 사망한 후에 낸 등기인지라 꺼림칙한데, 박 사장 앞으로 한 등기의 효력은 어떻게 될까?

① 판 사람이 사망한 후에 낸 등기는 무효다.

② 유족들이 이의를 제기하지 않는 한도 내에서 유효다.

③ 산 것은 분명하므로 등기는 유효다.

판 사람이 산 사람에게 등기를 해주기 전에 사망했다면, 산 사람은 유족이 상속 등기를 한 후 이 유족들로부터 등기를 받는 것이 원칙이고 법의 규정이다. 그러나 편법으로, 판 사람이 사망했는데도 아직 살아 있는 것처럼 소송을 하고, 이긴 다음 그 판결로 등기를 하더라도 이 등기는 유효하다고 판례가 보고 있다.

이런 경우를 '실체적 권리관계에 부합하는 등기'라고 한다. 그 이유는 사망한 자를 상대로 한 판결이라고 하더라도(원래 이런 판결은 무효이고 위법이다) 실제 매수한 사실이 있는 이상 등기를 할 만한 실체적 권리가 있다고 보아야 하기 때문에 예외적으로 그 등기의 효력을 인정하는 것이다(그러나 이런 인정은 어디까지나 예외적으로 구제하려는 것에서 비롯된 것이므로 남용해서는 안 된다). 그런 뜻에서 실체적 권리만 있으면 다소의 편법은 인정되는 것이므로 마치 모로 가도 서울만 가면 되는 격이라고 할 수 있다.

📑 참고 조문

제186조(부동산 물권 변동의 효력)
부동산에 관한 법률 행위로 인한 물권의 득실 변경은 등기하여야 그 효력이 생긴다.

⚖ 어드바이스

이 사건은 법대로 하면 박 노인의 후손들을 상대로 해서 소유권 이전 등기 청구 소송을 하는 것이다. 권리가 있으면 그 권리의 행사도 적법한 절차대로 하는 것이 안전하다.

⚖ 참고 판례

등기가 실체 관계에 부합한다고 하는 것은 그 등기 절차에 하자가 있더라도 진실한 권리관계에 합치한다는 것을 말한다(대법원 1994. 6. 28. 선고).

6. 재빠른 놈이 임자다

사업이 부진해 도산 직전에 있던 김대강 씨는 고향의 선산을 관리해주고 있던 정직한 씨에게 선산을 팔았다. 정직한 씨는 이 산을 과수원으로 만들려고 철조망을 쳐두었다.

그런데 얼마 안 있어 땅값이 오르자 김대강 씨는 서울의 투기꾼인 부동산 씨에게 두 배의 값을 받고 이중으로 처분했다. 등기는 물론 부동산 씨가 먼저 받았다.

자, 이중으로 매매된 이 땅의 소유권자는 누구인가?

① 먼저 산 정직한 씨의 소유다.

② 등기를 먼저 받은 부동산 씨의 소유다.

③ 이중 매매 계약은 둘 다 무효이므로 국가 소유가 된다.

부동산의 소유권은 매매 계약만으로 취득하는 것이 아니고, 등기를 함으로써 취득한다. 이것이 1960년에 제정되어 시행되고 있는 현행 민법의 원칙이다(그 이전에는 매매 계약만으로도 소유권을 취득한다고 보았다).

소유자가 같은 물건을 각각 다른 사람에게 두 번 판 경우를 '이중 매매'라고 하는데, 이 경우에는 누가 먼저 샀는지를 묻지 않고 먼저 등기를 한 사람이 소유권자가 된다(부동산을 사고도 등기를 받지 못한 사람은 판 사람에게 손해 배상 청구권만 갖게 된다).

다만 부동산 씨가, 정직한 씨가 먼저 산 것을 알고도 소유자 김대강 씨를 꼬드겨서 자기에게 팔게 한 경우라면 비록 먼저 등기를 했어도 이 등기는 무효가 되는 수가 있기는 하다.

법에서는 가끔 재빠른 사람이 임자인 경우도 있다.

🔨 어드바이스

정직한 씨는 김대강 씨에게 손해 배상을 청구할 수밖에 없다. 또 김대강 씨를 배임죄로 형사 고소할 수도 있다.

7. 잃어버린 땅문서

농촌의 순박한 농부인 김갑돌 씨는 부모가 돌아가시자 도시로 나가 살게 되었다. 도시 생활의 고달픔이란 뻔한 것이 아닌가? 2년에 한 번씩 오르는 집세 때문에 이사 다니는 애환을 겪고 있다.

그래서 내 집 마련을 위해 부득이 부모님이 물려주신 농토를 팔려고 하는데, 그동안 너무 자주 이사 다니는 바람에 땅문서를 잃어버렸다. 난처해진 갑돌 씨는 땅문서 없이도 농토를 팔 수 있을까?

① 땅문서는 등기소에서 소정의 비용만 내면 언제든지 재발급해준다. 따라서 재발급받아 처분하면 된다.

② 땅문서는 한번 잃어버리면 그만이다.

③ 땅문서, 집문서 등은 재발급은 안 되나, 이를 대체할 수 있는 법률적 방법이 있다.

'부동산의 소유자'라는 공적 증명은 '등기필증'이다(요즘은 '등기필 정보'라고 한다). 사람들은 보통 이것을 집문서 또는 땅문서라고 한다. 등기필증은, 등기소의 공무원이 등기 권리자에게 내주는 등기를 마쳤다는 증명서다.

그런데 등기필증은 분실하면 다시 발급해주지 않는다. 그러면 분실하였을 경우 자기 소유 부동산을 처분하는 방법이 없는 걸까?

그렇지는 않다. 문제는 산 사람에게 등기필증 없이도 등기를 넘겨줄 수 있느냐인데, 대체할 수 있는 방법은 있다. 하나는, 등기소에 출석하여 등기관으로부터 등기 의무자임을 확인받는 방법이다. 또 하나는, 등기 신청의 대리인으로 법무사 또는 변호사를 세운 경우 이들이 등기 의무자로부터 위임받았음을 확인하는 서면을 작성하는 경우이다. 끝으로 이들이 등기 신청서 중 등기 의무자의 작성 부분에 대해 공증을 받아 이를 등기 신청서에 첨부하면 등기필증 없이도 등기 신청을 할 수 있다.

그러므로 집문서, 땅문서는 정말 잘 보관해야 한다.

📝 참고 조문

부동산등기법 제51조(등기필 정보가 없는 경우)
등기 의무자의 등기필 정보가 없을 때에는 등기 의무자 또는 그 법정 대리인이 등기소에 출석하여 등기관으로부터 등기 의무자임을 확인받아야 한다. 다만, 등기 신청인의 대리인(변호사나 법무사)이 등기 의무자로부터 위임받았음을 확인한 경우 또는 신청서(위임에 의한 대리인이 신청하는 경우에는 그 권한을 증명하는 서면을 말한다) 중 등기 의무자의 작성 부분에 한하여 공증을 받는 경우에는 그러하지 아니하다.

8. 등기부 등본을 믿은 죄

　한성실 씨는 10년 동안 부지런히 일하고 저축한 결과 변두리에 겨우 자기 집을 장만하게 되었다. 이 집은 애당초 원소유 씨가 5년 전에 지은 것으로 되어 있고, 1년 전부터 이사기 씨 명의로 소유권 이전 등기가 되어 있었다. 한성실 씨는 물론 이 씨에게서 이 집을 살 때 등기부 등본을 떼어 보고 이 씨 명의로 되어 있음을 확인하였다.

　그런데 갑자기 원소유 씨가 나타나, 이 집은 이사기 씨가 서류를 위조하여 한성실 씨에게 팔아먹은 것이므로 말소하라는 소송을 걸어왔다. 등기부 등본까지 확인하고 산 것인데 이럴 수가 있을까?

① 이 씨가 서류를 위조한 것이 사실이라면 원 씨의 요구가 정당하다. 따라서 말소해주어야 한다.

② 등기부에서 이 씨 소유임을 확인했으므로 안심해도 좋다.

③ 원 씨의 주장이 사실이라고 하더라도 원 씨는 이 씨에게만 이길 수 있고, 이 사정을 모르는 선의의 제3자인 한 씨에게는 이길 수 없다.

모든 부동산마다 등기부가 있다. 부동산을 파는 사람이 소유자인지 아닌지의 여부를 확인하는 방법은 해당 등기소에 가서 등기부 등본을 열람하거나 발급해보는 것이다. 요즘은 인터넷상으로도 열람할 수 있다.

그런데 등기부에 어떤 사람이 소유자로 등재되어 있다고 하더라도 이 등기부에는 절대적 공신력은 없다. 가령 이 사건의 경우처럼 이사기 씨가 서류를 위조하여 자기 명의로 이전 등기한 뒤 한성실 씨에게 팔아넘긴 것이라면 (물론 이런 사실은 원 씨가 입증할 책임이 있다) 한성실 씨가 아무리 등기를 확인하고 이사기 씨 소유로 믿었더라도 소유권을 취득하지 못한다.

이처럼 우리나라 등기부에는 기재되어 있는 사실을 곧이곧대로 믿는 대로 효력을 부여한다는 의미의 공신력이 인정되어 있지 않다. 부동산 등기부가 공신력을 갖추어야 하는 문제는 우리나라 등기 제도의 가장 큰 숙제라고 할 수 있다(다만 이 사건에서 이사기 씨와 한성실 씨가 합쳐서 또는 누구든지 단독으로라도 등기를 낸 지 10년이 넘고 또 점유한 지 10년이 넘으면 그때는 '취득 시효' 제도에 의하여 소유권 취득이 보장된다).

🔨 어드바이스

등기부 등본도 위조, 변조되는 세상이다. 이렇게 되면 등기부 등본도 믿을 것이 못 될 것이다. 그래서 등기부의 공신력을 제도화하기 위해서 등기 공무원에게 실질적인 심사권을 주어야 한다는 목소리가 높다. 이 사건에서 한성실 씨는 이사기 씨에게 손해 배상을 청구하는 방법과 형사 고소하는 구제 방법밖에는 없다.

9. 나는 빠지고 싶다

강남의 큰손 복 여사는 소위 복부인이다. 동해안의 땅값이 오른다는 소문이 돌자 재빨리 별장지가 될 만한 땅을 사들이고 신문에 '별장지나 전원 주택지로 최고'라는 광고를 냈다.

서울의 부호 최 사장이 별장용으로 이 땅을 샀다. 최 사장이 등기를 내려고 하는데, 복 여사가 빠지고 싶다면서 원래 소유자인 장 씨로부터 직접 등기를 하라고 서류를 주어 불쾌했지만 그대로 등기를 했다.

중간에 땅을 산 복 여사의 등기가 빠진 최 사장의 등기는 유효한가?

① 순서대로 등기되지 않았으므로 무효다.

② 최 사장은 결과적으로 복 여사의 탈세를 방조했으므로 무효다.

③ 최 사장이 이미 등기를 낸 이상 유효다.

등기는 원래 순차적으로 해야만 한다. 예컨대 갑은 을에게, 을은 병에게 팔았다면 등기는 을에게로 넘어갔다가 다시 병에게로 넘어가는 것이 원칙이다. 그래서 등기부상의 소유자 표시도 갑→을→병의 순서가 되어야 한다.

그러나 판례는 이런 경우, 즉 을은 빠지고 갑에게서 병에게 등기가 직접 넘어가더라도 병의 등기는 유효하다고 보고 있다. 이때 을의 등기가 중간에 생략되었다고 해서 병의 등기를 '중간 생략 등기'라고 한다.

그런데 이때도 원래 갑, 을, 병 3자 간에 또는 갑과 을, 을과 병 간에 을의 등기는 생략한다는 합의가 있어야 하는데, 그렇다고 하더라도 이미 병에게 등기가 되었다면 이 합의가 없더라도 유효하다고 본다(다만 중간 생략 등기가 탈세와 투기의 편법으로 이용된다고 해서 1990년 8월 1일 '부동산등기 특별조치법'이 제정되어 중간 생략 등기는 금지되고 또 형사 처분의 대상이 되고 있음을 염두에 두어야 한다).

🔨 어드바이스

부동산등기 특별조치법의 제정, 시행으로 인해 탈세, 불로 소득 목적의 중간 생략 등기는 금지되었지만, 그래도 중간 생략 등기의 방법의 가능성이 100퍼센트 봉쇄된 것은 아니다. 부동산을 판 사람은 산 사람의 요청이 있어도 이 중간 생략 등기를 거절하도록 하여야 한다.

10. 가등기냐 본등기냐

이 서방이 서울로 이사하려고 갖고 있던 논을 팔려고 내놓았다.

이 소식을 들은 일용이는 계약금을 갖고 가서 먼저 계약한 뒤 우선 가등기라는 것을 해놓고, 이후 잔금을 마련하느라고 동분서주했다. 그러는 사이 삼돌이가 뒤늦게 뛰어가서 한꺼번에 잔금까지 치르고 먼저 등기를 했다.

삼돌이는 자기가 비록 뒤늦게 사기는 했지만, 잔금까지 한꺼번에 치르고 등기는 자기가 먼저 했기 때문에 자기가 논임자라고 생각했다. 일용이가 나중에라도 이 서방에게 잔금을 치르게 되면 이 논은 누구의 것인가?

① 등기를 먼저 한 삼돌이의 소유다.

② 먼저 계약한 일용이의 소유가 된다.

③ 이 서방이 이중 매매한 셈이므로 둘 다 무효이고, 따라서 둘 다 소유권을 잃게 된다.

일용이는 삼돌이보다 잔금을 늦게 치렀으나 계약금을 준 후 '가등기'라는 것을 하였으므로, 이 가등기 이후 본등기 이전의 중간 시기에 설령 삼돌이가 본등기를 먼저 했다고 하더라도 일용이의 본등기가 우선하게 된다(등기 실무 상으로는 일용이가 가등기에 기해서 본등기를 하게 되면 등기소에서는 그 중간 의 삼돌이의 본등기는 부동산등기법 제192조에 의하여 등기관이 직권으로 말소 해버린다).

부동산이 이중으로 매매된 경우에는 계약 일자의 선후에 관계없이 먼저 본등기를 한 사람이 임자지만, 가등기를 먼저 한 사람이 있으면 설령 본등기 를 먼저 했다고 하더라도 대항할 수 없다. 가등기 제도는 우리 사회에서 빈번 하게 이용되고 있다.

📝 참고 조문

부동산등기법 제88조(가등기의 대상)
가등기는 제3조 각 호의 어느 하나에 해당하는 권리의 설정, 이전, 변경 또는 소멸 의 청구권을 보전하려는 때에 한다. 그 청구권이 시기부 또는 정지 조건부일 경우나 그 밖에 장래에 있어서 확정될 것인 경우에도 같다.
부동산등기법 제91조(가등기에 의한 본등기의 순위)
② 가등기에 의한 본등기를 한 경우는 본등기의 순위는 가등기의 순위에 따른다.

⚖️ 어드바이스

가등기를 해두면 본등기를 할 때 남보다 순위가 앞서게 되므로, 부동산을 사는 사람 은 반드시 등기부를 열람하거나 등기부 등본을 발급받아, 파는 사람이 아닌 제3자의 가등기가 되어 있는지를 확인하여야 한다.

11. 땅 임자가 따로 있었네

공무원인 이방원은 서울의 강남이 논밭일 때 500평을 샀는데 자기의 신분 때문에 등기는 편의상 조카인 이화도 명의로 해두고 이화도가 사용, 관리하도록 했다.

그 후 강남이 개발되자 이 땅은 금싸라기 땅이 되었다. 이때 고려 주식회사는 강남에 사옥을 지으려고 물색하다가 이 땅을 사게 되었다. 물론 등기부상에 소유자로 되어 있는 이화도와 계약을 하였고 잔금까지 치르고 등기까지 마쳤다.

그러나 사실 고려 주식회사의 계약 담당자인 경리 이사는 이 땅의 실제 소유자가 이방원인 줄은 어느 정도 알고 있었다. 만일 이방원이 이 계약이 무효라고 주장하게 될 경우 고려 주식회사의 등기는 어떻게 될까?

① 이방원이 실제 소유자인 줄 알았다고 해도, 회사 대표이사가 몰랐던 이상 이 등기는 유효다.
② 이방원이 실제 소유자인 줄 몰랐을 경우에만 유효다.
③ 실제 소유자가 이방원이라는 사실을 알았든 몰랐든 무조건 유효다.

　부동산의 실제 소유자와 등기 명의자가 다르고, 이 부동산의 등기 명의가 어떤 이유에서든지 실제 소유자로부터 위탁된 경우를 '명의 신탁'이라고 하는데, 이와 같은 예는 우리 사회에 너무나 흔하다.

　예컨대 이 사건에서처럼 실질적 소유자는 이방원이지만, 신분 노출을 꺼려해서 등기를 조카인 이화도 명의로 해둔 경우, 이방원과 이화도 간에는 명의 신탁 계약이 성립한 것이며, 이때의 이방원을 '신탁자', 이화도를 '수탁자'라고 한다.

　이방원과 이화도 간에는 이방원이 소유자가 된다. 그러나 수탁자가 변심해서든 필요에 의해서든 이 수탁받은 부동산을 제3자에게 처분하였을 경우, 수탁자로부터 매수한 제3자는 명의 신탁 사실을 알았든 몰랐든 무조건 유효하게 이를 취득하게 된다. 따라서 고려 주식회사의 등기는 유효라고 보아야 한다.

　이러한 이론은 판례가 발전시켜온 것인데, 학자들로부터는 이 제도가 탈세와 투기에 악용된다고 해서 비판의 대상이 되고 있다. 그 때문인지는 모르나 1990년 8월 1일 '부동산등기 특별조치법'이 제정되어 조세 부과를 면하려 하거나, 부동산 가격 변동에 따른 이득을 얻으려 하거나, 법령의 제한을 회피할 목적의 명의 신탁 등기는 금지되고 또 형사 처분의 대상까지 되었다. 또 1995년 3월 30일 제정된 '부동산 실권리자명의 등기에 관한 법률'은 그 전까지 사회에서 관행적으로 성행하던 명의 신탁 계약을 무효라고 선언하고 있다.

🔨 어드바이스

수탁자가 신탁된 부동산을 제3자에게 처분한 경우, 신탁자는 수탁자를 횡령이나 배임죄로 형사 고소하거나 손해 배상을 청구하는 수밖에 없다.

12. 세월의 힘

　삼돌이는 가난과 빚에 시달리다가 30년 전 강원도 산골로 들어갔다. 처음에는 화전민이 되었다가 그것도 당국에 의해 쫓겨났다. 할 수 없이 산 밑 마을로 내려와 남의 땅을 소작하였는데 워낙 성실하여 땅 주인이 밭 2,000평을 그냥 주었다. 삼돌이는 너무나 고마운 마음에 이 땅을 등기하지도 못하고 25년간 열심히 약초 농사를 지어 이제는 살 만한 형편이 되었다.

　세월이 흘러 고마운 주인이 죽자, 갑자기 서울 사는 주인의 장남이 나타나 삼돌이에게 땅을 내놓고 한 달 내에 떠나라고 한다. 삼돌이는 어쩌면 좋은가?

① 땅을 증여받았어도 등기하지 않은 이상 아무런 권리가 없다.

② 소유권은 인정되지 않아도 경작권은 있다.

③ 이제라도 증여한 사람의 상속인들에게 등기를 요구할 수 있다.

만 20년간 증여받아 자기 땅으로 알고 사용, 관리해왔으므로 삼돌이는 그 땅의 소유권을 취득하게 된다. 이처럼 '만 20년간 소유의 의사로 평온, 공연하게 부동산을 점유한' 경우 소유권을 취득할 수 있도록 한 것이 '취득 시효' 제도다.

'소멸 시효'는 일정 기간 자기 권리를 행사하지 않으면 권리가 소멸하는 제도이고, '취득 시효'는 일정 기간 어떤 사실상의 점유 상태가 지속된 경우 권리 취득의 효과를 부여하는 제도라고 할 수 있다.

또 20년간의 점유로 인정된다고 해서 '점유 취득 시효'라고도 한다. 이에 비해서 어떤 부동산에 대해 10년간 소유자로 등기가 되어 있고, 또 점유하고 있으면 무조건 소유권을 취득하는 경우를 '등기부 취득 시효'라고 한다. 취득 시효가 인정되려면 그 점유의 권원이 있어야 한다.

20년간의 점유가 소유의 의사하에 평온, 공연하게 계속된 경우 20년 기간의 만료로서 명목상의 소유자에게 등기 청구권을 행사하여 자기 소유로 삼을 수 있다. 따라서 삼돌이는 25년 전 땅 2,000평을 증여한 사람의 후손(상속인)들에게 소유권 이전 등기를 해달라고 청구할 수 있다.

📝 **참고 조문**

제245조(점유로 인한 부동산 소유권의 취득 기간)
① 20년간 소유의 의사로 평온, 공연하게 부동산을 점유하는 자는 등기함으로써 그 소유권을 취득한다.

👤 **어드바이스**

삼돌이는 땅 주인의 후손을 상대로 등기를 청구할 때, 증여받은 이유나 25년간 점유하였다는 사실을 선택적 또는 한꺼번에 주장할 수 있다. 또 삼돌이는 소 제기 전에 미리 '처분 금지 가처분' 신청을 해두는 것이 좋다.

13. 내 땅은 밑으로 아르헨티나까지다

대도시의 교통난은 살인적이다. 그래서 서울시는 지하철을 열심히 건설하는 중이다.

그런데 고집 센 유 노인은 자기 집 50미터 지하로 통과하는 지하철 건설에 펄펄 뛰면서 자기 땅 밑으로의 지하철 노선 개설을 결사반대하고 있다. "토지 소유권의 범위는 토지의 상하에 미친다"는 민법 조문을 근거로 법이 자기를 보호하리라고 믿고 있는 것이다.

유 노인의 땅끝은 지구 반대편인 아르헨티나까지인데, 과연 유 노인의 생각대로 토지 소유권은 정말 땅끝까지 미치는 것일까?

① 토지 소유권은 절대적이므로 지하 끝까지 미친다.

② 토지 소유권은 지상, 지하 100미터까지다.

③ 토지 소유권의 범위는 법원이 정하는 데까지다.

토지 소유권의 효력이 인정되는 지상과 지하의 범위는 과연 어디까지인가?

민법은 제212조에서 단지 "토지의 소유권은 정당한 이익이 있는 범위 내에서 토지의 상하에 미친다"라고 간단한 규정만을 두고 있을 뿐이다. 그러므로 구체적으로 지상과 지하의 어디까지가 '정당한 이익이 있는 범위'인지에 대해서는 학설과 판례에 맡기고 있다고 할 수 있다.

우선 '지상'의 경우를 보자. 지상을 나는 항공기가 토지 소유권을 침해한다고는 볼 수 없을 것이다. 그러나 내 토지 위에 송전선이 설치되어 나의 지상 공간의 활용을 방해하는 경우라면 소유권의 침해라고 볼 수 있을 것이다.

다음 '지하'의 경우를 보자. 타인이 내 토지 밑으로 터널을 굴착하거나 우물을 파서 토지가 붕괴될 우려가 있는 경우에는 토지 소유권의 침해라고 볼 수 있을 것이다. 또 내 토지 밑에서 자연적으로 형성되어 타인의 토지로는 흘러가지 않는 지하수는 내가 독점적으로 사용할 수 있다.

그렇다면 공익을 위해 내 토지 밑으로 지하철을 건설하는 경우는 어떻게 될까? 하급심 판결이지만, 지하 50미터까지는 그 건설자가 토지 소유권자에게 보상하여야 한다는 판례가 있기는 하다.

🔨 어드바이스

우리나라의 땅을 지하로 일직선으로 파고 내려가면 그 끝은 남미의 아르헨티나라고 한다. 그러나 내 땅의 소유권의 효력이 지하 끝까지, 즉 아르헨티나까지 미친다고 볼 수는 없다.

14. 피아노 소리도 소음인가

한성 아파트의 4층에 소설가 김광수 씨가 살고 있는데, 어느 날 바로 위층에 여류 피아니스트 서예경 씨가 이사 왔다.

김광수 씨는 낮에는 자고 조용한 밤이 되어야 소설을 쓰는 습관이 있다. 따라서 성격이 예민한 편이다. 그러나 밤만 되면 5층에서 나는 서예경 씨의 피아노 소리에 김광수 씨의 창작 생활은 완전히 엉망이 되고 말았다. 도저히 참을 수 없어서 항의를 했다. "밤에는 피아노 연습을 하지 말아달라"라고.

그러나 서예경 씨도 보통이 아니다. "이웃을 위해서 방음 장치도 해놓았고, 나도 직업상 밤이 되어야 연습이 잘된다. 정 듣기 싫으면 이사 가시면 될 것 아니냐"라고 한술 더 뜨는 것이 아닌가?

서예경 씨가 이사 온 뒤로 그녀의 피아노 소리로 말미암아 창작 생활에 방해를 받은 김광수 씨를 위한 당신의 법률적 조언은?

① 서예경 씨의 피아노 연습으로 인한 소리는 이웃에 대한 생활 방해에 해당한다. 따라서 김광수 씨는 밤중의 피아노 연습을 중지해줄 것을 법원에 청구할 수 있다.

② 서예경 씨의 피아노 연습 소리가 다른 이웃에게는 고통이 될 정도가 아니라면 김광수 씨가 이를 참아야 할 의무가 있다.

③ 서예경 씨의 피아노 소리의 소음 정도를 과학적으로 측정해보아야 한다.

아파트라는 주거 형태가 늘어나면서 최근 아파트에서의 '층간 소음'이 분쟁이 되고 있다. 민법 제217조는 토지의 소유자가 매연, 음향, 진동, 냄새, 분진, 연기 등을 발생시켜 이것으로 이웃 토지의 사용을 방해하거나, 이웃 사람의 생활에 고통을 주어서는 안 된다는 규정만을 두고 있다.

소음 등으로 이웃 사람에게 고통을 주게 되면 고통을 받게 된 이웃은 상대방에게 적당한 조치를 취해줄 것과 그로 인한 손해의 배상 또는 손실의 보상을 청구할 수 있다고 할 것이다. 그러나 소음 등에 의한 이웃의 생활 방해가 자기 집이나 토지의 통상적인 용도에 따라 적합한 것인 때에는 이웃 토지 소유자나 거주자는 이것을 인용, 즉 참아야 할 의무가 있다.

이런 관점에서 보면, 피아노 소리가 김광수 씨를 제외한 다른 이웃의 입장에서 볼 때 그렇게 고통스럽지 않다면 이것은 김광수 씨가 참아야 한다. 그렇지 않다면 당연히 서예경 씨가 적절한 조치를 취해야 할 것이다.

📝 참고 조문

제217조(매연 등에 의한 인지에 대한 방해 금지)
① 토지 소유자는 매연, 열 기체, 액체, 음향, 진동, 기타 이에 유사한 것으로 이웃 토지의 사용을 방해하거나 이웃 거주자의 생활에 고통을 주지 아니하도록 적당한 조처를 할 의무가 있다.
② 이웃 거주자는 전항의 사태가 이웃 토지의 통상의 용도에 적당한 것인 때에는 이를 인용할 의무가 있다.

⚖️ 어드바이스

이 사례는 현실에서 소위 '층간 소음' 문제라고 하여 사회 문제화되어 가고 있는데, 이에 대한 층간 소음의 기준과 분쟁 해결 방법이 입법으로 제시될 필요가 있다고 하겠다.

15. 내 우물의 물을 누가 건드리는가

강물이 오염되고 수돗물이 오염된 세상이다. 그래서 많은 사람들이 자연히 약수와 지하수를 선호하게 되었다.

김 영감은 옛날부터 자기 집 마당에 우물을 파서 지하수를 마시고 있었는데, 옆집에 박 씨가 이사 오고 나서 사정이 달라졌다. 원래 고지대라서 지하수가 풍부하지는 않았는데 박 씨가 새로 지하수 공사를 벌여서 매우 깊게 파놓고 자가 수도를 설치하는 바람에, 김 영감네는 밤늦게나 물이 조금 고이는 형편이고 다른 때는 물이 아예 안 나온다.

박 씨는 내 땅에서 내가 샘을 판 것이므로 이웃집과는 무관하지 않느냐면서 김 영감의 항의를 무시하고 있는데, 과연 그럴까?

① 김 영감은 박 씨에게 원상회복이나 손해 배상을 요구할 수 있다.

② 김 영감은 박 씨보다 더 깊이 우물을 팔 권리가 있고 또 그렇게 하는 수밖에 없다.

③ 김 영감은 지하수가 모자라서 사용하는 수돗물 사용량만큼의 수도료 청구권이 있다.

누구든지 지하수를 적절한 방법으로 이용할 권리가 있다. 이것을 '용수권' 이라고 하는데, 말하자면 지하수의 원래 임자는 따로 없다고 할 수 있다.

그러나 어떤 사람이 지하수를 먼저 이용하여 식수나 생활용수로 사용하고 있는데, 다른 사람이 건축 공사나 지하 공사를 하여 기왕의 다른 사람의 용수 에 장해를 주는 것은 허용되지 않는다. 장해를 주게 되면 손해 배상을 해주어 야 하거나, 또는 원상회복을 해줄 의무가 생긴다.

이 사건의 경우 박 씨도 지하수를 이용할 권리는 당연히 있지만, 김 영감의 기득권을 해치지 않는 범위에서만 권리가 있는 것이다. 민법이 이러한 규정을 둔 취지는 토지 소유자 상호 간의 물에 대한 권리를 미리 조정하기 위해서다.

📝 참고 조문

제236조(용수 장해의 공사와 손해 배상, 원상회복)
① 필요한 용도나 수익이 있는 원천이나 수도가 타인의 건축, 기타 공사로 인하여 단수, 감수, 기타 용도에 장해가 생긴 때에는 용수권자는 손해 배상을 청구할 수 있다.
② 전항의 공사로 인하여 음료수, 기타 생활상 필요한 용수에 장해가 있을 때에는 원상회복을 청구할 수 있다.

⚖️ 어드바이스

김 영감은 박 씨가 우물 공사를 진행하는 중에는 중지를 청구할 수 있으나, 우물 공 사가 완료된 경우에는 손해 배상만을 청구할 수 있다.

16. 남는 물 좀 주시오

　정 씨가 살고 있는 산동네에는 수돗물도 잘 나오지 않는다. 그 대신 부근의 산에 울창한 숲이 있어 약수가 풍부하다. 그래서 많은 사람들이 이 물을 식수로 이용해오고 있다.

　이 산을 최근에 산 박놀부는 사람들이 자기 산에 드나드는 것을 싫어해서 산 둘레에 철조망을 쳐 출입을 막았다.

　정 씨를 비롯한 산동네 사람들은 수도를 끌어들이자니 막대한 비용이 들어 엄두도 못 내고 있다. 사람들이 박놀부의 심술을 법적으로 저지할 수 있을까?

　① 산의 소유자인 박놀부의 봉쇄는 정당하다.

　② 자연수의 이용권은 박놀부라도 막을 수 없다.

　③ 박놀부가 사용하고 남는 물에 한해서 주민들도 사용할 수 있다.

정말 물 인심 한번 고약하다고 하지 않을 수 없다. 법으로는 어떻게 될까?

민법은 이런 경우, 과다한 비용이나 노력을 요하지 않고는 집에서 쓰는 물이나 토지 이용에 필요한 물을 얻기 곤란하면, 이웃 토지 소유자에게 남는 물의 공급을 요청할 수 있다고 해결 방법을 제시한다.

따라서 박놀부 씨는 남는 물을 다른 사람에게 나누어줄 법적 의무가 있다. 이때 이웃 사람들이 박놀부 씨에게 주어야 하는 보상액은 법원이 정할 것이지만, 적어도 수돗물보다 비싸서는 안 될 것이다.

또한 만일 박놀부의 산에서 나는 물이 지하에서 분출하는 것이고 이것이 계속해서 다른 사람 토지에 흘러 내려간 경우에는, 타인도 그 물의 사용권을 갖게 되고, 분출지의 소유자는 이 물의 흐름을 막지 못하게 되어 있다.

📝 참고 조문

제228조(여수 급여 청구권)
토지 소유자는 과다한 비용이나 노력을 요하지 아니하고는 가용이나 토지 이용에 필요한 물을 얻기 곤란한 때에는 이웃 토지 소유자에게 보상하고 여수의 급여를 청구할 수 있다.

⚖️ 어드바이스

남는 물은 이웃에게 나누어주어야 한다. 이것이 법의 정신이다. 그런데도 나누어주지 않는다면? 법원에 호소할 수밖에 없을 것이다.

17. 구두쇠의 건축 작전

　자린고비 최 영감이 서울의 강남에 대지를 매수하여 집을 짓고자 한다. 워낙 비싼 땅이므로 땅을 최대한 이용하여 집을 지으려고 꾀를 짜내다 보니, 이웃집 땅과의 경계로부터 가능한 한 가깝게 건축하는 방법밖에 없어 보인다.

　따라서 경계선 위에 집의 한쪽 벽을 쌓으려고 하는데, 물론 이웃집 김 사장은 이것이 싫다. 최 영감의 구상은 법적으로 가능한가?

　① 토지 소유권의 범위는 경계선까지이므로 가능하다.

　② 담은 경계선으로부터 최소한 0.5미터 이상 거리를 두어야 하므로 안 된다.

　③ 구청의 건축 허가를 받으면 가능하다.

경계선에 관해 그 지방에서 특별한 관습이 없으면, 경계선으로부터 0.5미터 이상의 거리를 두고 건축해야 한다. 즉, 최 영감의 구두쇠 작전은 법률에 의하여 제한받는 것이다.

그러나 다른 관습이 있거나 옆집 사는 김 사장과 합의하여 서로 벽을 붙여서 건축하기로 하였다면 가능하게 된다. 최 영감의 구두쇠 작전은 원칙적으로 불가능하지만, 옆집 김 사장을 똑같은 구두쇠로 만들면 가능할 것이다.

그런데 김 사장이 모르는 사이에 최 영감이 일방적으로 0.5미터의 거리를 두지 않고 경계선 위에 건축한 경우에는 어떻게 될까?

김 사장은 당연히 철거를 요구할 수 있다. 그러나 공사 착수 후 1년이 지났거나, 이미 완공되었으면? 이때는 손해 배상만 청구할 수 있을 뿐이다.

📝 참고 조문

제242조(경계선 부근의 건축)
① 건물을 축조함에는 특별한 관습이 없으면 경계로부터 반 미터 이상의 거리를 두어야 한다.
② 인접지 소유자는 전항의 규정에 위반한 자에게 대하여 건물의 변경이나 철거를 청구할 수 있다. 그러나 건축에 착수한 후 1년을 경과하거나 건물이 완성된 후에는 손해 배상만을 청구할 수 있다.

⚖️ 어드바이스

경계선 위에는 건축을 할 수 없고, 건축은 그 밖에도 건축법상의 제약을 받는다. 이웃의 일조권도 침해해서는 안 되고, 건축 공사로 이웃에게 손해를 주어서도 안 된다.

18. 춘향이의 프라이버시

춘향이네 단층집 옆에 이 도령이 새 집을 지었다. 이 도령은 춘향이네 집 가까이에 2층 집을 지었기 때문에 담으로부터 2미터가 채 안 되는 거리였고, 2층 창이 춘향이의 방 창문과 마주 향해 있으며 동시에 내려다보고 있다.

이 도령의 집이 없었을 때에는 창문을 자주 열어놓던 춘향이가 이제는 깜깜한 밤에나 조금 열어놓고 환기를 시키는 정도가 되었다. 이 도령이 수시로 2층 창문 앞에서 춘향이의 동정을 살피기 때문이다.

화가 난 춘향이는 이 도령에게 들여다보지 말라고 여러 번 항의했으나, 이 도령은 심술궂게 웃기만 하는데 어쩌면 좋을까?

① 사생활 침해이므로 이 도령의 창을 춘향이가 봉쇄할 수 있다.

② 이 도령은 자기 집 창 앞에 들여다볼 수 없는 차면 시설을 해야 한다.

③ 이 도령은 춘향이의 창 앞에 차면 시설을 해주어야 한다.

춘향이의 권리를 보호해주어야 하므로, 이 도령은 자기의 창 앞에 적당한 '차면 시설'을 해야 한다. 만약 이 도령의 집이 먼저 건축된 것이라면, "목마른 사람이 우물 판다"고 춘향이의 창 앞에 춘향이가 스스로 차면 시설을 해야 한다.

이러한 차면 시설 설치 의무는 경계로부터 2미터 이내의 거리에서 이웃 주택의 내부가 들여다보이는 창이나 마루를 설치했을 때다.

이때의 차면 시설은 어떠한 것인가? 만약에 이 도령이 창 앞에 검은 유리로 차면 시설을 해서 춘향이는 이를 믿고 자유롭게 문을 열어놓고 지냈는데, 나중에 알고 보니 춘향이 쪽에서는 안 보이고 이 도령은 보이는 특수 유리였다면 적당한 차면 시설이라고 할 수 있을까?

물론 아니다. 기준은 춘향이의 권익 보호에 있어야 하는 것이다(그러다가 《춘향전》의 이야기처럼 둘이 사랑하고 결혼하는 것은, 물론 이 사건과는 무관하다).

📝 **참고 조문**

제243조(차면 시설 의무)
경계로부터 2미터 이내의 거리에서 이웃 주택의 내부를 관망할 수 있는 창이나 마루를 설치하는 경우에는 적당한 차면 시설을 하여야 한다.

⚖ **어드바이스**

민법상 차면 시설을 설치할 의무는 '경계로부터 2미터 거리'라는 최소한의 기준 거리를 두고 있지만, 설사 이 기준 거리를 넘었다고 하더라도 이웃의 내부를 들여다볼 수 있게 건축을 해서는 안 된다. 이것이 법과 도덕의 정신이다.

19. 홀아비 고집과 과부 자존심

갑돌 씨와 갑순 씨는 홀아비와 과부의 신세로 앞뒷집에 살고 있다. 갑돌 씨는 정원수를 가꾸는 것이 취미이다. 그런데 갑순 씨의 불만은 갑돌 씨가 자기 담에 인접해 심어놓은 모과나무와 장미 넝쿨이 담을 넘어와서 햇빛도 가리고 벌레가 생긴다는 것이다.

갑돌 씨는 가지를 제거해달라는 갑순 씨의 요구를 "사람은 나무를 사랑해야 한다"며 항상 묵살해왔다. 참다못한 갑순 씨가 일꾼을 불러 담을 넘은 나뭇가지를 모두 제거하자, 갑돌 씨가 찾아와 나뭇값 30만 원을 물어내라고 한다.

갑순 씨는 응해야 하는가?

① 갑돌 씨의 나무를 손상시켰으므로 손해를 배상해야 한다.

② 경계를 넘은 나뭇가지를 잘랐으므로 정당하다.

③ 승낙 없이 자른 책임이 있으므로 손해의 반을 배상해야 한다.

경계를 넘은 나뭇가지는 우선 소유자에게 제거 청구를 할 수 있고, 소유자가 아예 응하지 않으면 직접 제거할 수 있다. 이때에는 아무런 손해 배상 책임도 없다. 갑순 씨는 여러 번 가지를 제거해달라고 요구하여 묵살당한 사실이 있으므로 직접 제거할 권리가 있다.

또한 경계를 넘은 나무뿌리도 사전에 아무 말 없이 직접 자를 수 있다. 나무뿌리의 경우는 일부의 제거가 나무의 생명에 큰 영향을 주지 않기 때문이다.

다만 이러한 권리는 갑순 씨의 토지 소유권을 보장하기 위한 것이므로 갑순 씨에게 아무런 손해가 없는데도 갑돌 씨에게 손해를 줄 생각으로 한 행동이라면 권리 남용이 된다.

📝 참고 조문

제240조(수지, 목근의 제거권)
① 인접지의 수목 가지가 경계를 넘은 때에는 그 소유자에 대하여 가지의 제거를 청구할 수 있다.
② 전항의 청구에 응하지 아니한 때에는 청구자가 그 가지를 제거할 수 있다.
③ 인접지의 수목 뿌리가 경계를 넘은 때에는 임의로 제거할 수 있다.

⚖️ 어드바이스

민법은 나무로 인한 이웃 간의 분쟁을 해결하기 위한 기준도 두고 있다. 경계를 넘어온 나뭇가지는 제거해달라고 요구부터 해야 하고, 나무뿌리는 제거해달라는 요구 없이 일방적으로 자를 수 있음을 알아두자.

20. 진돗개의 외식

김 씨는 넓은 밭을 갖고 있고 이 땅에는 토종닭을 방목하고 있다. 한편 김 씨의 땅 옆은 최 씨 땅인데 최 씨는 진돗개를 기르고 있다. 최 씨의 진돗개는 심심하면 우리를 뛰쳐나가 닭을 잡아먹는 별식을 즐기곤 한다.

자연히 김 씨와 최 씨는 여러 번 다루었고, 아예 담을 쌓아야 문제가 해결된다는 데 의견의 일치를 보았다. 정확한 경계를 파악하기 위하여 측량을 하고, 두 땅이 인접한 부분에만 2미터 높이의 담을 쌓고 그 위에는 망을 돌려 치기로 합의하였다.

김 씨의 땅은 600평, 최 씨의 땅은 400평이다. 측량 비용과 담 설치 비용의 분담을 어떻게 해야 하나?

① 최 씨의 개가 분쟁의 원인 제공자이므로, 개 주인인 최 씨가 전액 부담해야 한다.

② 담 설치의 원인이 무엇이든지 간에, 반분하여 부담해야 한다.

③ 담 설치 비용은 반분하지만, 측량 비용은 6:4로 부담해야 한다.

담의 설치 비용은 땅의 면적과 무관하게 절반씩 부담하고, 측량 비용은 땅의 면적에 비례하여 부담해야 한다. 이때 담의 설치 이유가 무엇인지 묻지 않고 설치 비용을 반분하는 것이 원칙이다. 담의 설치로 얻은 이익은 면적과 무관하기 때문이다. 예외적으로, 다른 계약을 하였다든지 그 지방에 담에 관한 다른 관습이 있다면 물론 그에 따라야 한다.

설치한 담장의 소유권은 설치 비용에 따라 공유하게 된다. 이 사건에서 진돗개 때문에 피해를 본 김 씨가 피해를 막기 위해 최 씨와 사전에 의논 없이 혼자 담을 설치한 경우라고 하더라도, 담장 설치 비용의 반은 최 씨에게 청구할 수 있음은 물론이다.

📝 참고 조문

제237조(경계표, 담의 설치권)

① 인접하여 토지를 소유한 자는 공동 비용으로 통상의 경계표나 담을 설치할 수 있다.

② 전항의 비용은 쌍방이 절반하여 부담한다.

③ 전 2항의 규정은 다른 관습이 있으면 그 관습에 의한다.

⚖ 어드바이스

경계선 위에 담을 쌓아야 하거나, 쌓기로 합의하고도 실제로 응하지 않는 경우에는 어떻게 하면 될까? 이때는 목마른 사람이 우물 판다는 격으로 먼저 담을 쌓고 비용을 청구하면 된다.

21. 지적도상의 경계와 실제 경계가 다를 때는

　집 장사꾼 김기팔은 한 필지의 땅에 두 동의 건물을 짓고, 건물마다 담을 쳐서 서로 간의 경계로 만들어 이를 A, B에게 각각 팔았다.

　그 이후 A는 갑돌 씨에게, B는 을순 씨에게 집을 다시 팔았는데, 어느 날 갑돌 씨가 측량을 해보니 을순 씨와의 지적도상의 경계는 기존의 담장선이 아니고, 지적도대로 하면 을순 씨의 담은 자기 땅을 두 평가량이나 침범해 있는 상태다.

　이 사실을 알게 된 갑돌 씨는 을순 씨에게 담을 지적도 경계선 위로 옮겨 쌓으라고 요구하였다. 두 집의 진짜 경계는 어느 것일까?

　① 지적도상의 경계가 진짜다.

　② 현재 있는 실제의 경계, 즉 담이 경계다.

　③ 어느 것을 우선하기 어려우므로 중간 지점을 경계로 해야 한다.

모든 토지마다 경계가 있다. 이 경계는 어떻게 알 수 있을까?

토지의 경계선은 시청이나 구청 등 행정 관청이 보관, 비치하고 있는 지적
도를 보면 알 수 있다. 그리고 지적도상의 경계와 실제 경계가 다른 경우 지
적도대로 하는 것이 원칙이다. 그래서 경계에 관한 분쟁은 지적도를 근거로
해서 측량을 해보고 이에 따라서 해결되는 것이 보통이다.

그러나 항상 그렇지만은 않다. 기술적 착오로 지적도 작성이 잘못된 것이
인정되는 경우라든가, 이 사건에서처럼 당사자 사이에 '지적도보다 실제 경
계를 우선하여 거래하였다는 특별한 사정이 있는 경우'에는 현실상으로 나
타나 있는 실제 경계를 경계로 보아야 한다.

따라서 갑돌 씨가 아무리 강경하게 주장해도 을순 씨는 담장을 옮겨 쌓을
필요가 없다.

🔨 어드바이스

현실의 경계와 지적도라는 공부상의 경계가 서로 다른 경우가 우리 사회에는 적지
않다. 현실의 경계를 진짜 경계로 보아야 하는 경우는 어디까지나 예외적인 조치임
을 유의해야 한다.

⚖️ 참고 판례

"한 필지의 토지 위에 수 동의 건물을 짓고 건물의 경계에 담장을 설치하여 각 건물
의 부지로 사실상 구획 지워 매도하였는데, 어림잡아 분필 등기를 하였기 때문에 위
치와 지적이 실제의 것과 일치하지 않게 되었으나… 당사자가 사실상의 경계를 매
매 목적물의 범위로 삼은 특별한 사정이 있는 때에는 그 토지의 경계는 실제의 경계
에 의하여야 할 것이다."(대법원 1986.10.14. 선고)

22. 내 땅은 내가 막을 수 있다

갑돌 씨는 새 집을 사서 이사를 했다. 집 뒤에는 산이 있어서 통로는 자연히 집 앞에 있는 공터가 이용될 수밖에 없었다. 마침 전 집주인과 공터 주인이 같은 사람이어서, 공터 가장자리 중 리어카가 다닐 수 있는 넓이만큼 무상으로 사용할 수 있기 때문에 새 집을 샀던 것이다.

그런데 2년 후 그 공터를 을식 씨가 사서 집을 짓기 시작했는데, 갑돌 씨가 통행로로 사용하던 부분을 인정할 수 없다며 그곳을 포함하여 담을 쌓기 시작하였다.

담이 완성되면 갑돌 씨는 자기 집에 드나들 수 있는 통로가 막힌다. 물론 날아서 다니거나 헬리콥터를 이용하면 되겠지만 그럴 수는 없는 노릇이고…. 어쩌면 좋을까?

① 공터는 갑돌 씨의 소유가 아니므로 새 소유자인 을식 씨가 막더라도 갑돌 씨에게는 아무 권리가 없다.

② 갑돌 씨는 을식 씨에게 통행로에 해당하는 토지를 팔아줄 것을 청구할 수 있다.

③ 갑돌 씨는 을식 씨에게 통로를 막지 말거나, 다른 통로를 개설해줄 것과 자기에게 최소한의 통행 공간을 내줄 것을 청구할 수 있다.

갑돌 씨가 을식 씨의 토지를 통행할 수 없다고 한다면 이웃사촌 간의 인심 문제를 떠나서 갑돌 씨 소유의 땅이 제대로 이용될 수 없다는 사회 경제적 측면에서의 손실이 있게 된다. 이처럼 어느 토지와 공로 사이에 그 토지의 용도에 필요한 통로가 없는 경우, 그리고 그 토지 소유자가 주위의 토지를 통로로 하지 않으면 공로에 출입할 수 없거나 과다한 비용을 요하는 때, 그 주위의 토지를 통행하거나 필요한 경우 통로를 개설할 수 있는 권리를 '주위 토지 통행권'이라고 한다.

따라서 갑돌 씨는 을식 씨에게 통로 부분에 담을 쌓지 말고 개방하도록 요구할 수 있다. 다만 을식 씨의 권리도 존중해주어야 하므로 을식 씨에게 손해가 가장 적은 방법을 사용해야 하며, 만일 이로 인해 을식 씨에게 손해가 발생하면 손해는 배상해야 한다.

그러나 통행로 부분의 소유권은 여전히 을식 씨에게 있고, 갑돌 씨는 오직 통행의 목적으로 그 부분을 사용할 수 있을 뿐이다.

📝 참고 조문

제219조(주위 토지 통행권)
① 어느 토지와 공로 사이에 그 토지의 용도에 필요한 통로가 없는 경우에 그 토지 소유자는 주위의 토지를 통행 또는 통로로 하지 아니하면 공로에 출입할 수 없거나 과다한 비용을 요하는 때에는 그 주위의 토지를 통행할 수 있고 필요한 경우에는 통로를 개설할 수 있다. 그러나 이로 인한 손해가 가장 적은 장소와 방법을 선택하여야 한다.
② 전항의 통행권자는 통행지 소유자의 손해를 배상하여야 한다.

⚖️ 어드바이스

갑돌 씨는 주위 토지 통행권이라는 권리에 근거해서 을식 씨에게 담의 건축을 중지해줄 것을 법원에 청구할 수 있다.

23. '이웃 좋다는 것'은 인정인가, 의무인가

박눈치는 김괴팍 소유의 땅에 인접해 있는 땅을 사서 집을 짓고자 한다. 좁은 땅에 집을 짓고 담을 쌓으려고 하니 부득이 공사 자재 운반과 인부들의 출입을 위해서는 김괴팍 소유의 땅을 사용하지 않으면 안 될 사정에 처하였다.

김괴팍은 대화가 통하지 않는 괴팍한 사람이기도 하지만, 사용을 허락하게 되면 공들여 만든 자기의 정원이 망가진다며 허락해주지 않았다.

과연 박눈치에게는 김괴팍의 땅을 사용할 수 있는 법적인 권리가 없는 것일까?

① 공사 기간 중에는 김괴팍의 땅을 무조건 사용할 권리가 있다.

② 필요한 범위에서만 사용할 수 있고, 손해는 보상해야 한다.

③ 김괴팍이 원하지 않으면 절대 사용할 수 없다.

인접 토지의 편익을 위해서 김괴팍은 박눈치의 토지 사용을 허락해야 한다. 이것을 '이웃 토지 사용 청구권'이라고 하는데, 인정되는 이유는 토지 상호 간의 이용을 적절히 조절하여 그 효용을 극대화하고자 하는 취지인 것이다. 다만 김괴팍 씨가 받는 손해는 박눈치가 당연히 보상해야 한다.

만약 김괴팍 씨가 토지 사용을 계속 거부하면 박눈치는 김괴팍의 승낙을 대신할 수 있는 법원의 판결을 받아야 사용할 수 있다. 그러나 그 땅이 김괴팍의 주거라면 김괴팍의 승낙이 절대적으로 필요하고 법원에 판결을 구할 수 없다.

한편 김괴팍은, 주거하는 땅이 아니면 결국 사용을 승낙해야 한다는 결론을 내릴 수 있다. 이웃사촌 좋다는 것은 훈훈한 인정만을 말하는 것이 아니고, 때로는 이웃을 위해 조금은 희생해야 하는 법적인 의무일 수도 있다.

📝 참고 조문

제216조(인지 사용 청구권)
① 토지 소유자는 경계나 그 근방에서 담 또는 건물을 축조하거나 수선하기 위하여 필요한 범위 내에서 이웃 토지의 사용을 청구할 수 있다. 그러나 이웃 사람의 승낙이 없으면 그 주거에 들어가지 못한다.
② 전항의 경우에 이웃 사람이 손해를 받은 때에는 보상을 청구할 수 있다.

24. 송아지가 들어가야 할 외양간은

갑술 씨는 농사꾼이다. 농한기인 겨울에 마을 사람들과 함께 일주일 동안 동남아 여행을 가게 되었는데, 떠나면서 송아지의 관리를 친구인 을동 씨에게 단단히 부탁했다.

그런데 을동 씨는 매우 급한 돈이 필요하여 송아지를 이웃 마을의 병팔 씨에게 팔았다. 병팔 씨는 아무런 의심 없이 샀는데, 여행에서 돌아온 갑술 씨가 찾아와서 자신의 송아지라고 내놓으라고 한다.

병팔 씨도 이제는 을동 씨가 허락 없이 판 것을 알게 되었으나 자신도 억울하다고 생각한다. 송아지는 누구네 외양간으로 가야 하는가?

① 을동이 권한 없이 팔았으므로 여전히 갑술이 주인이다.

② 병팔은 을동이 주인인 줄 알고 샀고 잘못이 없으므로, 병팔이 주인이다.

③ 병팔이 주인이 되었지만 송아짓값은 갑술에게 다시 내야 하고, 을동에게 낸 돈을 받으면 된다.

병팔은 을동이 소유권자가 아닌 사실을 모르고 샀고 그 점에 과실이 없으므로 정당하게 소유권을 취득한다. 이처럼 '평온, 공연하게 동산을 양수한 사람이 선의, 과실이 없이 그 동산을 점유한 경우'에는 양도인이 정당한 소유자가 아니어도 즉시 그 동산의 소유권을 취득하게 된다. 이것을 '선의 취득'이라고 한다. 그러나 모든 물건의 거래 행위가 그러한 것은 아니다. 즉 부동산은 해당되지 아니하고, 동산의 경우만 해당된다. 송아지가 동산인 것은 물론이다.

선의 취득 제도는, 부동산의 경우 등기부를 보면 소유자가 누구인지 알 수 있지만 동산의 경우 자동차, 중기 등 일부를 제외하면 그러한 공부가 없고, 단지 점유로서 소유 여부를 믿을 수밖에 없기 때문에 그러한 점유의 외관을 신뢰한 사람을 보호하려는 취지에서 나온 제도다.

따라서 갑술의 송아지를 을동이 권한 없이 병팔에게 팔았기 때문에 원칙적으로 을동, 병팔 간의 이 매매는 무효지만, 병팔은 그러한 사실을 몰랐고 또 모른 사실에 과실이 없으므로 선의 취득 제도에 따라 병팔이 소유권을 취득한다.

📝 참고 조문

제249조(선의 취득)
평온, 공연하게 동산을 양수한 자가 선의이며 과실 없이 그 동산을 점유한 경우에는 양도인이 정당한 소유자가 아닌 때에도 즉시 그 동산의 소유권을 취득한다.

👤 어드바이스

남의 물건을 보관하게 된 사람이 양해 없이 판 경우 횡령죄가 되고, 손해 배상 의무가 생기는 것은 물론이다. 갑술 씨는 송아지 소유권을 잃었지만 을동 씨를 상대로 따지는 수밖에 없다.

25. 조상님 뵐 낯이 없게 되었다

이심청 씨는 만고 효녀 심청이를 닮아서 효자이다. 선산에는 12대조를 비롯해서 부모님 등 조상님의 산소가 열두 개나 있어서 정성 들여 이 산을 가꾸어왔다.

그러나 도시에 나가 사업을 하는 장남이 많은 빚을 지고 구속이 될 어려운 지경에 처하자, 아들의 구속을 면하려고 눈물을 머금고 선산을 팔게되었다. 이 산은 서울의 돈 많은 정 사장이 샀는데 분묘는 철거하지 않는다는 조건을 붙였다. 그러나 정 사장은 이 산을 다시 복부인 순악질 여사에게 팔아버렸다.

순악질 여사는 이심청 씨에게 이 산의 분묘를 모두 철거하라고 요구하고 나섰는데, 이심청 씨는 정말 조상님 뵐 낯이 없게 되었다. 철거해야 하는가?

① 산의 소유자가 바뀌었으므로 어쩔 수 없다.

② 설치한 지 20년이 못 되는 분묘에 한해서 철거하여야 한다.

③ 철거하지 않고 버티어도 된다.

　타인의 토지에 분묘를 설치한 경우 일정한 조건하에 철거하지 않아도 되는 권리가 부여되는 수가 있다. 이러한 권리를 '분묘 물권' 또는 '분묘 기지권'이라고 부르는데, 법원의 판례가 창설한 일종의 관습법상의 물권이다. 이것은 우리 민족의 미덕의 하나인 조상 숭배라는 전통적 윤리관에서 비롯된 것이다. 분묘 물권이 성립하는 형태에는 세 가지가 있다.

　첫째는 토지 소유자의 승낙을 얻어 분묘를 설치한 경우이고, 둘째는 승낙이 없었어도 설치한 지 20년이 넘고 그동안 소유자의 철거 요구가 없었던 경우이며, 셋째는 이 사건처럼 자기 소유일 때 분묘가 설치되었다가 토지를 처분하면서 분묘는 철거하지 않는다는 특약이 있었던 경우다.

　분묘 물권이 성립하면 분묘 그 자체와 제사에 소요되는 최소한의 면적에 대해서는 철거 의무가 없다. 따라서 효자 이심청 씨는 조상님을 뵐 면목은 회복된 셈이다.

🔨 어드바이스

임의 새 소유자인 순악질 여사가 분묘 철거 소송을 제기해올 경우에 이심청 씨는 분묘 물권이 있음을 주장하면 된다. 주장하지 않으면? 법원은 그 사정을 알고 있더라도 순악질 여사의 손을 들어줄 수밖에 없다.

🔑 참고

2007년 5월 25일 종전의 '매장및묘지등에관한법률'이 전면 개정되어 '장사 등에 관한 법률'로 바뀌었다. 이에 따르면 매장은 허가받은 묘지에 한하여 할 수 있고, 매장 면적도 개인의 경우 30제곱미터로 제한되며, 분묘의 설치 기간은 15년이고, 15년씩 3회에 걸쳐 연장되나 설치 기간이 끝나면 1년 이내에 화장하도록 되어 있다. 그리고 토지 소유자는 그 승낙 없이 타인이 설치한 분묘를 개장할 수 있다고 규정하고 있다. 이 법은 공포 전에 타인의 승낙을 얻고 설치한 분묘나 분묘 물권이 이미 성립한 분묘에 대해서는 아무런 경과 규정이 없어 분쟁의 여지가 있다.

26. 선행을 보상하라

　시청 소속 청소원인 선량해 씨는 어느 날 새벽 담당 구역을 청소하다가 길에서 누런 서류 봉투를 발견하였다. 봉투를 열어보니 100만 원권 자기앞 수표 100장이 들어 있는 것이 아닌가?

　1억 원의 거금을 손에 쥔 선량해 씨는 이것을 그동안 선량하게 살아온 자기에게 하느님이 주신 축복이라고 생각했다. 그러나 이 돈을 잃어버린 사람을 생각하면 차마 가질 수 없어 경찰서에 신고했다.

　며칠 후 이 수표를 잃었던 회사의 사장님은 선량해 씨에게 고맙다면서 10만 원을 내놓고 갔다. 선량해 씨는 너무나 섭섭하다. 1억 원을 주워 신고한 선량해 씨가 받을 수 있는 보상금의 범위는 얼마인가?

　① 주운 1억 원의 5퍼센트 내지 20퍼센트에 해당하는 금액이다.

　② 착한 행실에 대해 대가를 바라서는 안 된다.

　③ 선량해 씨가 소송을 하면 법원이 금액을 결정한다.

분실한 물건('유실물'이라고 한다)을 습득하고도 경찰서에 신고, 제출하지 않으면 형법상 점유 이탈물 횡령죄로 처벌받게 된다. 따라서 주운 물건을 임자에게 돌려준다는 것은 양심이나 도덕적 이유로도 요청되는 것이지만, 법률상의 의무이기도 하다. 그런데 유실물을 임자에게 돌려준 경우에 그 임자는 고맙다는 치하만 하면 그만인가? 그렇지는 않다. 유실물법에 의하여 습득자에게 일정한 보상을 할 의무가 있다.

보상의 범위에 대하여 '유실물법'에서는 물건 가액의 5퍼센트 내지 20퍼센트 범위에서 지급하여야 한다고 규정하고 있다. 그러나 이 규정은 반드시 강행 규정은 아니라고 해석된다. 습득자가 습득을 한 경위, 임자에게 돌려준 방법과 노력의 정도, 그리고 유실물이 수표와 같은 유가 증권일 경우 현금화의 가능성 등 모든 사정을 고려하여 법원이 보상 범위를 결정해주게 된다.

이 사건에서는 선량해 씨에 대한 보상은 지나치게 적다고 보인다.

📑 참고 조문

제253조(유실물의 소유권 취득)
유실물은 법률에 정한 바에 의하여 공고한 후 6개월 내에 그 소유자가 권리를 주장하지 아니하면 습득자가 그 소유권을 취득한다.
유실물법 제4조(보상금)
물건을 반환받는 자는 물건 가액의 100분의 5 이상 100분의 20 이하의 범위에서 보상금을 습득자에게 지급하여야 한다.

⚖️ 어드바이스

선량해 씨는 물론 보상금 청구 소송을 제기할 수 있다. 이 경우에 유실물법에는 5~20퍼센트라는 보상 범위가 규정되어 있지만, 실제로는 여러 사정을 참작해서 그 이하의 범위에서 보상금이 결정되는 것이 통례이다.

27. 마당쇠의 횡재

마당쇠는 놀부가 새 집을 짓는 데 인부로 품팔이를 나갔다.

헌 집을 모두 헐고, 기초를 놓기 위해서 지하를 파는데 곡괭이 끝에 무엇이 걸리는 것이 아닌가? 가만히 파보니 조그만 금괴가 나왔고, 이 금괴는 거북이, 송아지 등 동물의 형상을 한 금덩어리였다고 하자.

마당쇠는 이것을 일생을 정직하게 땀 흘린 자기에게 하느님이 주신 복이라고 생각했다. 마당쇠가 이 금을 조금씩 팔게 되자 놀부가 그만 눈치를 챘다.

놀부는 자기 땅에서 캔 것이니까 전부 자기 것이라고 우긴다. 사실 그 금괴는 수백 년 전 것이고, 놀부 조상의 것이 아니라고 하자. 땅에서 캐낸 이 금괴는 과연 누구에게 소유권이 있는가?

① 발견자인 마당쇠의 소유다.

② 토지 소유자인 놀부의 소유다.

③ 발견자와 토지 소유자가 절반씩 소유권을 취득한다.

④ 매장물은 모두 국가의 소유이고, 발견자는 국가로부터 약간의 보상을 받을 뿐이다.

토지에 묻혀 외부에 쉽게 발견될 수 없는 상태에 있고 현재 누구의 소유인가도 분명치 않은 물건을 '매장물'이라고 한다. 그런데 매장물이 발견된 경우에 그 소유권은 과연 어떤 절차를 거쳐, 누가 취득하게 되는가?

민법과 유실물법에 의하면, 매장물은 발견자가 경찰서에 신고, 제출하여야 하고, 공고를 거쳐 1년 내에 소유자가 나타나지 않으면 발견자가 소유권을 취득하게 된다.

그러나 발견 장소가 자기 소유 토지가 아닌 타인의 토지였을 경우에는 토지 소유자와 절반씩 나누게 되어 있다. 다만 발견된 매장물이 소위 '문화재'에 해당되는 경우에는 발견자나 토지 소유자의 소유로 하지 않고, 국유 즉 국가 소유로 한다.

매장물의 소유권자가 나타나거나 매장물이 문화재로 판명될 경우, 발견자나 토지 소유자는 그 매장물의 진정한 소유권자나 국가에 대하여 적당한 보상을 청구할 수 있다. 따라서 이 사건에서 마당쇠의 횡재는 어쩔 수 없이 놀부와 반씩 나누는 수밖에 없다.

📝 참고 조문

제254조(매장물의 소유권 취득)
매장물은 법률에 정한 바에 의하여 공고한 후 1년 내에 그 소유자가 권리를 주장하지 아니하면 발견자가 그 소유권을 취득한다. 그러나 타인의 토지, 기타 물건으로부터 발견한 매장물은 그 토지, 기타 물건의 소유자와 발견자가 절반하여 취득한다.

⚖️ 어드바이스

매장물은 대부분이 문화재이고, 이 사건과 같이 발견자가 차지할 수 있는 경우는 적다고 해야 할 것이다. '문화재보호법'은 매장 문화재의 발굴이나 발견 시에 신고 불이행을 처벌하고 있음을 유의하여야 한다.

28. 배신자여! 그대 이름은 동창생

고등학교 동기 동창생인 혜정과 수현은 여유 자금으로 점포가 세 개 달린 조그마한 상가 건물을 샀는데, 돈은 혜정이 40퍼센트, 수현이 60퍼센트를 부담하였다. 건물의 관리는 수현이 맡기로 하였다.

그런데 수현은 매달 그 건물에서 월세로 100만 원을 받으면서 혜정에게는 관리비가 많이 들어 남는 게 없다는 핑계를 대면서 한 푼도 주지 않고 있다.

혜정의 권리는 무엇인가?

① 수현을 횡령죄로 고소할 수 있다.

② 신뢰 관계가 무너졌으므로 수현에게 수현의 지분을 팔라고 청구할 수 있다.

③ 월세의 40퍼센트에 해당하는 금액을 수현에게 청구할 수 있다.

물건(동산, 부동산)을 2인 이상이 공동으로 소유하는 형태를 '공유'라고 한다. 공유자에게는 각자 지분이 주어지는데, 약정이 없으면 지분은 서로 균등한 것으로 본다. 결국 공유자는 자기 지분만큼 공유물을 소유하게 되는 것이다.

공유물에 대한 공유자의 권리에 따라 자기 지분 비율대로(비율만큼) 공유물을 사용하거나, 공유물에서 발생하는 이익을 가질 수 있다. 예컨대 이 사건처럼 혜정과 수현의 지분 비율이 4:6이라면 공유물에서 나온 월세는 건물 관리비를 뺀 순이익에 대해 4:6으로 귀속되는 것이다.

따라서 혜정은 수현에게 자기 지분만큼 순이익의 배당을 청구할 권리가 있다. 그리고 공유자 간에 신뢰나 이해관계가 무너져 지분 비율대로 사용, 수익이 사실상 불가능할 때에는 공유 관계를 해소하는 수밖에 없을 것이다. 이것을 '공유물의 분할'이라고 한다.

📝 **참고 조문**

제262조(물건의 공유)
① 물건이 지분에 의하여 수인의 소유로 된 때에는 공유로 한다.
② 공유자의 지분은 균등한 것으로 추정한다.
제263조(공유 지분의 처분과 공유물의 사용, 수익)
공유자는 그 지분을 처분할 수 있고 공유물 전부를 지분의 비율로 사용, 수익할 수 있다.

⚖️ **어드바이스**

혜정은 우선 건물을 공유한 때로부터의 수익금을 청구할 수 있고, 동시에 공유물의 분할도 청구할 수 있다.

29. 벗어나고파

　건축업자인 김방정과 박억지는 신도시 지역에 땅 200평을 공동으로 샀다. 이 땅에 상가를 지어 판 다음 이익은 반씩 나누기로 하였다.

　그런데 김방정은 건축 자금이 부족하여 상가 건축은 포기하기로 하고 땅을 팔아서 투자금을 회수하고 싶은데, 박억지는 펄쩍 뛰면서 응하지 않고 있다.

　박억지는 한술 더 떠서 굳이 팔려면 도로가에 접한 100평은 자기가 갖고, 뒤편의 땅 100평이나 가져가라고 하고 있다.

　김방정이 공평하게 박억지와의 공유 관계에서 벗어나는 방법은?

① 땅 200평을 팔아서 대금을 반씩 나누면 된다.

② 합의가 안 되므로, 법원에 땅이나 땅을 판 대금의 반을 갖게 해달라고 할 수 있다.

③ 공유자인 박억지를 계속 설득하여야 한다.

　공유자는 공유물에 대한 자기 소유 지분은 단독으로 처분할 수 있지만, 공유물 전체를 처분하려면 공유자 전원의 동의가 있어야 한다. 공유자 1인이라도 반대하면 공유물 전부에 대한 처분은 불가능하다. 그러나 공유물을 지분대로 나누자고 청구하는 것은 언제든지 가능하다.

　이것을 '공유물 분할'이라고 하는데, 두 가지 방법이 있다. 하나는 공유자 간에 협의를 거쳐 분할하는 방법이고('협의 분할'), 또 하나는 협의가 안 될 때 법원에 재판을 청구하는 방법('강제 분할')이다. 또 어느 방법이든지 간에 공유물을 나누는 방식은 공유물 그 자체를 분량적으로 나누는 '현물 분할'과 공유물을 팔아 그 대금을 나누는 '대금 분할'의 방식에 따른다.

　따라서 김방정 씨는 박억지 씨와의 협의 분할이 어려우므로 법원에 강제 분할을 청구하는 수밖에 없다. 이때 박억지 씨는 분할 방식으로 현물 분할을 구할 수도 있고, 대금 분할을 구할 수도 있다. 이 경우 어떻게 분할할 것인가 하는 문제는 법원의 재량에 따라 결정하게 된다.

📝 참고 조문

제268조(공유물의 분할 청구)
① 공유자는 공유물의 분할을 청구할 수 있다.
제269조(분할의 방법)
① 분할의 방법에 관하여 협의가 성립되지 아니한 때에는 공유자는 법원에 그 분할을 청구할 수 있다.
② 현물로 분할할 수 없거나 분할로 인하여 현저히 그 가액이 감손될 염려가 있는 때에는 법원은 물건의 경매를 명할 수 있다.

⚖️ 어드바이스

토지의 공유자는 반드시 법원에 공유물 분할을 청구하지 않더라도 2012년 제정된 '공유토지분할에 관한 특례법'에 따라 지적 소관청에 공유 토지 분할을 신청할 수 있다.

30. 화재 보험금은 누가 차지하는가

　인정사정 없는 사채업자 샤일록 씨는 선량한 사업가 안토니오 씨의 집과 땅에 저당권을 설정하고 돈 1억 원을 빌려주었다.

　안토니오 씨는 그 집에 화재 보험을 들어두었다. 그런데 그 집이 원인 모를 화재로 모두 타버려 보험금이 5,000만 원 나올 예정이다. 이 보험금은 누가 차지하게 되는가?

　① 저당권자인 샤일록 씨가 차지할 수 있다.

　② 당연히 집 주인이자 보험에 든 안토니오 씨가 차지한다.

　③ 저당권자와 집 주인이 반반씩 차지하게 된다.

　　법은 채무자나 제3자가 어떤 채무의 보장(담보)으로 부동산을 제공하면 채권자는 이 부동산을 인도받지는 않고, 다만 그 부동산의 교환 가치(시세)만을 권리로서 확보하는 물권을 '저당권'이라고 한다. 그리고 이 저당권은 반드시 등기부에 저당권이라고 표시하여 등기를 하게 된다.

　　그런데 저당권의 대상인 부동산(토지나 건물) 중 건물이 화재로 소실되면 저당권자의 입장은 어떻게 될까?

　　저당권의 목적물인 집에 화재가 나서 보험금이 나오게 된다면 이 보험금에 대해서도 저당권의 효력이 미친다고 보고 있다. 이것을 '저당권의 물상 대위성'이라고 부른다. 이러한 효력이 인정되는 이유는, 저당권이란 목적물의 교환 가치를 저당권자에게 부여하고 사용 가치나 목적물 그 자체는 채무자에게 존속시키는 제도인데, 목적물이 화재로 소멸하더라도 그 교환 가치를 대표하는 것이 그대로 존재하게 되면(이 사건에서는 보험금이 있게 되면) 이 가치의 대표물에도 존속시키는 것이 합당하기 때문이다.

　　따라서 빚이 청산되지 않고 있는 한 보험금은 당연히 저당권자인 샤일록 씨가 차지할 수 있게 된다.

📝 참고 조문

제356조(저당권의 내용)
저당권자는 채무자 또는 제3자가 점유를 이전하지 아니하고 채무의 담보로 제공한 부동산에 대하여 다른 채권자보다 자기 채권의 우선 변제를 받을 권리가 있다.

🪨 어드바이스

화재 보험금이 당연히, 자동적으로 저당권자에게 지급되는 것은 아니다. 저당권자는 저당권에 기해서 채무자의 화재 보험금에 대한 법적 조치를 취해야 한다.

31. 땅 임자 따로, 건물 임자 따로일 때는

　대도시 부근에서 대대로 농사를 짓고 살아온 오 서방은 땅값이 오르게 되자 농사는 수지가 안 맞는 데다가 일손도 부족하여 더 이상 계속할 수 없는 형편이므로, 땅의 일부는 팔고 또 일부는 저당을 잡혀 한 밑천 만들어 증권에 몽땅 투자하였다.

　그러나 증권 시세가 폭락하자 하루아침에 쫄딱 망하고 말았다. 저당 잡은 채권자가 경매 신청을 하여 땅은 부동산 투기꾼에게 넘어갔다. 설상가상으로 땅을 거머쥔 투기꾼은 그 땅 위 오 서방의 집을 철거해달라고 하는데 어쩌면 좋을까?

① 남의 땅에 서 있는 건물이 됐으므로 철거할 의무가 있다.

② 땅의 사용료만 물면 되고 철거하지 않아도 된다.

③ 철거될 때는 철거되더라도 버티고 사는 수밖에 없다.

오 서방은 건물을 철거하지 않아도 된다.

왜 그럴까? 토지와 건물이 같은 사람 소유였다가 나중에 토지 또는 건물 중 하나라도 소유자를 달리하게 되더라도, 법은 건물 소유자에게 일정한 권리를 인정해주고 있기 때문이다. 이것을 '법정 지상권'이라고 한다.

건물 소유자에게 법정 지상권이 인정되는 경우는 세 가지다.

첫째는 토지와 건물의 같은 소유자가 건물에 전세권을 설정한 후 토지 소유자가 바뀐 경우이고, 둘째는 토지나 건물 어느 한 쪽에만 저당권이 설정된 후 경매로 토지와 건물의 소유자가 다르게 된 경우이며, 셋째는 같은 소유자였다가 어느 하나가 매매, 증여, 강제 경매 등으로 소유자가 다르게 된 경우이다(마지막의 경우는 특별히 '관습법상 인정되는 법정 지상권'이라고 부른다).

이런 경우로 건물 소유자가 법정 지상권을 취득하게 되면, 토지 소유자의 철거 요구에 응할 의무는 없게 된다. 법정 지상권이 인정되는 이유는 토지와 건물을 별개의 부동산으로 보고 있는 우리나라의 법제하에서 건물 소유자의 권리와 편익을 위해서다.

📝 참고 조문

제366조(법정 지상권)

저당물의 경매로 인하여 토지와 그 지상 건물이 다른 소유자에 속한 경우에는 토지 소유자는 건물 소유자에 대하여 지상권을 설정한 것으로 본다. 그러나 지료는 당사자의 청구에 의하여 법원이 이를 정한다.

⚖ 어드바이스

오 서방은 철거 소송을 당하게 되면 법정 지상권이 있음을 주장해야 한다. 법정 지상권이 인정되면 법원은 토지 소유자의 청구에 따라 땅의 사용료(지료)를 결정하게 된다.

32. 전세 보증금과 세금이 싸우면

　심답답 씨는 강수수의 아파트에 전세를 들기로 하고 전세 보증금 1억 원을 지급한 다음 전세권 설정 등기를 하였다. 그런데 계약 당시 강수수 씨의 사업이 부진하여 이미 3,000만 원의 세금이 체납되어 아파트가 압류되어 있었으나, 심답답 씨는 아파트의 시가가 2억 원 이상을 호가하고 전세권 설정 등기를 하였으므로 안심하고 입주하여 살게 되었다.

　그러나 계속되는 사업 부진으로 강수수 씨의 아파트는 다른 채권자의 경매에 의하여 1억 2,000만 원에 낙찰되고 말았다.

　이럴 경우 심답답 씨의 전세 보증금 1억 원은 어떻게 될까?

① 경매된 금액 1억 2,000만 원 중 전세금을 우선해서 받을 수 있다.

② 세금 3,000만 원을 공제하고, 9,000만 원을 우선 받을 수 있다.

③ 세금이 1순위이고, 남은 금액 중에서 다른 채권자와 평등하게 변제받는다.

'전세권'이란 우리가 흔히 전세라고 부르는 '주택 임대차'와는 다르다. 둘 다 전세금을 주고받지만 전세권은 전세권 설정 등기가 되어 있는 물권이고, 주택 임대차는 등기 없이 이루어지는 채권 관계인 것이다(물론 주택을 임차한 경우에도 임차권에 대한 등기는 할 수 있으나, 등기하더라도 이것은 전세권과는 여전히 다른 권리이다).

전세권 설정 등기가 설정되면 전세권자는 그 목적물의 교환 가격에서 전세금을 우선적으로 변제받을 수 있다. 이것을 '전세권의 우선 변제적 효력'이라고 부른다. 다만 이 원칙도 전세권 설정 등기보다 먼저 경료된 압류권자나 저당권자가 있으면 후순위가 된다는 예외가 있다.

따라서 이 사건에서는 전세권자인 심답답은 낙찰된 금액(이를 '매각 대금'이라고 한다)에서 전세권 설정 등기보다 앞서 체납된 세금 3,000만 원을 뺀 나머지, 즉 9,000만 원에 대해서 다른 채권자보다 우선하여 변제받게 된다.

📝 참고 조문

제303조(전세권의 내용)
① 전세권자는 전세금을 지급하고 타인의 부동산을 점유하여 그 부동산의 용도에 좇아 사용·수익하며, 그 부동산 전부에 대하여 후순위 권리자, 기타 채권자보다 전세금의 우선 변제를 받을 권리가 있다.

⚖️ 어드바이스

전세권자는 전세 목적물을 다른 사람이 경매 청구한 경우에 별도로 경매 청구하지 않아도 경매 매각 대금에서 우선 변제권이 인정된다. 이 사건에서 전세권자가 별도로 취할 조치는 없다고 할 수 있다.

33. 황진이의 수리비

　황진이 씨는 타고난 미모를 이용하여 돈을 벌어보려고 남의 집을 보증금 2억 원, 기한을 2년으로 정하고 전세를 얻어 요정(유흥 전문 음식업)을 차렸다. 빌린 집이 낡아 1억 원을 들여서 대대적으로 수리를 한 결과 집이 마치 새 집처럼 되었다.

　각계에 발이 넓은 황진이 씨는 경영 수완도 있어서 장사는 상상을 초월할 만큼 잘되었다. 장사가 잘되는 것을 본 주인은 욕심이 발동했다. 그래서 기한이 끝나자마자 집을 비워달라고 했다.

　황진이 씨는 너무나 억울하여 수리비 1억 원을 주기까지는 비워줄 수가 없다. 황진이 씨가 버틸 수 있을까?

　① 기한이 만료되었으므로 어쩔 수 없다.

　② 수리비 1억 원을 받을 때까지는 버틸 수 있다.

　③ 수리비를 안 주면 기한은 종전과 같이 2년으로 연장된다.

건물을 빌린 사람이 건물을 수리한 경우에 이 수리비를 '유익비'라고 하고, 빌린 사람은 주인에게 유익비를 물어줄 것을 요구할 수 있는 권리가 생긴다. 그리고 그 요구는 주인이 돌려줄 때까지 빌린 목적물을 계속 점유할 수 있다. 또 다른 예로, 시계 수리상은 수리비를 받을 때까지 그 시계를 돌려주지 않을 수 있다.

이처럼 다른 사람의 물건을 점유하게 된 사람이 그 물건으로 인하여 생긴 채권이 있는 때, 변제받을 때까지 그 물건을 유치할 수 있는(점유를 계속할 수 있는) 권리를 민법은 '유치권'이라고 한다.

이 사건에서 황진이는 비록 임차 기한은 끝났어도 유익비에 해당하는 수리비를 돌려받을 때까지 그 집을 합법적으로 점유할 수가 있다(다만 수리비는 황진이가 투자한 금액과 같다고는 할 수 없다).

📝 참고 조문

제320조(유치권의 내용)
① 타인의 물건 또는 유가 증권을 점유한 자는 그 물건이나 유가 증권에 관하여 생긴 채권이 변제기에 있는 경우에는 변제를 받을 때까지 물건 또는 유가 증권을 유치할 권리가 있다.

⚖ 어드바이스

황진이 씨가 받아야 할 수리비는 소유자와 합의하여 그 범위를 결정할 수도 있고, 소유자가 합의로 결정, 지급하지 않을 경우에는 소송 과정에서 처리할 수밖에 없는데, 이때 대개는 전문가의 감정에 의하여 금액이 결정된다.

34. 술값 마련을 위해 끌러준 시계

시골 고등학교 출신으로서 S대를 나와 일류 회사에 취직한 유망주 씨는 고교 후배들에게 우상 같은 존재이다.

어느 날 고교 후배들이 찾아와 유망주 씨는 후배들에게 술을 사주어야 할 입장이 되었는데, 때마침 가진 돈이 없어서 단골 이발소에 자신의 약혼 선물로 받은 롤렉스 시계(시가 200만 원)를 맡기고, 50만 원을 빌렸다. 빌린 돈은 월급날 갚기로 하였다.

그런데 공교롭게도 지방 출장이 있어서 약속한 날보다 일주일이 지난 후 찾아갔더니, 이발소 주인은 벌써 이 시계를 100만 원에 처분했다고 하면서 잔액 50만 원을 돌려주는 것이 아닌가?

자, 이럴 때 유망주 씨의 법적 권리는?

① 약속을 어긴 잘못이 있으므로 어쩔 수 없다.

② 시계를 처분한 것은 잘못이므로 시계를 돌려달라고 할 수 있고, 빌린 돈 50만 원을 공제한 150만 원을 받을 수 있다.

③ 횡령죄로 고발할 수 있다.

채무를 담보하기 위하여 물건(동산)이나 유가 증권을 맡기는 경우가 사회 생활에서는 허다하다. 이처럼 채무 담보를 위해서 물건을 맡기면, 맡은 사람은 채무를 변제받을 때까지 이 물건을 돌려주지 않을 수 있는 권리와 갚기로 한 때까지 채무자가 갚지 않으면 경매를 청구하여 경매된 금액에서 자기 채권을 우선적으로 변제받을 수 있는 권리가 있다. 이를 '질권'이라고 부른다.

그런데 경매 절차가 번거로우므로, 갚기로 한 때 갚지 못하면 그 물건으로 변제받은 셈 치기로 하는 경우가 많다. 이것을 '유질 계약'이라고 하는데, 사전에 맺은 유질 계약은 채무자 보호를 위해서 민법은 무효로 보고 있다.

그러나 사전의 유질 계약은 무효이지만 이 원칙에도 예외는 있다. 하나는 갚기로 한 때, 즉 변제기가 지나서 다시 물건으로 주고받은 셈 치자는 사후의 유질 계약, 둘째는 상행위로 생긴 채권(예컨대 술값)의 경우, 셋째는 전당포의 경우, 넷째는 보관한 물건의 가격이 경매 비용에도 못 미칠 만큼 너무 싸거나 또는 정당한 이유가 있는 경우가 그것이다. 이럴 때는 채무 대신 물건을 받기로 하는 유질 계약은 유효하게 된다.

📝 참고 조문

제339조(유질 계약의 금지)
질권 설정자는 채무 변제기 전의 계약으로 질권자에게 변제에 갈음하여 질물의 소유권을 취득하게 하거나 법률에 정한 방법에 의하지 아니하고 질물을 처분할 것을 약정하지 못한다.

🪨 어드바이스

사전의 유질 계약은 무효이다. 따라서 유망주 씨는 시계 자체의 반환을 청구할 수 있는데, 이미 처분되었으므로 손해 배상을 청구할 수밖에 없을 것이다.

35. 집문서를 받고 빌려준 돈

흥부의 옆집에는 빚이 많기로 유명한 뺑덕어멈이 살고 있다. 한번 빌려가면 여간해서는 갚지를 않는다.

어느 날 흥부의 집에 뺑덕어멈이 집문서를 들고 왔다. 돈 500만 원이 급히 필요하니 집문서를 담보로 돈을 빌려달라는 것이다. 집문서를 갖고 왔으니 다른 말이 필요 없다고 생각한 흥부는 돈을 빌려주었다.

그런데 소문을 듣자 하니 뺑덕어멈이 빚에 몰려 그 집을 팔려고 한다는 것이다. 집문서를 갖고 있는 흥부는 안전한가?

① 집문서를 갖고 있으므로, 아무도 흥부 몰래 살 수 없다.

② 흥부 몰래 살 수 있지만, 산 사람이 등기를 내려면 흥부 돈을 먼저 갚아야 한다.

③ 누구라도 흥부 몰래 살 수 있고, 등기도 받을 수 있다.

집문서를 잡고 있는 것만으로는 그 집에 대한 아무런 권리가 주어지지 않는다. 말하자면 담보의 효과를 거둘 수 없다. 흥부가 보다 안전하려면 뺑덕어멈 집에 대해 저당권 설정 등기를 해두어야 한다.

이처럼 채무자가 채무의 담보로 제공한 부동산에 대해 채권자가 권리를 설정해두고, 약속한 때에 갚지 않으면 그 부동산을 경매해서 자기 돈을 우선적으로 회수할 수 있는 제도를 '저당권'이라고 부르며, 현재 우리 사회에서 빈번하게 이용되고 있다.

은행이 돈을 빌려줄 때는 어김없이 채무자가 제공한 부동산에 저당권을 설정하며, 개인 간의 돈 거래에서도 자주 이용되고 있다.

📝 참고 조문

제356조(저당권의 내용)

저당권자는 채무자 또는 제3자가 점유를 이전하지 아니하고 채무의 담보로 제공한 부동산에 대하여 다른 채권자보다 자기 채권의 우선 변제를 받을 권리가 있다.

⚖ 어드바이스

이 사건에서 흥부는 지금이라도 뺑덕어멈에게 저당권 설정 등기 청구 소송을 제기하여야 한다. 집문서를 흥부가 갖고 있어도, 뺑덕어멈이 마음만 먹으면 처분할 수 있으니까.

36. 선생님의 빚보증

최훈장 선생님은 고등학교 제자인 이학도 군이 전자제품 대리점을 개설할 때 제자를 위해 자기 집을 전자 회사에 담보로 제공했다. 등기부에 채무자는 이학도, 담보 제공자는 최훈장, 채권 최고액은 5,000만 원으로 기재되었다.

그런데 그 제자는 선생님의 지원에도 불구하고 2년 만에 사업 부진으로 2억 원의 빚을 지고 도산하고 말았다. 전자 회사에서는 최 선생님에게 2억 원을 대신 갚지 않으면 집을 경매하겠다고 통고해왔다. 현재 집의 시세는 3억 원가량이다.

최 선생님이 제자를 위하여 갚아야 할 빚의 범위는?

① 등기부에 기재된 5,000만 원만 갚으면 된다.

② 제자가 진 빚 2억 원을 전부 갚아야 한다.

③ 사제 관계를 참작하여 법원이 정해주는 범위에서 갚으면 된다.

　기존의 1회적인 채무가 아니고, 장래에도 계속해서 발생하게 될 거래상의 채무를 담보하기 위한 저당권을 '근저당권'이라고 한다. 또 채무자가 아니면서 채무자의 채무를 담보해주기 위해 제3자가 자기 소유의 부동산을 채권자에게 저당권 또는 근저당권을 설정해주는 경우를 '물상 보증'이라고 한다.

　물상 보증인(이 사건에서 선생님)이 된 경우 채무자(이 사건에서 제자)가 거래상의 채무를 갚지 못하면 물상 보증인이 갚아야 할 채무의 범위는 근저당권 설정 등기 시에 합의한 '채권 최고액'의 범위까지이고, 실제 채무액이 아니다. 그리고 채권 최고액은 등기부에 기재되도록 되어 있다.

　따라서 이 사건에서 최 선생님은 5,000만 원만 갚으면 의무를 다하는 것이 된다. 물론 채권자는 채권 회수를 위해서 경매를 신청할 수 있지만, 그래도 선생님은 제3자에게 경매되기 전까지 5,000만 원만 갚으면 근저당권 설정 등기는 말소받을 수 있다.

참고 조문

제357조(근저당)
① 저당권은 그 담보할 채무의 최고액만을 정하고 채무의 확정을 장래에 보유하여 이를 설정할 수 있다. 이 경우에는 그 확정될 때까지의 채무의 소멸 또는 이전은 저당권에 영향을 미치지 아니한다.
② 전항의 경우에는 채무의 이자는 최고액 중에 산입한 것으로 본다.

어드바이스

채권자인 전자 회사가 최 선생님에게 제자의 빚 전액을 지급해달라고 요구하는 것은 으레 해보는 것이다. 최 선생님은 자기가 책임질 5,000만 원을 지급하거나 공탁하고 근저당권 설정 등기의 말소를 청구해야 한다.

37. 피도 눈물도 없다는 사채업자

　회사의 만년 과장인 김 씨는 애지중지하던 맏딸이 시집을 가게 되자 고민에 빠지게 되었다. 사돈 될 집이 사업가인지라 혼수를 적게 하면 딸이 기죽을 것 같아 혼수를 넉넉하게 해주고 싶은데 그만한 돈이 없기 때문이다. 그래서 부득이 2억 원이 나가는 자기 집을 사채업자에게 가등기 담보를 해주고 5,000만 원을 빌려 혼사를 치렀다.

　빚을 갚기로 약속한 3개월이 지나자 사채업자는 원금 5,000만 원과 이자를 일주일 내에 갚지 않으면 집을 자기 앞으로 넘기겠다는 통지를 보내왔다. 빚진 죄인이라지만 김 과장은 이 요구에 응해야 하는가?

① 변제기가 지나도록 갚지 못한 이상 어쩔 수 없다.

② 앞으로 2개월 내에 갚으면 된다.

③ 등기는 넘겨주어야 하고, 다만 집 가격에서 빚을 뺀 차액을 받을 수 있을 뿐이다.

돈을 빌리면서 부동산을 담보로 제공하고 제때에 갚지 못하면 그 소유권을 넘겨주기로 계약하는 경우가 사회생활에서는 허다하다.

이때 채권자에게 우선 가등기를 해주게 되는데, 이런 경우를 '가등기 담보'라고 하며 실제로 개인 간의 돈 거래에서는 저당권보다도 더 많이 이용된다. 그러나 돈을 제때에 갚지 못했다고 해서 소유권이 넘어가도록 방치한다는 것은 강자를 보호하고 약자를 외면하게 되므로, 이런 경우를 규제하기 위해서 '가등기담보 등에 관한 법률'이 제정되어 있다.

이 법에 따르면 채권자는 변제기에 채무 변제가 없다고 해서 담보로 잡은 채무자의 부동산에 대해 즉시 자기 앞으로 소유권 등기를 할 수는 없고, 1) 부동산 가격에서 채무의 원금과 이자를 뺀 금액(청산금)을 채무자에게 통지하여야 하고, 2) 통지가 도달한 지 2개월이 넘은 뒤, 3) 청산금을 채무자에게 지급하고서야 등기를 할 수 있도록 되어 있다.

📝 참고 조문

가등기담보 등에 관한 법률 제3조(담보권 실행의 통지와 청산 기간)

① 채권자가 담보 계약에 따른 담보권을 실행하여 그 담보 목적 부동산의 소유권을 취득하기 위하여는 그 채권의 변제기 후에 제4조의 청산금의 평가액을 채무자 등에게 통지하고, 그 통지가 채무자 등에게 도달한 날로부터 2개월(이하 '청산 기간'이라 한다)이 지나야 한다. 이 경우 청산금이 없다고 인정되는 경우에는 그 뜻을 통지하여야 한다.

🔨 어드바이스

김 과장은 통지를 받은 때부터 2개월 내에 돈을 갚으면 가등기 말소를 요구할 수 있고, 그럴 능력이 없는 경우라도 정당하게 평가된 부동산 가격에서 원금과 이자를 뺀 나머지 금액을 돌려받을 수 있는 권리가 있다.

PART 3

채권

● 채권에 관한 기초적 설명

1. 채권의 구성

법률적으로 특정한 사람에게 특정한 어떤 행위를 요구할 수 있는 권리를 '채권'이라고 한다. 반대로 채권자의 요구에 따라 이행하여야 할 의무를 '채무'라고 한다.

민법전 중 제3편은 바로 이 채권과 채무를 규정하고 있다.

현대인의 사회 공동생활의 내용은 채권, 채무 관계로 구성되어 있다고 해도 지나치지 않다. 가령, 회사원이 늦잠을 자고 싶어도 아침 9시까지 반드시 출근하여야만 하는 것은 고용자인 사장에게 매일 여덟 시간의 근로를 제공할 채무가 있기 때문이며, 반대로 사장은 그러한 근로를 요구할 권리를 갖고 있기 때문이다.

또 월급날이 되면 사장은 사원에게 월급을 준다. 사원은 임금을 청구할 채권이 있기 때문이며, 사장은 임금을 지급할 채무가 있기 때문이다.

이처럼 우리 사회는 채권, 채무가 수시로 형성되고 반복됨으로써 유지되는 것이라고 파악할 수 있다.

현대 사회의 채권, 채무의 중요성과 다양성 때문에 민법전 중 제3장 채권 편에는 모두 393개조의 가장 많은 조문이 배당되어 있다. 그리고 채권편은 모두 다섯 개의 장으로 구성되어 있다.

2. 채권 편의 구성 분석

1) 제1장은 총칙으로 구성되어 있다. 총칙은 다시 1절부터 8절까지 세분화되어 있는데, 채권의 목적, 종류, 채권의 효력, 채권자·채무자가 다수인 경우, 채권의 양도, 채권의 인수, 채권의 소멸 등이 차례대로 규정되어 있다.

2) 제2장은 채권이 성립하는 대표적이고 전형적인 계약에 관한 장이다. 계약은 어떻게 성립되며, 어떠한 효력을 가지며, 계약이 해제되는 경우와 절차는 어떻게 성립되며, 어떠한 효력을 가지며, 계약이 해제되는 경우와 절차는 무엇인가에 대한 규정이 전개되면서, 우리 사회에서 흔히 볼 수 있는 열네 개의 전형적 계약, 즉 매매, 증여, 교환 계약 등을 차례로 규정해 나가고 있다.

3) 제3장은 다른 사람의 부탁이나 위임 없이도 성립하는 채권, 채무 관계로서의 '사무 관리'에 대해 규정한다.

4) 제4장은 정당한 이유 없이 이득을 얻는 경우 그 반환에 대한 규정, 즉 '부당 이득'에 대한 규정이다.

5) 제5장은 고의나 과실로 다른 사람에게 손해를 준 경우 그 손해를 배상하여야 하는 관계를 채권, 채무 관계로 파악하고 이를 '불법 행위'라고 표현하면서, 불법 행위가 성립되는 경우와 그 효과를 규정하고 있다.

3. 이 책의 채권 편 구성

이 책의 채권 편은 모두 78개의 사례를 선정하였다.

(다만 채권 편 중 '임대차 계약'에서 주택 임대차 분야, 그리고 '불법 행위' 중에서 교통사고로 인한 경우는 그 자체가 별도의 여행지가 될 수 있다고 보고, 별책으로 펴낼 계획에 따라 이 책에서는 자세히 다루지 않았다.)

1. 생선은 직접 가져가시오

수산물 도매상인 허생 씨는 서울 사람들이 점점 생선을 선호하는 경향을 파악하고, 전국을 돌아다니며 선금을 주고 생선을 매점매석해버렸다.

장보고 씨는 여수항을 근거지로 해 우럭을 잡는 어부로, 생선을 잡는 대로 허생 씨에게 우선적으로 공급하기로 계약을 했다.

우럭이 잘 잡히는 계절이 왔다. 그러나 우럭을 잡으려면 동지나해(중국 동쪽 태평양의 연해)까지 출어하여야 하므로 허생 씨가 제시한 1킬로그램당 3만 원으로는 도저히 타산이 맞지 않아, 서울까지 운송은 할 수가 없었다.

그래서 허생 씨에게 "우럭을 여수항 창고에 보관해놓았으니 직접 가져가라"고 연락을 했다. 그러나 수산물 도매상에 불과한 허생 씨는 직접 수송하기가 난처하다.

이런 경우 생선의 인도는 어느 장소에서 누가 해야 하나? 허생 씨와 장보고 씨 간에는 이에 대하여 아무런 약정이 없었다.

① 장보고 씨가 우럭을 여수에서 서울로 일단 발송만 하면 된다.

② 허생 씨가 여수까지 내려가서 직접 수송해 와야 한다.

③ 장보고 씨가 자기 비용으로 서울까지 수송해 허생 씨에게 넘겨줘야 한다.

채무자와 채권자가 서로 다른 지역에 있는 경우(주로 원거리) 채무자는 자기 채무를 어느 장소에서 이행하여야 하는가?

이 문제는 당사자 사이 이 점에 대한 약정이 없는 경우에 발생하는 문제이다. 해답은 계약의 목적물이 무엇이냐에 따라 다르다. 목적물이 '12가 3456 소나타 승용차'라는 식으로 확실히 정해진 경우('특정물'이라고 한다)에는 계약 당시 그 목적물이 있었던 장소에서 넘겨주면 된다. 그러나 목적물이 '생선 열 상자, 맥주 네 상자'라는 식으로 종류와 수량은 정해졌으나 그중에서 어떤 것을 넘겨줄 것인지 아직 정해지지 않은 경우(불특정물)에는 채무자가 목적물을 채권자가 있는 곳으로 가지고 가서 이행하여야 한다.

이처럼 민법은 불특정물 인도 의무는 채무자의 책임으로 하는 것('지참 채무'라고 한다)을 원칙으로 하고 있다. 따라서 이 사건에서 장보고 씨와 허생 씨의 계약은 매일 '생선 100킬로그램'이라는 식으로 약정되었고, 이것을 어느 장소에서 누구의 책임과 비용으로 인도한다는 약정이 없었으므로, 장보고 씨가 서울까지 자기 책임과 비용으로 인도해줄 의무가 있는 것이다.

문항 ②처럼 채권자가 채무자 주소까지 가서 수령해야 하는 경우는 '추심 채무'라고 하며, 문항 ①처럼 채권자나 채무자 주소 이외의 제3의 장소로 목적물을 발송해야 하는 경우를 '송부 채무'라고 한다.

👨‍⚖️ 어드바이스

채무의 이행지가 어디인가는 계약 당사자에게 상당한 이해관계가 있다. 따라서 계약 시에 채권자는 가급적 지참 채무의 방식을, 반대로 채무자는 추심 채무의 방식을 선택함이 좋다.

2. 법으로 할 테면 하시오

신건설 씨는 주택 건설업자이다. 시멘트 대리점을 하는 지멋대로 씨로부터 시멘트 1,000만 원어치를 구입하기로 하고 돈은 미리 주었다. 시멘트는 건축 허가가 나와 실제 사용하게 될 2개월 뒤에 넘겨받기로 했다.

그런데 건축 경기가 과열되자 시멘트 시세가 폭등하여 돈을 주고도 살 수 없을 정도가 되었다. 약속한 2개월 후에 찾아가니, 아직 시멘트가 들어오지 않았다는 핑계를 대면서 500만 원을 더 주면 넘겨주겠다고 한다.

신건설 씨가 시멘트 판매업자의 횡포에 대응할 법적 방법은?

① 물건을 인도받을 당시에 시세가 올랐으므로 시세대로 대금을 추가로 지불할 의무가 있다.

② 약속한 물건의 인도를 청구할 수 있고, 구매 계약을 해제하고 손해 배상도 청구할 수 있다.

③ 공정거래법 위반 혐의로 형사 고소하거나 1,000만 원을 돌려받는 방법밖에 없다.

채무자가 이행기에 채무를 이행할 수 있는데도 불구하고 일부러 이행하지 않거나 부주의로 이행하지 않는 경우를 법률상 '이행 지체'라고 한다. 이행 지체는 전형적인 채무 불이행의 유형이다.

채무자가 이행 지체에 빠질 시 채권자가 대응하는 방법(권리)은 세 가지이다. 첫째, 본래 이행하여야 할 채무 이행을 청구할 수 있다. 소송으로 이행 청구하는 것이 그것이다. 둘째, 계약을 일방적으로 해제할 수 있다. 셋째, 손해 배상을 청구할 수 있다. 이것은 계약을 해제하지 않고도 가능하다.

그리고 이행 지체에 빠진 채무자에게는 그 외에도 일종의 벌칙이 부과된다. 가령 채무의 내용이 금전일 때에는 이행기 이후부터 실제 이행한 때까지 이자('지연 이자')를 더 붙여주어야 하고, 이행 지체 이후에 이행 불능이 된 때에는 그 이행 불능 상태가 자기 책임에 의한 것이 아니더라도 책임을 져야 한다.

📝 참고 조문

제390조(채무 불이행과 손해 배상)
채무자가 채무의 내용에 좇은 이행을 하지 아니한 때에는 채권자는 손해 배상을 청구할 수 있다.

제544조(이행 지체와 해제)
당사자 일방이 채무를 이행하지 아니하는 때에는 상대방은 상당한 기간을 정하여 그 이행을 최고하고 그 기간 내에 이행하지 아니한 때에는 계약을 해제할 수 있다.

⚖️ 어드바이스

참으로 고약한 시멘트 판매업자이다. 그러나 우리 사회에서 이런 횡포가 어디 이뿐이겠는가? 이런 횡포를 다스리기 위해 '독점규제 및 공정거래에 관한 법률'이 있다는 것도 알아두자.

3. 이자를 주기로 한 약속은 없었다

총무과에 근무하는 김알뜰 양은 자재과의 최깐돌 군이 "집에 급한 일이 생겨서 그러니, 갖고 있는 돈이 있으면 있는 대로 빌려달라"고 애원하는 바람에, 시집가려고 붓고 있던 월 1푼의 이자가 붙어 있는 적금을 해약하고 500만 원을 빌려주었다.

최깐돌 군은 한 달 만에 갚겠다고 약속해놓고 석 달 만에 갚아주었다. 갚으면서 미안했던지 답례로 스타킹 몇 개를 함께 가져왔다.

자, 흔히 있을 수 있는 이 사건에서 섭섭한 김알뜰 양이 손해를 본 적금 이자를 청구할 수 있을까? (단, 이자를 물어주기로 한 약정은 없었다.)

① 물론이다. 월 1푼의 이자가 붙는 적금을 해약하고 빌려준 것이고, 채무자도 이것을 알고 있었기 때문이다.

② 적금 이자는 청구할 수 없어도 연 5분의 법정 이자는 청구할 권리가 있다.

③ 이자를 주기로 하는 약정이 없었으므로 이자의 청구는 불가능하다. 상대방도 미안하다고 스타킹까지 선물했지 않은가?

채무의 불이행이 있고 손해가 있으면 채권자는 손해 배상을 청구할 수 있음은 이미 설명한 바와 같다. 그런데 이행하여야 할 채무의 내용이 금전인데(금전 채무), 이를 제때에 이행하지 않으면 그때의 손해는 무엇인가?

민법에서는 금전 채무의 불이행이 있으면 최소한 '법정 이자' 정도의 손해가 있는 것으로 간주한다. 그리고 이 법정 이자의 이자율은 연(年) 5분으로 정해져 있다. 따라서 금전 거래 당사자 사이에 이자에 대한 약정(약정 이자)이 없더라도, 채무자가 이행기에 이행하지 않으면 그 이행기로부터 다 갚는 날까지 원금 외에도 법정 이자만큼을 배상하여야만 한다.

이 사건에서 법률적으로 본다면 김알뜰 양은 이행기 이후의 2개월분의 법정 이자를 청구할 권리가 있는 것이다. 물론 김알뜰 양이 스타킹으로 만족하고 이자 청구를 포기하는 것은 자유이다.

📑 참고 조문

제379조(법정 이율)

이자 있는 채권의 이율은 다른 법률의 규정이나 당사자의 약정이 없으면 연 5분으로 한다.

제397조(금전 채무 불이행에 대한 특칙)

① 금전 채무 불이행의 손해 배상액은 법정 이율에 의한다. 그러나 법령의 제한에 위반하지 아니한 약정 이율이 있으면 그 이율에 의한다.

⚖️ 어드바이스

금전 채무에 대해서는 채무 불이행이 있으면 이자의 약정이 없었더라도 연 5분의 법정 이자가 붙는다는 것을 확실히 알아야겠다.

4. 계약을 도저히 이행할 수 없을 때는

갑동 씨는 작년 말 회사에서 제주 지사장으로 발령이 났다. 그래서 제주에 내려가 을동 씨의 20형 아파트를 5,000만 원에 사서 온 가족이 이사를 하였다.

그런데 6개월이 지난 뒤 갑자기 서울에 산다는 병동 씨가 나타나 자기가 실제 주인이고, 을동 씨는 서류를 위조해 이 아파트를 을동 씨 앞으로 넘긴 뒤 갑동 씨에게 판 것이라는 사실을 밝혔다. 그리고 갑동 씨에게 등기를 말소하고 아파트를 비워달라고 한다.

병동 씨의 주장이 사실 그대로여서 갑동 씨는 일단 등기를 말소해주지 않을 수 없었다. 을동 씨는 갑동 씨에게 죽을죄를 지었다고 하면서 5,000만 원을 배상하겠다고 한다.

그런데 현재 같은 20평형 아파트 시세는 8,000만 원이고 그것도 시간이 갈수록 오르고 있다. 갑동 씨가 받아야 할 손해액은 얼마인가?

① 현재의 시세인 8,000만 원이다.
② 원래의 매매 대금인 5,000만 원이다.
③ 갑동 씨가 새로 아파트를 사는 시점의 시세이다.
④ 법원이 정해주는 금액이다.

　채권이 성립한 후에 채무자의 고의 또는 과실 때문에 이행이 불가능한 경우를 법률상 '이행 불능'이라고 한다.

　이 사건의 경우처럼 갑동 씨는 을동 씨로부터 매매 계약에 따라 아파트에 대한 소유권 이전 등기를 받았지만, 원래 주인인 병동 씨의 권리 주장에 따라 그 등기가 말소되거나 또는 말소될 운명이라면 을동 씨의 갑동 씨에 대한 소유권 이전 등기 의무는 이행 불가능한 상태가 된 것이다. 그리고 그 상태는 전적으로 을동 씨의 잘못('귀책사유')에 있는 것이다.

　채무자가 이행 불능 상태가 되면 채권자에게 주어지는 권리는 두 가지이다. 하나는 계약 해제권이고, 또 하나는 손해 배상 청구권이다. 그런데 목적물의 시세가 변동이 생긴 경우 손해 배상은 어떤 시점을 기준으로 하는가?

　이행 불능 당시이다. 이 사건에서 이행 불능 당시는 갑동 씨가 병동 씨의 요구에 따라 등기를 말소해준 시점이고, 이 시점의 가격이 손해 배상 기준이 된다. 따라서 8,000만 원이 손해 배상의 범위인 것이다.

참고 조문

제546조(이행 불능과 해제)
채무자의 책임 있는 사유로 이행이 불능하게 된 때에는 채권자는 계약을 해제할 수 있다.
제551조(해지, 해제와 손해 배상)
계약의 해지 또는 해제는 손해 배상의 청구에 영향을 미치지 아니한다.

어드바이스

이행기에 채무자의 고의 또는 과실로 이행 불능 상태가 되면, 손해를 배상하여야 하는데 그 손해의 배상 기준은 '이행 불능' 당시가 된다. 이러한 기준은 부동산 가격의 변동이 심한 우리나라에서 채무자에게 큰 불이익이다.

5. 고우나 씨의 후회

고우나 씨는 대학 졸업반이다. 사교성도 좋고 학교 성적도 좋아 일류 회사에 취업은 했는데, 옥에 티라고 얼굴에 자신이 없어서 항상 열등감을 갖고 있다.

언젠가는 결혼도 해야 하므로 성형 수술을 하기로 큰맘을 먹고 병원을 찾아갔다. 상당한 비용을 주고 쌍꺼풀 수술과 콧날 세우는 수술을 했는데, 몇 달 후 수술 부위에 그만 큰 부작용이 생겨 고 씨는 밖을 다닐 수도 없게 되어 커다란 정신적 고통까지 받고 있다.

수술은 의사의 과실 때문이었는데, 의사도 잘못을 인정하면서 다시 수술해주겠다고는 하나 고 씨는 의사의 실력을 의심하지 않을 수 없다.

자, 고우나 씨가 의사에게 갖는 권리는?

① 원래의 성형 수술 비용을 돌려받을 수밖에 없다.
② 정신적 고통에 대한 대가인 위자료밖에 받을 수 없다.
③ 새로운 교정 수술비와 위자료를 받을 수 있다.

채무자가 채무 이행은 하였으나 그 이행이 불완전한 경우를 법률상 '불완전 이행'이라고 한다. 불완전 이행도 이행 지체, 이행 불능과 함께 채무 불이행으로 간주하게 된다.

불완전 이행을 한 경우에 채권자의 권리를 살펴보자. 다시 완전한 이행을 청구할 수 있고, 또 손해 배상을 청구할 수 있고, 계약 해제도 가능하다. 물론 완전한 이행이 불가능한 경우에는 손해 배상 청구권과 계약 해제권뿐이다.

이 사건처럼 성형 수술의 잘못도 불완전 이행이라고 할 수 있다. 따라서 고우나 씨는 완전 이행 즉, 다시 교정해주는 수술을 요구할 수 있지만, 그것이 의미가 없을 경우에는 다른 곳에서의 교정 수술비와 정신적 고통에 대한 위자료를 배상받을 수 있다.

🔨 어드바이스

불완전 이행의 경우 채권자의 완전 이행 청구권은 오늘날 불특정 다수인을 상대로 이루어지는 백화점 거래, 할부 판매, 방문 판매, 광고에 의한 거래 등의 분야에서 반품이나 교환을 요구할 수 있는 권리로 나타나고 있다.

6. 법에도 피와 눈물은 있는가

　예로부터 고리대금업자는 피도 눈물도 없는 법이고, 이것은 동서양이 모두 비슷한 사정이다. 장영실 씨가 알코올 1리터로 50킬로미터를 주행할 수 있는 자동차 엔진을 발명하였다고 하자. 이 엔진을 실용화하기 위해 그는 구두쇠 최 영감에게 돈 1억 원을 빌렸다. 이자는 월 5푼, 갚는 때는 1년 뒤로 정하였다.

　처음 두 달은 이자를 주었으나 그 후 사업 부진으로 한 달에 500만 원이나 되는 이자를 제때에 못 주게 되자, 최 영감이 원금과 약정 이자를 갚으라고 성화다.

　자, 이 천재적 발명가는 이자 부담만 경감되고 시간만 있다면 사업은 성공할 것 같은데, 과연 약정한 이자를 다 주어야 하는가?

① 당사자 간에 주기로 한 이자 약정은 법률상 유효하므로 약정한 대로 주어야 한다.

② 장영실 씨의 사업은 인류 복지를 위한 것이므로, 은행 이자로 계산하여 주면 된다.

③ 이자 약정이 있었더라도 지급할 때는 법률이 정한 범위 내에서 지급하면 된다.

④ 법원이 정해주는 범위의 이자만 주면 된다.

    돈을 빌릴 때, 당사자가 이자의 율에 합의한 경우 그 이자를 '약정 이자'라고 한다. 그런데 이 약정 이자에 대해 법이 방치하면 사회적 강자인 채권자의 횡포 앞에 사회적 약자인 채무자는 희생당하기 마련이다. 따라서 법에서는 약정 이자의 최고율을 제한하고 있는데, 그러한 목적으로 제정된 '이자제한법'에서는 "최고 이자율은 연 25퍼센트를 초과하지 않는 범위 안에서 대통령령으로 정한다"라고 규정하고 있고, '이자제한법 제2조 제1항의 최고이자율에 관한 규정'(대통령령)은 연 25퍼센트를 약정 최고 이자율로 제한하고 있다. 그러므로 이러한 최고 이자율을 넘는 이자의 약정은 무효이다. 따라서 채무자는 연 25퍼센트로 계산하여 지급하면 된다.

    또 이자제한법에 의하면 이미 이 최고 이자율을 초과한 약정 이자율대로 이자를 지급한 경우에는 그 초과 이자 상당 금액은 원금에 충당되고, 이렇게 초과 이자까지 계산하여 원금이 소멸되고도 남은 경우에는 그 반환을 청구할 수도 있다. 한편 대부업법 '대부업 등의 등록 및 금융이용자 보호에 관한 법률'에 따르면 등록된 대부업자가 개인이나 '중소기업기본법'에서 정한 소규모 법인에게 대부하는 경우 최고 이자율은 연 34.9퍼센트이다.

📝 **참고 조문**

이자제한법 제2조(이자의 최고 한도)

① 금전 대차에 관한 계약상의 최고 이자율은 연 25퍼센트를 초과하지 아니하는 범위 안에서 대통령령으로 정한다.

⚖ **어드바이스**

약정 이자는 이자제한법에 의하여 최고율이 정해져 있지만, 높은 이자를 주고라도 빚을 얻으려는 수요자가 많은 세상이기 때문에 잘 지켜지지 않고 있다. 모름지기 "빚지기를 제일 두려워하라"는 말을 명심할 필요가 있다.

7. 고추를 다 따놓았으니 가져가시오

시장에서 농산물 도매상을 하는 문채소 씨는 작년 가을 고추 장사에 재미를 보아, 올봄에도 미리 고추 농사꾼인 박 서방이 밭에 심어놓은 고추를 사놓았다. 고추는 가을에 박 서방이 따놓았다는 연락을 하면 문채소 씨가 실어가기로 하였다.

가을이 되자 박 서방은 고추를 다 따놓고 문채소 씨에게 연락하였다. 그러나 고추 풍년이 되어 저장비는 물론 운임비도 건지지 못할 정도로 시세가 폭락하는 바람에 문채소 씨는 도저히 가져올 형편이 되지 못하였다. 이러는 동안 고추는 창고에서 다 썩게 되었는데, 그러자 문채소 씨는 태도를 바꾸어 성한 고추를 내놓든지 손해를 물어내든지 하라고 엄포를 놓는다.

창고에서 썩은 고추에 대한 책임은 누구에게 있는가?

① 가져가지 않은 문채소 씨의 잘못이므로 박 서방의 책임은 없다.

② 가져갈 때까지 보관해주지 않고 썩도록 방치한 박 서방이 책임져야 한다.

③ 문채소 씨와 박 서방 모두 반반씩 책임이 있다.

계약이 이루어지면 그다음부터는 각자 이행의 책임이 있고, 이행하지 못하면 그로 인한 손해 배상 책임이 있는 것은 상식에 속하는 이치라고 할 수 있다. 예를 들면 부동산 매매 계약이 이루어지면 산 사람은 대금을 줄 의무, 판 사람은 등기를 해줄 의무와 판 물건을 넘겨줄 의무가 생기는 것이다. 그런데 계약 당사자 중 한 사람은 자기의 책임을 이행하려고 하는데 상대방이 이를 수령하지 않았을 때 그 법률관계는 어떻게 될까?

이때는 이를 받지 않은 사람의 책임으로 돌린다. 이것을 '채권자 지체'라고 한다. 즉 채무자가 이행을 제공하였는데도 채권자가 수령을 지체하면 채무자는 일체의 책임이 없고, 그로 인한 손해는 채권자의 부담인 것이다.

이 사건에서 박 서방은 수확기에 고추를 따놓고 가져가라는 연락을 함으로써 자기 책임을 다한 것이고, 그 이후 문채소 씨가 이를 가져가지 않음으로써 고추가 썩어서 생긴 손해는 문채소 씨의 부담으로 돌릴 수밖에 없다.

📝 참고 조문

제400조(채권자 지체)
채권자가 이행을 받을 수 없거나 받지 아니한 때에는 이행의 제공 있는 때로부터 지체 책임이 있다.

⚖ 어드바이스

이 사건은 달면 삼키고 쓰면 뱉는 표리부동한 인간의 심성을 그대로 나타내고 있다. 그런데 법적 책임을 다한 박 서방에게도 문제는 있다. 최소한 창고를 자주 들여다보고 고추가 썩지 않도록 했어야 하지 않을까? 이런 성의가 있어야 내년에도 농산물 도매상과 거래를 할 수 있을 테니까.

8. 호스티스와의 약속

　김중배라는 친구는 활달한 성격에 돈이 없어도 술 마시고 놀기 좋아하는 한량이다.

　하루는 친구들과 어울려 한양 룸살롱이라는 술집에 갔다. 그곳에서 미스 심이라는 호스티스를 만나, 팁을 두둑이 줄 테니 서비스를 잘하라고 큰소리를 쳤다. 미스 심은 호탕한 성격의 김중배가 돈도 있어 보이고 해서 이를 믿고 술 시중을 잘했는데, 김중배는 이렇게 두 번씩이나 술을 먹고 갔지만 아무런 팁도 주지 않았다.

　미스 심의 권리는?

① 팁도 노동의 대가이고 주기로 약속한 이상 법원에 소송을 제기하여 받을 수 있다.

② 팁은 손님의 아량에 달린 것이고, 주지 않는다고 하더라도 소송을 제기할 수도 없고 받을 권리도 없다.

③ 소송의 제기는 불가능하지만, 스스로 주는 돈은 받을 수 있다.

이 문제는 소위 팁의 법적 성질이 무엇인가를 규명함으로써 풀릴 수 있다. 팁이란 보통 서비스, 즉 어떤 용역을 제공함으로써 용역을 제공받은 자가 호의나 감사의 표시로 주는 금전이라고 할 수 있다.

이러한 팁은 서양에서는 보편화된 관행이라고 할 수 있는데, 우리나라에서는 아직은 특수한 분야에서만 주고받고 있다. 따라서 아직 우리나라에서는 서비스를 받으면 그에 대한 반대 급부로서 팁을 주어야 한다는 것이 의무로까지는 인식되고 있지 않다. 다시 말하면, 팁을 주기로 한다고 약속했다고 하더라도 이를 주지 않는 경우 법원에 소송을 제기하여 강제로 받을 수는 없다는 뜻이다.

이처럼 채무는 발생하였지만, 이행하지 않는다고 해서 채권자가 소송을 제기할 수 없는 채무를 법률에서는 '자연 채무'라고 한다. 소멸 시효가 지난 채무, 이 사건과 같은 팁 채무가 바로 자연 채무의 실례이다.

자연 채무라고 하더라도 채무자가 임의로 주는 것을 받는 것은 얼마든지 가능하고 아무런 법적 제약이 없다. 결국 미스 심은 술손님을 잘못 만난 것을 탓할 수밖에 없다.

⚖ 어드바이스

우리나라처럼 술자리에서의 팁이 후한 나라도 없을 것이다. 그렇다고 해서 팁을 주겠다고 약속해놓고 안 주어도 그만이라는 논리는 아니다. 서비스에 상응하는 약간의 팁을 주고받는 풍토가 바람직하지 않을까?

9. 회갑연에 쓰려던 소

지금은 그렇지 않지만, 몇십 년 전까지만 해도 시골에서 잔치를 치를 때 소를 잡거나 돼지를 잡는 것이 보통이었다. 가령 효자인 갑돌이가 홀어머니의 회갑연을 치르기 위해 소를 한 마리 잡기로 하고, 이웃 마을 박영감 농장에서 사기로 했다고 가정하자.

계약금까지 주어 소를 잔치 전날 넘겨받기로 하고, 약속을 지키지 않으면 박 영감이 갑돌이에게 50만 원을 배상하기로 철석같이 약속하였다. 그런데 박 영감이 소를 잔치 전날 넘겨주지 않아 갑돌이가 부랴부랴 돼지를 잡아 잔치를 끝냈다고 하자.

갑돌이의 권리는 무엇인가?

① 어쨌든 잔치는 끝났으므로 손해 배상 청구는 할 수 없고 욕이나 하면 된다.

② 정신적 고통에 대한 위자료를 청구할 수 있다.

③ 손해가 없었더라도, 약정한 50만 원은 청구할 수 있다.

상대방이 계약을 이행하지 않으면, 즉 채무 불이행이 있으면, 채권자에게는 손해 배상 청구권이 주어진다. 그러나 이 경우에 채권자는 자기에게 손해가 있었음을 구체적으로 입증하여야 한다는 부담을 갖게 된다.

이럴 때, 미리 당사자 간에 채무 불이행 시 얼마의 손해 배상을 하기로 합의해두면(이를 '손해 배상액의 예정'이라고 한다) 편리하다. 이렇게 손해 배상액을 미리 정해놓으면 나중에 손해액을 입증할 필요 없이, 즉 실제로 손해가 발생하였는지 여부와 얼마가 발생하였는지를 따지지 않고 예정한 배상액을 청구할 수가 있다.

이 사건의 경우 갑돌이와 박 영감 간에는 소 매매 계약과 동시에 손해 배상액의 예정이 있었으므로, 갑돌이는 미리 정한 50만 원을 청구할 수 있는 것이다.

참고 조문

제398조(배상액의 예정)
① 당사자는 채무 불이행에 관한 손해 배상액을 예정할 수 있다.
② 손해 배상의 예정액이 부당히 과다한 경우에는 법원은 적당히 감액할 수 있다.

어드바이스

손해 배상액을 미리 정해놓으면 채권자는 편리하지만 채무자에게는 불리할 수도 있다. 특히 예정액이 너무 많은 경우 그렇다. 이런 경우 채무자는 법원에 적당한 액수를 물게 해달라고 청구할 수도 있다. 즉 잘하면 깎아볼 수도 있다는 뜻이다.

10. 마늘 흉년이 들다 보니

심훈 씨는 모두가 농촌을 버리고 떠나도 마지막까지 농촌을 지키려는 살아 있는 상록수다. 그는 1,000평의 밭에 마늘을 심었다.

그해 4월, 마늘 수확기를 한 달 앞두고 마늘 흉년이 예상되자 서울의 농산물 도매상들은 마늘을 확보하느라고 혈안이 되었다.

심훈 씨는 도매상인 한중개 씨에게 자기 밭의 마늘 전부를 마늘의 시세인 300만 원에 팔았다. 그러나 마늘을 캐기 며칠 전 서울에서 내려온 마늘 도매상 손재복 씨가 400만 원을 주겠다고 하자, 한중개 씨에게는 나중에 양해를 얻을 생각으로 손 씨에게 팔았다.

아니나 다를까? 이 사실을 알게 된 한중개 씨는 심훈 씨에게 손해 배상을 하라고 펄펄 뛴다. 심훈 씨가 배상할 금액은 얼마인가? 한중개 씨가 마늘을 서울로 가져가기로 한 날 서울의 마늘 시세는 350만 원이다.

① 자기 마을 시세인 300만 원에 운임비를 추가하면 된다.
② 서울 시세인 350만 원이다.
③ 손재수 씨에게 팔았던 시세인 400만 원이다.

자기 채무를 이행하지 못하여 상대방이 손해를 입으면 이를 배상할 책임이 있다('채무 불이행'으로 인한 손해 배상 책임이라고 한다). 그런데 어디까지 배상하여야 할까? 즉 손해 배상의 범위는 어디까지인가?

우선 통상적인 손해를 기준으로 하는 것이 원칙이다('통상 손해'). 이 사건에서는 별다른 사정이 없는 한 한중개 씨가 심훈 씨에게 준 300만 원이 통상의 손해라고 할 수 있다. 그러나 상대방이 산 물건을 이용하여 이익을 남길 수 있었다고 하더라도 이 이익은 배상하여야 할 손해는 아니다.

즉 이 사건에서처럼 한 씨가 마늘을 서울로 가져가 가령 500만 원의 이익을 남길 수 있었다고 하더라도 이 이익은 손해의 범위에 드는 것은 아니다. 다만 그러한 특별 사정을 채무 불이행을 하게 된 채무자가 '알았거나 알 수 있었던 경우'에는 이것도 배상할 책임이 있다('특별 손해').

이 사건으로 돌아가면, 심훈 씨는 한 씨가 이 마늘을 서울로 가져가 팔 것이라는 사실, 그리고 그 당시 마늘값이 오르고 있다는 사실을 알 수 있었다고 보아야 하므로, 특별 손해를 배상하여야 한다. 그런 뜻에서 정답은 ②다.

📝 **참고 조문**

제393조(손해 배상의 범위)
① 채무 불이행으로 인한 손해 배상은 통상의 손해를 그 한도로 한다.
② 특별한 사정으로 인한 손해는 채무자가 그 사정을 알았거나 알 수 있었을 때에 한하여 배상의 책임이 있다.

⚖️ **어드바이스**

한중개 씨는 마늘값의 변동에 따라 심훈 씨의 생각이 변할 수도 있음을 예상했어야 한다. 이런 예상이 있었다면 계약 당시 '손해 배상의 예정'을 할 수도 있었을 텐데….

11. 목마른 사람이 우물을 판다는데

심초조는 이딴청 명의로 된 토지를 놀부로부터 매수하였다. 그 토지는 본래 이딴청의 토지였는데, 이를 놀부가 매수한 후 등기를 받아놓지 않은 상태에서 다시 심초조에게 판 것이다.

심초조는 놀부에게 잔금까지 지불했는데, 놀부는 돈을 다 받고도 "이딴청이 등기를 해주지 않으니 어쩌란 말이냐"라면서 등기 이전을 차일피일 미루기만 하고 해주지 않고 있다.

심초조는 이러다가 이딴청이나 놀부가 파산이라도 하거나 다른 데에 팔아버리면 어쩌나 하고 불안하기만 한데, 심초조가 안전하게 등기를 취득할 방법이 있을까?

① 놀부가 이딴청으로부터 등기를 받아서 넘겨줄 때까지 달리 방법이 없다.

② 심초조는 놀부의 협력 없이 이딴청에게 직접 등기를 청구할 수 있다.

③ 심초조는 이딴청에게 놀부 앞으로의 이전 등기를 청구할 수 있고, 다시 자신 앞으로 이전 등기하라고 청구할 수 있다.

채권자가 자기의 권리를 보존하기 위하여, 자기의 채무자가 제3의 채무자에 대하여 갖고 있는 권리를 채무자 대신 행사할 수 있는 권리를 '채권자 대위권'이라고 한다. 이 제도가 인정되는 이유는 채권자가 자기의 권리를 위하여 채무자의 재산을 보전하기 위함이다. 예를 들면 이 사건에서처럼 심초조는 놀부에게 등기 청구권이라는 권리를, 놀부도 이딴청에게 등기 청구권을 갖고 있는데, 놀부가 이딴청에 대해 이 권리를 행사하지 않고 있을 때 심초조가 직접 이딴청에게 놀부의 권리를 행사할 수 있는 것이다.

이때 심초조는 동시에 놀부에 대해서도 자기 권리를 행사할 수 있다. 이 사건처럼 심초조는 놀부에게 권리는 있지만 이딴청과 아무런 법률관계가 없고, 따라서 무엇을 요구할 권리가 없으나 채권자 대위 제도에 의하여 놀부의 재산을 보전해놓고 자기 채권을 확보할 수 있는 것이다.

📝 참고 조문

제404조(채권자 대위권)
① 채권자는 자기의 채권을 보전하기 위하여 채무자의 권리를 행사할 수 있다.

🔨 어드바이스

채권자 대위 제도는 등기 청구 소송에서 대단히 쓸모 있고, 또 자주 이용되고 있다. 이 사건과 같은 경우 심초조 씨는 이딴청과 놀부를 동시에 피고로 삼아 '놀부는 이딴청에게, 이딴청은 자기에게' 소유권 이전 등기를 하라는 청구를 하면 된다.

12. 빚진 자의 마지막 재산을 사수하라

허무해 씨는 조그만 사업을 하는 강변죽에게 돈 3,000만 원을 빌려주었다. 강변죽은 수억 원짜리 집을 갖고 있었기 때문에 빚을 받는 데는 아무 걱정이 없다고 생각하고 있었다.

그런데 몇 달 후 강변죽의 사업이 잘 안 되어 도산할지도 모른다는 소문이 들려, 허무해 씨가 부랴부랴 강변죽의 집에 대한 등기부를 떼보니 벌써 한통속에게 넘어간 것이 아닌가?

조사해보니, 강변죽이 빚이 많아서 자기 처남인 한통속과 짜고 집을 한통속 앞으로 해둔 것 같은 의심이 든다. 물론 한통속은 강변죽으로부터 정당하게 산 것이라고 주장하고 있고, 강변죽에게는 다른 재산이 없다.

허무해 씨가 돈을 받으려면 강변죽과 한통속과의 계약이 무효가 되어야 하는데 방법이 있을까?

① 가장 매매라는 의심만으로는 강변죽과 한통속의 계약이 무효가 될 순 없다. 허무해는 방법을 찾기에 너무 늦었다.

② 강변죽을 형사 고소하여 형사 책임을 지우게 하는 방법밖에 없다.

③ 강변죽과 한통속이 짜고 허무해를 해치기 위한 것이라면 허무해가 그 계약을 취소할 수 있다.

이 사건과 같은 '가장 매매'가 우리 사회에는 너무 흔하다. 민법에서는 이런 경우를 예상하여 채권자에게 구제 수단을 마련하고 있다.

이 사건에서 채권자인 허무해는 한통속을 상대로 강변죽과의 계약을 취소하라는 소송을 제기할 수 있다. 승소하게 되면 집은 다시 강변죽 명의로 환원되고 이 집은 모든 채권자의 공동 담보가 되는 것이다.

이처럼 채무자가 채권자를 해하려고 자기 재산을 제3자에게 처분한 경우 채권자가 그 처분을 취소할 수 있는 권리를 '채권자 취소권' 또는 '사해 행위 취소권'이라고 한다. 이 권리는 소송의 제기를 통해야 한다.

그리고 소송은 채무자를 상대로 하는 것이 아니고, 제3자(이 사건에서는 한통속)만을 상대로 하면 된다.

📝 참고 조문

제406조(채권자 취소권)

① 채무자가 채권자를 해함을 알고 재산권을 목적으로 한 법률 행위를 한 때에는 채권자는 그 취소 및 원상회복을 법원에 청구할 수 있다. 그러나 그 행위로 인하여 이익을 받은 자나 전득한 자가 그 행위 또는 전득 당시에 채권자를 해함을 알지 못한 경우에는 그러하지 아니하다.

⚖️ 어드바이스

채권자 취소권 제도도 소송 실무에서 자주 이용된다. 이런 소송을 '사해 행위(詐害行爲) 취소 청구 소송'이라고 한다. 채무자가 채권자의 소송이나 가압류 등의 조치를 피하려고 제3자와 짜고 등기를 넘겨놓는 '가장 매매'가 가장 전형적인 사례라고 할 수 있다.

13. 주 채무자가 멀쩡하게 살아 있는 한

마당쇠와 돌쇠는 둘도 없는 친구 사이로 소위 죽마고우다. 어느 날 마당쇠가 할부로 자동차를 사게 되었는데, 보증을 서달라고 하기에 돌쇠는 흔쾌히 자동차 회사에 보증을 서주었다.

마당쇠는 이 자동차를 타고 주말이면 관광을 다니다가 그만 교통사고를 내고 구속까지 되었다. 그러자 자동차 회사는 돌쇠에게 남은 할부 대금을 마당쇠 대신 갚아달라고 통고해왔다.

보증을 선 이상 갚기는 해야겠는데, 그렇다고 마당쇠가 쫄딱 망한 것은 아니고 집도 있고 농토도 있다. 보증을 선 돌쇠는 그야말로 '어찌하오리까'인데….

① 마당쇠가 갚을 능력이 있는 이상 갚지 않아도 된다.

② 보증을 선 이상 갚아야 하고, 그다음에 마당쇠에게 물어달라고 해야 한다.

③ 돌쇠는 자동차 회사에, 우선 마당쇠에게 갚으라고 청구할 것과 마당쇠에게도 재산이 있으니 마당쇠 재산을 강제 집행하라고 요구할 권리가 있다.

사회생활을 하다 보면 친척이나 친지의 부탁으로 싫어도 보증을 서야 하는 경우가 적지 않다. 은행 융자, 자동차의 할부 구입 과정에 보증을 세워야 하는 것은 거의 필수적인 절차이다.

그러면 보증인은 언제나 주 채무자보다 앞서서 갚아야 하는 걸까? 그렇지는 않다. 보증인은 채권자가 자기에게 이행을 요구할 때 "먼저 주 채무자에게 청구하시오"라고 요구할 권리('최고의 항변')가 있고, 채권자가 이에 따라 주 채무자에게 먼저 청구하고 그다음에 자기에게 청구하면 이번에는 "주 채무자가 갚을 재산이 있고 그 강제 집행도 하기 쉬우니 주 채무자 재산을 먼저 집행하시오"라고 요구할 권리가 있다('검색의 항변').

그러나 실제 사회생활에서는 주 채무자가 아무런 능력이 없는 경우라야 보증인에게 청구하는 것이 대부분이므로, 보증인의 위와 같은 권리는 사실 유력한 자기 방어 수단이 된다고는 할 수 없다.

그렇더라도 이 사건에 국한한다면 법적인 해답, 정답은 ③이다.

📑 참고 조문

제428조(보증 채무의 내용)
① 보증인은 주 채무자가 이행하지 아니하는 채무를 이행할 의무가 있다.
제437조(보증인의 최고, 검색의 항변)
채권자가 보증인에게 채무의 이행을 청구한 때에는 보증인은 주 채무자의 변제 자력이 있는 사실 및 그 집행이 용이할 것을 증명하여 먼저 주 채무자에게 청구할 것과 그 재산에 대하여 집행할 것을 항변할 수 있다. 그러나 채무자와 연대하여 채무를 부담한 때에는 그러하지 아니하다.

⚖️ 어드바이스

보증은 가급적 하지 않는 것이 상책이다. 반대로 채권자로서는 보증인을 요구하는 것이 유리하다. 보증이 불가피한 경우라고 하더라도 연대 보증은 피하는 것이 상책이다.

14. 인정에 못 이겨 서준 보증 때문에

최 노인은 자기 집에 세 들어 사는 김 씨의 성실성을 언제나 대견하게 생각하여 한 집안 식구처럼 지내고 있다. 어느 날 김 씨가 최 노인에게 조그만 자전거 대리점을 내고 싶은데 상호신용금고에서 돈을 빌릴 때 보증을 서달라고 간곡히 부탁하여 최 노인은 두말 않고 보증을 서주었다.

이렇게 해서 융자금 3,000만 원으로 자전거 대리점을 하게 된 김 씨는 사업이 잘되었으면 아무런 문제가 없었겠지만 뜻대로 되지 않아 빚만 지고 망하게 되었다.

상호신용금고에서는 최 노인이 김 씨에 대한 융자금을 연대 보증했으니 전액 물어내라고 성화가 대단하다.

자, 인정도 유죄이고 다정도 병인가? 최 노인은 어떻게 해야 할까?

① 연대 보증을 선 이상 도리가 없다. 최 노인이 대신 갚아야 한다.

② 대가 없이 인정으로 연대 보증한 것이 참작되어야 하므로 주 채무자인 김 씨와 반반의 책임이 있다.

③ 주 채무자인 김 씨에게 먼저 청구하라고 요구하고 그다음에 김 씨의 다른 재산을 찾아서 강제 집행하라고 요구할 수 있다.

연대 보증은 앞에서 설명한 단순한 보증과 달리 최고의 항변권과 검색의 항변권이 인정되지 않고, 주 채무자가 채무를 갚지 못하면 주 채무자와 '연대하여' 갚기로 한 보증을 말한다.

보증 계약서에 '연대하여'라는 문구가 있으면 그 보증은 연대 보증으로 보게 된다. 상인 간의 거래는 연대 보증이 대부분이다. 따라서 이 사건에서 최 노인은 비록 인정에 못 이겨 해준 보증이지만 그 형태가 연대 보증인 이상 주 채무자의 능력 유무에 상관없이 전액을 갚을 채무가 있는 것이다. 물론 보증인이 단순 보증이든 연대 보증이든 채권자에게 갚은 돈은 주 채무자에게 청구할 수 있다(이를 '보증인의 구상권'이라고 한다).

📝 참고 조문

제437조(보증인의 최고, 검색의 항변)
채권자가 보증인에게 채무의 이행을 청구한 때에는 보증인은 주 채무자의 변제 자력이 있는 사실 및 그 집행이 용이할 것을 증명하여 먼저 주 채무자에게 청구할 것과 그 재산에 대하여 집행할 것을 항변할 수 있다. 그러나 채무자와 연대하여 채무를 부담한 때에는 그러하지 아니하다.

⚖️ 어드바이스

보증인이 보증 책임을 이행한 뒤 원래의 채무자에게 구상권을 행사할 수 있다고 해도, 이것이 완벽한 구제 방법은 못 된다. 왜냐하면 보증인이 물어낼 정도라면 주 채무자는 대부분 빈털터리가 된 뒤일 테니까. 따라서 야박해도 보증은 피하고 볼 일이다.

15. 놀부의 제비 사육 사업

흥부는 그 많던 재산을 열 명이나 되는 자식들을 교육하고 키우고 살림 하는 데 거의 다 쓰고, 이제는 평범한 시민이 되었다.

어느 날 놀부가 흥부를 찾아와, 강남에 제비 사육장을 차려 수많은 아 파트에 분양하면 부모들이 자녀의 정서 교육상 너도나도 살 것이니 사업 자금 5억 원을 융자받는 데 보증 좀 서달라고 하였다. 흥부는 형님의 부 탁이고 또 은행에서도 흥부가 보증을 서주어야 융자해주겠다 하기에 보 증을 섰다.

그런데 제비 사육 사업이 도시인의 환영을 받을 것이라는 예상과 달리 분양이 저조하여, 놀부는 사업이 기울어가고 있는 중이다. 또 은행에 융 자금을 갚을 때가 다가온다.

이제 흥부도 살기 위해 법적 조치가 필요한데, 흥부의 대책은?

① 융자금을 먼저 갚고, 놀부에게 구상권을 행사한다.
② 놀부의 재산에 대해 미리 동결 조치를 해둔다.
③ 은행에 놀부 사업의 부진과 놀부 재산의 동결을 통지한다.

보증인은(연대 보증을 하였건, 그냥 단순한 보증을 하였건 간에) 자기가 주 채무자를 대신해서 갚은 경우, 그 금액을 주 채무자에게 받아낼 권리가 있다. 이것을 '구상권'이라고 함은 이미 설명한 바 있다.

그러나 이 구상권은 언제나 사후, 즉 보증인이 먼저 채무를 갚고 난 뒤에야 가능한 것은 아니고 미리 행사할 수도 있다. 즉 보증을 부탁받아 선 경우 주 채무를 갚아야 할 때가 다가오면, 보증인은 아직 대신 갚지 않은 경우라도 자기의 구상권의 보전을 위해서 주 채무자(의 재산)에 대하여 구상권을 행사할 수 있는 것이다. 구상권 행사 방법은 주 채무자의 재산을 동결시키는 조치(이를 '가압류'라고 한다)를 취하면 된다.

이 사건에서 흥부도 인정을 떠나, 자기가 살기 위해서라도 아직 여유가 있는 형님의 재산을 동결시켜 자기 구상권을 미리 확보해둘 수 있다. 그런다고 흥부를 욕할 사람은 놀부밖에는 없지 않겠는가?

⚖ 어드바이스

우리의 옛 속담에도 "보증을 서는 자식은 낳지도 마라"라는 말이 있다. 보증의 결과는 그만큼 무서울 수도 있는 것이다. 거듭 강조하지만 보증은 서지 않는 것이 최고의 지혜이다.

16. 조카가 취직한다고 해서

임격정 씨는 1년 전, 자신의 조카가 찾아와 취직자리를 구하였노라고 말하며 취직 서류에 삼촌 도장이 필요하다고 하여 도장을 내준 적이 있었다.

그 후 임격정 씨는 조카가 회사에 잘 다니는 줄만 알고 있었다. 그런데 어느 날 조카가 다니던 회사에서 임격정 씨에게 난데없이 손해 배상하라는 통지가 왔다. 그 내용인즉, 조카가 회사 돈 1,500만 원을 횡령하였으므로 그 돈을 신원 보증인인 임격정 씨가 책임지라는 것이다.

농사꾼 임격정 씨는 조카가 취직한다고 해서 도장 한 번 찍었을 뿐인데 1,500만 원을 갚기는 억울하다는 생각이다.

임격정 씨가 물어야 할 배상액은?

① 신원 보증도 보증이므로 보증인으로서 무조건 전액 배상해야 한다.

② 조카를 잘 감독하지 못한 회사와 보증 선 사람이 반반씩 책임지면 된다.

③ 회사의 감독상의 과실, 신원 보증하게 된 사유를 종합하여 법원이 정해주는 한도 내에서 물어주면 된다.

신원 보증은 금전 거래상의 보증과는 달리, 문자 그대로 고용당하는 자를 위하여 고용자에게 그 신원을 보장하는 것이고, 더 나아가 고용당하는 자('신원 본인'이라고 한다)가 재직 중에 재산상 손해를 끼치면 그 손해도 배상하겠다는 넓은 의미의 보증이다. 따라서 신원 본인이 고용자에게 손해를 가하였으면 그 손해를 배상하여야 함은 당연한 이치인 것이다. 그러나 신원 보증은 아무런 대가 없이 해주는 것이 보통이고, 그런데도 신원 본인이 입힌 손해를 전부 배상하게 하는 것은 지나치게 가혹한 처사가 된다.

그래서 특별히 신원 보증인의 책임을 경감시켜주기 위해 '신원보증법'이 제정되었고, 이 법에서는 법원이 신원 보증의 동기, 고용자가 신원 본인을 잘 감독하였는지 여부, 신원 보증인의 재산 정도 등등 모든 사유를 참작하여 적당한 배상 책임을 지도록 배상 범위를 완화시켜주고 있다. 신원 보증인의 배상 책임은 손해액 전부가 아니라는 점을 명심하고 볼 일이다.

📝 참고 조문

신원보증법 제6조(신원 보증인의 책임)
③ 법원은 신원 보증인의 손해 배상액을 산정하는 경우 피용자의 감독에 관한 사용자의 과실의 유무, 신원 보증을 하게 된 사유 및 이를 할 때 주의를 한 정도, 피용자의 업무 또는 신원의 변화, 그 밖의 사정을 고려하여야 한다.

⚖️ 어드바이스

신원 보증도 보증임에는 틀림없다. 그러나 보증 책임의 이행을 요구받으면 배상 책임의 경감을 주장하여야 한다. 법은 우는 아이에게만 젖을 주니 말이다.

17. 아버지가 선 보증을 아들이 책임져야 하는가

홍길동 씨의 아버지인 홍판서 씨는 5년 전 친구 아들인 윤 씨가 어느 회사에 취직할 당시 신원 보증을 서준 일이 있었다.

홍판서 씨는 한 달 전에 돌아가셨는데 그 후 회사에서 연락이 왔다. 윤 씨가 두 달 전 회사 공금 500만 원을 횡령했으니 신원 보증을 한 홍판서 씨가 배상해주기를 바란다는 것이다.

홍길동 씨가 아버지는 이미 돌아가셨다고 회사에 통지하였더니, 회사에서는 그렇다면 아들인 홍길동 씨가 배상할 책임이 있다는 것이다. 홍길동 씨는 윤 씨와는 안면조차 없다.

자, 홍길동 씨가 500만 원을 배상할 책임이 있는가?

① 채무도 상속되는 법이다. 아버지의 신원 보증 채무를 상속하였으므로 배상할 책임이 있다.

② 아버지가 돌아가신 이상 아버지의 채무는 소멸한다. 따라서 아들도 아무 책임이 없다.

③ 신원 보증 기간이 경과되었으므로 아버지도 책임이 없고, 따라서 아들도 당연히 책임이 없다.

신원 보증도 유효 기간이 있다. 보증인이 그 기간을 정할 수도 있지만, 보증 당시에 기간을 정하지 않은 경우 신원보증법은 기간을 2년으로 제한하고 있다. 이것은 무기한의 신원 보증을 배제하고 신원 보증인의 책임을 제한하려는 요청에서 나온 것이다.

따라서 2년의 신원 보증 기간 이내에 신원 본인의 잘못으로 발생한 손해는 신원 보증인이 배상할 책임이 있고, 보증인이 사망한 경우에는 상속인이 배상하여야 하지만(빚도 상속되는 법이다), 보증 기간 내에 신원 보증인의 사고가 없는 경우 보증 기간이 일단 지나면 신원 보증인은 해방되는 것이다.

이 사건에서 신원 보증인이었던 홍판서 씨는 신원 보증일로부터 2년의 기간이 지났으므로, 보증 기간 이후의 신원 본인의 불법 행위에 대해서 배상 책임이 없다. 그러므로 보증인의 책임이 없는 이상 상속인인 홍길동 씨도 책임이 없는 것이다.

참고 조문

신원보증법 제2조(신원 보증 계약의 존속 기간 등)
① 기간을 정하지 아니한 신원 보증 계약은 그 성립일부터 2년간 효력을 가진다.
② 신원 보증 계약의 기간은 2년을 초과하지 못한다. 이보다 장기간으로 정한 경우에는 그 기간을 2년으로 단축한다.

어드바이스

신원 보증 제도는 사실 사람을 믿을 수 없다는 전근대적 관념 때문에 생긴 것이다. 따라서 이 제도는 보증 보험 제도라는 근대적인 안전장치로 대치되어야 한다. 신원 보증을 부탁받으면 보증 보험 제도를 이용해보라고 권하면서 보증을 거절해보자.

18. 도둑에게 내준 예금

김미인 씨는 출근길의 전철에서 핸드백을 도난당했다. 핸드백에는 300
만 원이 예금된 통장과 도장이 들어 있었다.

경찰서에 도난 사실을 신고하고 급히 은행으로 달려갔지만, 벌써 30분
전에 웬 남자가 통장과 도장을 지참하고 와서 300만 원을 다 찾아갔다는
것이 아닌가?

김 씨는, 통장 주인의 이름이 여자로 되어 있는데 조금만 주의했으면
남자가 찾아가는 것을 수상하다고 판단할 수 있지 않았겠냐고 항의했다.

은행이 남자에게 예금을 내준 행위는 유효한가?

① 절대 유효하다. 예금은 통장과 도장을 지참한 사람에게 내주지 누구에게
   내준단 말인가?

② 은행은 예금주가 여자인데 인출자가 남자인 것을 수상하게 여겼어야 한
   다. 따라서 예금주인 김미인 씨에게 300만 원을 다시 지급해야 한다.

③ 은행과 예금주에게 각각 과실이 있다. 따라서 반씩 손해를 보아야 한다.

변제는 진정한 채권자에게 해야만 유효한 것이지만, '채권을 사실상 행사하는 자'에게 하더라도 '선의', '무과실'일 때는 유효하다. 여기서 채권을 사실상 행사하는 자를 법률상 '채권의 준점유자'라고 하는데, 이 사람에 대한 변제도 변제하는 측에서 그가 채권자인 줄 믿고(선의), 또 그렇게 믿는 데 잘못이 없었다면(무과실), 그 변제의 유효성을 인정하게 된다. 그 이유는 거래의 신속을 위해서이다. 가령 차용증이나 도장, 또는 권리 증서를 소지하고 나서서 채권자나 대리인을 사칭할 때에도, 그 사람이 수령할 권한이 있다고 믿었고 그렇게 믿는 데 잘못이 없었다면 법은 이 변제를 유효하다고 본다.

이 사건처럼, 은행 거래는 통장과 도장을 지참한 자를 채권자 또는 채권의 준점유자로 보아야 하고, 또 그렇게 해서 이루어진 거래의 유효를 인정해야만 은행 거래 자체가 성립할 수 있는 것이다. 만일 은행이 통장과 도장을 지참한 사람에 대해 일일이 채권자인지를 확인한다면 은행 거래의 신속성은 기대하기 어려울 것이다. 다만, 인출자가 외관상 어울리지 않게 거액을 인출하는 경우라면 사정이 다르다. 이때는 은행이 인출자의 신원을 확인하거나 예금주에게 확인할 필요가 있고, 그렇지 않은 경우에는 결론이 달라질 것이다.

📑 참고 조문

제470조(채권의 준점유자에 대한 변제)
채권의 준점유자에 대한 변제는 변제자가 선의이며 과실 없는 때에 한하여 효력이 있다.

⚖ 어드바이스

이 사건의 결론은 은행원에게 잘못이 없다는 것을 전제로 하고 있다. 은행원의 과실로 예금 인출의 권한이 없는 사람에게 예금을 지급한 경우 그 지급은 효력이 없다는 판례도 있었음을 기억할 필요가 있다.

19. 보증금을 서로 달라고 할 때는

박망설은 2층 건물을 신축하여 2층은 주택으로 꾸미고 1층은 점포로 만들어 점포를 김임대에게 보증금 1,000만 원에 세를 주었다.

김임대는 이 점포에서 아동복을 만드는 공장을 차렸으나 불경기로 많은 빚만 지고 도산하게 되었다. 빚쟁이들의 성화에 못 이겨 점포에 대한 보증금을 이고리와 오대금에게 각각 양도하였다.

김임대가 망하게 되자 이고리와 오대금은 각각 박망설에게 보증금을 자기에게 달라고 요구하고 나섰다.

박망설은 누구에게 주어야 하는지 모르겠다. 이럴 때에는?

① 채무자인 김임대에게 지급하면 된다.
② 김임대가 인정하는 사람에게 주어야 한다.
③ 이고리와 오대금 두 사람 중 먼저 양도받은 사람에게 주면 된다.
④ 김임대가 문서나 내용 증명 우편물로 지정한 사람에게 주어야 한다.

채권자가 누구인지 확실히 정해져 있는 채권을 '지명 채권'이라고 한다. 지명 채권은 당사자 사이에 양도를 금지한다는 특별한 약정(특약)이 있거나, 법률로 양도가 금지되어 있는 경우를 제외하고는 채권자가 자기의 채권을 제3자에게 자유롭게 양도할 수 있다. 그리고 이 양도는 양도인이 채무자에게 통지하거나 채무자가 승낙하여야 효력이 생긴다.

그런데 지명 채권이 이중으로 양도된 경우에는 양도받은 사람끼리 우선권을 둘러싸고 분쟁이 생길 수 있다. 왜냐하면 서로 자기의 양수가 유효하다고 다툴 여지가 있기 때문이다. 또 채무자도 이런 때에는 과연 누구에게 채무를 이행하여야 하는지 곤란하게 된다. 이럴 때 민법은 채권이 양도되었다는 통지를 '확정 일자 있는 증서'로 한 경우에 우선권을 주고 있다. 여기서 '확정 일자 있는 증서'란 당사자가 그 일자를 변경할 수 없도록 공증인이나 우체국이 인정한 증서인 '내용 증명 우편'을 말한다.

📝 참고 조문

제449조(채권의 양도성)
① 채권은 양도할 수 있다. 그러나 채권의 성질이 양도를 허용하지 아니하는 때에는 그러하지 아니하다.
제450조(지명 채권 양도의 대항 요건)
① 지명 채권의 양도는 양도인이 채무자에게 통지하거나 채무자가 승낙하지 아니하면 채무자, 기타 제3자에게 대항하지 못한다.
② 전항의 통지나 승낙은 확정 일자 있는 증서에 의하지 아니하면 채무자 이외의 제3자에게 대항하지 못한다.

🏋 어드바이스

채권 양도 통지를 받은 채무자는 그 통지서에 양수인으로 되어 있는 사람에게 채무를 변제하면 된다. 그리고 이 통지서는 소위 내용 증명 우편으로 되어 있어야 한다.

20. 제자가 스승보다 낫다지만

한장인 씨는 나전 칠기 가구를 제조하는 무형 문화재이다.

김팔봉 씨는 한장인 씨에게 상당한 거금을 주고 나전 칠기 가구를 주문하였다. 가구를 만들어 인도해주는 기간은 3개월 후로 정했다.

그런데 한 달 후 한장인 씨가 갑자기 2개월간 해외여행을 떠나게 되었다. 한장인 씨는 김팔봉 씨에게 주문한 가구는 자기 제자들이 만들어줄 터이니 걱정 말라고 하였다.

제자들이 만들어주는 것도 채무 이행으로 보아야 할까?

① 품질에 하자가 없는 이상, 유효한 채무 이행으로 보아야 한다.

② 한장인에게 주문한 이상, 주문자는 제자들의 제작에 의한 이행을 거절할 수 있다.

③ 제자들이 실제 만드는 것을 사전에 인지하고 있었다면, 이를 거절할 수 없다.

채무는 제3자가 인수해서 이행할 수도 있다. 이처럼 어떤 채무의 이행에 관하여 채권자, 채무자, 제3자('인수인') 간에 채무의 동일성을 유지하면서 이를 인수인에게 이전시키는 것을 '채무 인수'라고 하며, 이것은 그 자체가 또 하나의 계약이다. 그런데 채무자와 제3자 간의 채무 인수 계약은 채권자의 승낙이 있어야만 효력이 생긴다. 따라서 채권자는 이때 승낙을 할 수도 있고 거절할 수도 있다. 거절하면 채무자와 제3자 간의 채무 인수 계약은 효력이 없다. 또한 채무자가 달라지면, 즉 채무가 인수될 때 계약의 의미가 없어지는 경우에는 채무 인수 계약이 제한된다. 예컨대 특정한 가수의 출연 계약은 비슷한 가수가 대신할 수 없는 것이다.

이 사건에서 무형 문화재로 지정된 한장인 씨의 나전 칠기 제작 채무는 채무의 성질상 그 인수가 제한되는 경우로 볼 수도 있고, 동시에 채무자와 제3자 간의 채무 인수이므로 채권자의 승낙이 없는 이상 유효한 채무 인수로 볼 수 없는 것이다.

📝 참고 조문

제453조(채권자와의 계약에 의한 채무 인수)
① 제3자는 채무자와의 계약으로 채무를 인수하여 채무자의 채무를 면하게 할 수 있다. 그러나 채무의 성질이 인수를 허용하지 아니하는 때에는 그러하지 아니하다.
제454조(채무자와의 계약에 의한 채무 인수)
① 제3자가 채무자와의 계약으로 채무를 인수한 경우에는 채권자의 승낙에 의하여 그 효력이 생긴다.

🔨 어드바이스

장인, 명장의 경지에 도달한 사람과 그 제자들의 솜씨는 분명 차이가 있지 않을까? 따라서 김팔봉 씨는 채무 인수에 대한 거절권을 행사하면 된다.

21. 외상 술값은 자본금에서 공제하라는데

관중과 포숙아가 강남에서 6개월간 포장마차를 동업하기로 하였다. 관중이 포장마차 구입비 200만 원을 포숙아에게 빌려주는 것을 자본금으로 삼고, 포숙아는 이 돈을 밑천으로 해서 경영을 하되 이익을 반씩 나누기로 했다.

그런데 관중은 날이면 날마다 친구들을 몰고 와서 외상으로 술을 먹고 갔다. 6개월 후 결산을 해보니 관중에게 빌린 돈과 관중의 외상 술값이 거의 비슷해졌다. 그래서 포숙아는 관중에게 동업을 계속하려면 외상 술값을 갚으라고 하였더니 관중은 동업을 청산하자고 하면서 외상 술값은 자본금에서 공제하면 될 것 아니냐고 태연하기만 하다.

이러한 경우 관중은 별도로 외상 술값을 내놓아야 하는가?

① 내놓지 않아도 된다. 외상 술값은 투자한 자본금에서 공제하면 된다.

② 내놓아야 한다. 빌려준 자본금과 외상 술값은 성질이 다르다.

③ 결산 시점에서 포숙아가 관중에게 자본금을 갚기로 한 경우에 한해서 내놓지 않아도 된다.

관중은 포숙아에게 200만 원의 대여금 청구 채권이 있고, 반대로 포숙아는 관중에게 외상 술값에 대한 청구 채권이 있다. 이처럼 당사자 간에 서로 성질이 같은 채권이 있을 때 각자의 채무를 현실로 이해할 필요 없이 채권을 대등액의 범위에서 서로 공제하는 것을 '상계'라고 한다.

이 상계가 인정되는 이유는 채권자, 채무자가 서로 현실적으로 청구하고 이행하는 번거로운 절차를 생략할 수 있다는 편리성 때문이고, 또 하나는 당사자 중 일방의 자력이 악화되거나 파산 상태가 되는 경우 그렇지 않은 한쪽에게 채무의 전액을 변제하게 하면 공평하지 못하기 때문이다.

상계 제도는 우리 사회에서 대단히 폭넓게 이용되고 있는데, 특히 은행과 같은 금융 기관에서 널리 이용되고 있다. 이 상계는 계약이 아니며 일방적인 의사 표시로 할 수 있다.

따라서 이 사건에서 관중은 변제기가 된 자기의 대여금 청구 채권액으로 포숙아의 술값 청구 채권을 상계하고자 말함으로써 상계는 이루어졌고, 따라서 술값을 별도로 내놓을 필요는 없는 것이다.

📝 참고 조문

제492조(상계의 요건)

① 쌍방이 서로 같은 종류를 목적으로 한 채무를 부담한 경우에 그 쌍방의 채무의 이행기가 도래한 때에는 각 채무자는 대등액에 관하여 상계할 수 있다. 그러나 채무의 성질이 상계를 허용하지 아니할 때에는 그러하지 아니하다.

⚖️ 어드바이스

상계가 이루어지면 서로의 채권은 대등액에서 소멸한다. A는 B에 대해 200만 원의 채권을, B는 A에 대해 150만 원의 채권이 있는 경우 상계가 되면 150만 원의 범위에서 채무가 소멸되어 B는 A에게 50만 원의 채무가 남게 되는 것이다.

22. 시세에 맞게 그림값을 더 내시오

무명 화가였던 김홍도 씨는 대한민국 미술 전람회(국전)에서 최우수상을 받고 난 뒤 그야말로 '자고 일어나니 유명한 사람이 된' 자신을 발견하게 되었다. 당연히 그의 그림값은 훌쩍 뛰어버렸다.

그런데 그림을 이해하고 사랑하는 문 사장은 김홍도 씨가 수상을 하기 전에 자기 거실에 걸 대형 풍경화를 주문한 일이 있었다. 그림값은 500만 원으로 정했다. 계약금은 반을 주었는데, 유명 인사가 된 김홍도 씨는 문 사장에게 최소한 1,000만 원은 받아야 한다면서 그림값을 더 내놓으라고 한다.

이미 유명해진 뒤의 김홍도 씨가 그린 풍경화값은 사실 1,000만 원대이다. 그러나 문 사장은 이렇게 사람이 달라지는 것에 대해 불쾌하기만 하다. 문 사장이 주문한 이 그림을 인수하려면?

① 원래 계약된 금액 중에서 아직 못 준 250만 원만 지급하면 된다.

② 그림을 인수하기 전 예술가의 창작의 대가가 1,000만 원대로 인상되었다면, 당연히 인상된 대가를 지급하여야 한다.

③ 법원이 그림의 시세를 감정하여, 감정된 가격을 지급하면 된다.

풍경화의 제작을 화가에게 주문하였는데, 화가가 유명해지더니 그림값을 시세에 맞게 인상해달라고 요구하면서 원래 약정한 그림을 인도해주지 않을 때 주문자는 어떻게 해야 하는가?

간단하다. 민법은 이럴 때 공탁 제도를 이용하라고 한다. '공탁'이란 채무자가 자기의 금전 채무를 이행하려고 하는데 채권자가 받지 않거나 받을 수 없을 때에 법원에 이를 보관시킴으로써 자기 채무를 이행한 것으로 간주하는 제도를 말한다.

채권자가 받지 않는다고 해서 채무자가 아무런 법적 대응을 하지 않고 있다면 오히려 채권자가 채무 불이행이라는 이유로 계약을 해제할 시 채무자만 낭패를 보게 되기 때문에, 채무자의 보호를 위해서 채권자로 하여금 받은 것과 마찬가지의 효과를 주려는 목적으로 고안된 제도이다. 공탁은 이처럼 어떤 채무를 이행하기 위한 공탁, 즉 변제 공탁이 대부분이다. 공탁이 되면 채권자가 이 공탁금을 찾든지 말든지 일단 변제받은 것으로 간주된다.

📝 참고 조문

제487조(변제 공탁의 요건, 효과)
채권자가 변제를 받지 아니하거나 받을 수 없는 때에는 변제자는 채권자를 위하여 변제의 목적물을 공탁하여 그 채무를 면할 수 있다. 변제자가 과실 없이 채권자를 알 수 없는 경우에도 같다.

🗿 어드바이스

문 사장은 김홍도 씨에게 원래 약정한 그림값 중 잔금 250만 원을 공탁하면 그림을 찾을 수 있다. 김홍도 씨가 아직 그림을 완성하지 못한 상태에서 그림을 엉터리로 그린다면 어떻게 될까? 이것은 김홍도 씨의 불완전 이행이라고 해야 할 것이다.

1. 아직 도장은 안 찍었다

회사원인 미스터 박은 오랜 근검절약 끝에 어느 정도의 돈을 모으자, 전세 신세를 면하려고 이곳저곳을 다니던 중 변두리의 20평형 아파트가 마음에 들어 계약을 하게 되었다.

그런데 매매 계약서를 작성하고 각자 날인을 하게 되었는데, 파는 사람이 공교롭게도 도장을 갖고 있지 않아서, 매매 계약서는 중도금을 주는 날 작성하기로 하고 그날은 우선 계약금만 주고 판 사람으로부터 영수증에 사인만 받아서 왔다.

미스터 박이 중도금을 치르려 하니 판 사람은 아직 매매 계약서에 도장을 찍지 않았으니 계약이 성립된 것이 아니라면서 계약을 없었던 걸로 하자고 한다. 확실히 매매 계약서에 도장은 안 찍었는데, 그렇다면 매매 계약이 무효일까?

① 부동산 매매 계약은 검인 계약서가 반드시 작성되어야 하고, 계약서 작성이 없었다면 계약은 성립된 것이 아니다.

② 사인도 날인의 효력이 있다. 따라서 영수증에 사인이 있으므로 계약은 성립된 것이다.

③ 이 사건에서 계약서 작성 여부와 관계없이 이미 계약은 성립되었다.

우리는 사회생활을 하면서 늘 다른 사람과 계약을 맺고 살아간다. 회사원이 고단하더라도 아침 일찍 출근하여야 하는 것은 고용 계약이 맺어졌기 때문이고, 아침에 지하철이나 버스를 타는 것도 운송 계약을 맺는 것이다.

따라서 현대의 사회는 계약을 매개로 권리와 의무가 교차하는 '계약 사회'인 것이다. 그런데 이 계약은 반드시 문서로 작성되어야 하는 것은 아니고 또 계약서에는 각자의 도장이 날인되어야만 계약이 성립되는 것도 아니다. 계약의 본질적 요소는 당사자 간의 의사 표시의 합치(이를 '합의'라고 한다)이며, 문서의 작성은 그 계약이 성립된 것을 증명하려는 수단에 불과하다.

물론 대부분의 중요한 계약은 문서로 작성되는 것이 보통이다. 그러나 엄밀히 말하자면, 법률상으로는 합의만으로도 계약은 이미 성립되는 것이다. 따라서 이 사건에서 아파트를 팔고 산다는 당사자 간의 의사 표시의 합치는 이미 존재하고, 나아가 계약상의 의무 이행 단계에 접어들었으므로, 계약은 계약서 작성 유무와 관계없이 성립되었다고 판단하여야 한다.

🔨 어드바이스

이 사건에서 계약이 성립되었다고 결론이 났다. 그렇다면 미스터 박은 상대방의 억지 주장에 구애될 필요 없이 중도금과 잔금을 제 날짜에 주고, 등기 이전과 아파트의 인도를 요구하면 된다. 상대방이 매매 대금을 받지 않는다면? 공탁하면 그만이다.

2. 계약을 해제하고 싶거든

김변덕은 자기 집을 최안달에게 2억 원에 팔기로 하고 계약금으로 5,000만 원을 받았다. 그런데 그 후 부동산 가격의 폭등으로 집값도 3억 원으로 올랐다.

이렇게 되자 김변덕은 생각이 달라져 계약금을 돌려주고 해약하고 싶은데, 최안달은 무슨 소리냐면서 펄펄 뛰고 정 해약하고 싶거든 계약금의 배를 물어내라고 큰소리치고 있다.

김변덕으로서는 계약금의 배, 즉 1억 원은 너무 액수가 커서 부당하다고 생각한다. 자, 김변덕이 이 계약을 해제하기 위해서는?

① 최안달의 요구대로 1억 원을 물어주어야 해약할 수 있다.

② 계약금은 매매 대금의 10퍼센트이다. 따라서 매매 대금의 20퍼센트만 물어주면 해약할 수 있다.

③ 아직 중도금을 받기 전이므로 받은 계약금만 돌려주면 해약할 수 있다.

이 문제는 계약 시에 받은 5,000만 원의 성질을 무엇으로 볼 것인가에 달려 있다. 보통의 경우에 매매 계약서에는 '매도인은 계약금의 배액을 상환하고, 매수자는 계약금을 포기함으로써 계약을 해제할 수 있다'라고 인쇄·기재되어 있다.

민법 제565조 제1항의 규정도 그렇게 되어 있다. 따라서 계약 시 주고받은 계약금은 대개 계약이 이행되면 당연히 매매 대금의 일부가 되어 대금 중에 포함되지만, 해약될 경우에는 '해약금'으로 보게 된다. 즉 계약금을 준 사람(매수인)은 이것을 포기하고, 받은 사람(매도인)은 받은 계약금의 배액을 돌려주고 계약을 해제할 수 있는 것이다.

이 사건에서도 계약금 5,000만 원은 다른 사정이 없는 한 해약금의 성질을 가졌으므로 배액, 즉 1억 원을 물어주어야 해약할 수 있다고 보아야 한다. 그리고 계약금은 보통 매매 대금의 10퍼센트를 주고받지만, 이것은 사회적 관행에 불과하고, 계약금은 반드시 매매 대금의 10퍼센트라는 법 규정은 없다.

📝 **참고 조문**

제565조(해약금)
① 매매의 당사자 일방이 계약 당시에 금전, 기타 물건을 계약금, 보증금 등의 명목으로 상대방에게 교부한 때에는 당사자 간에 다른 약정이 없는 한 당사자의 일방이 이행에 착수할 때까지 교부자는 이를 포기하고 수령자는 그 배액을 상환하여 매매 계약을 해제할 수 있다.

⚖️ **어드바이스**

계약금은 사회적 관행상으로는 매매 대금의 10퍼센트 내외에서 정해지는 것이 보통이지만, 계약이 해제될 염려가 있다면 몰수당할 입장에 있는 사람은 계약금을 적게, 반대로 몰수할 입장에 있는 사람은 많게 책정하는 것이 나중에 유리할 것이다.

3. 잔금과 등기의 상호 관계는

매사에 깔끔하고 빈틈이 없는 은행원인 고강단 씨는, 사업을 한다는 장춘당 씨에게 자기 집을 팔게 되었다. 계약금, 중도금까지 받았고 잔금 5,000만 원은 계약일로부터 1개월 뒤에 받기로 약정이 되었다.

그런데 장춘당 씨는 잔금을 치르기로 한 날 며칠 전에 고강단 씨에게 잔금으로 3,000만 원을 치르면서, 나머지 잔금은 마련이 여의치 않으니 이 집을 고강단 씨가 다니는 은행에 담보로 제공해서 4,000만 원의 융자를 받게 해달라고 제안하였다. 고강단 씨가 꺼림칙해서 거절하였더니, 그러면 먼저 등기를 넘겨주면 자기가 아는 은행에 부탁하여 융자를 받아 잔금을 치르겠으니 협조해달라는 것이 아닌가? 고강단 씨가 이 요청마저 거절했더니, 장춘당 씨는 화를 내면서 자금 마련에 협조할 수 없다면 법대로 하겠다고 큰소리다. 이와 같은 사정에서 고강단 씨는 나머지 잔금을 받기 전에라도 요구대로 등기를 넘겨주어야 하는가?

① 매도인으로서도 매수인의 잔금 마련에 협조할 의무가 있다. 따라서 이런 사정하에서는 등기를 먼저 넘겨주어야 한다.

② 잔금을 받기 전에는 등기를 넘겨줄 의무가 없다.

③ 잔금이 대금의 2할 정도에 불과한 경우에는 매도인도 신의칙상 매수인 요구에 응할 의무가 있다.

이 사건과 같은 부동산 매매 계약처럼 매도인과 매수인이 서로 반대되는 계약상의 의무를 부담하는 형태의 계약을 '쌍무 계약'이라고 한다. 예를 들면 계약이 체결되면 한쪽은 대금을 지급할 의무를 지니고, 또 한쪽은 등기를 넘겨주어야 할 의무를 지니게 된다.

그런데 쌍무 계약에서 각자의 의무는 '특별히 어느 한 쪽이 자기 의무를 먼저 이행한다는 약정(이를 '특약'이라고 한다)'이 없는 한 동시에 이행하도록 되어 있다('동시에'라고는 하지만 시간상으로 정확히 같은 때라는 뜻은 아니다). 이처럼 쌍무 계약에서 각자의 의무가 동시 이행 관계에 있다는 것은 구체적으로 무슨 뜻일까?

그것은 상대방이 의무를 이행하지 않는 한 자기도 그 의무를 이행하지 않아도 좋다는 뜻이라고도 할 수 있다. 예를 들면, 이 사건에서처럼 매수인이 잔금을 주지 않고서 등기 이전을 요구할 때 매도인은 잔금을 받기 전까지는 등기 이전을 거절할 수 있는 것이다. 그리고 이러한 권리를 '동시 이행의 항변권'이라고 한다. 이 사건에서 고강단 씨는 이 권리를 행사할 수 있는 것이다.

📝 참고 조문

제536조(동시 이행의 항변권)
① 쌍무 계약의 당사자 일방은 상대방이 그 채무 이행을 제공할 때까지 자기의 채무 이행을 거절할 수 있다. 그러나 상대방의 채무가 변제기에 있지 아니하는 때에는 그러하지 아니하다.

⚖ 어드바이스

이 사건에서 고강단 씨가 잘 알지도 못하는 매수인에게 등기를 먼저 넘겨주는 것은 대단히 위험한 일이다. 따라서 동시 이행의 항변권이 있음을 믿고 상대방의 요구를 거절하여야 한다.

4. 산 집이 불에 타 없어졌다면

재수가 없는 포수는 곰을 잡아도 웅담이 없다고 한다. 이러한 포수와 같은 이야기를 소개한다.

대도시 생활에 지쳐서 조그마한 소도시로 낙향하려던 고향수 씨가 시골에 있는 박 씨의 아담한 집 하나를 사게 되었다고 하자. 계약금을 치르고 이사에 대비하여 서울의 모든 생활을 정리하던 중 박 씨의 집이 방화범에 의해 전부 타버렸다.

이처럼 고 씨와 박 씨의 부동산 매매 계약이 체결된 뒤 목적물이 소실된 경우, 이 위험 부담은 누가 지는가? 즉 고 씨는 이런 경우에도 부동산 매수 대금을 물어야 하는가?

① 집이 불탄 것이 박 씨의 책임이라면 대금 지급 의무가 없지만, 여기서는 박 씨의 책임이 아니므로 고향수 씨는 여전히 대금 지급 의무가 있다.

② 어쨌든 인도 전에 목적물이 없어졌으므로 고향수 씨의 대금 지급 의무도 없어졌다.

③ 고향수 씨로서는 일단 대금을 지급하고, 방화범에게 손해 배상을 청구해야 한다.

'쌍무 계약'이 체결된 뒤 어느 한쪽 당사자의 책임이 없는 사유로 말미암아 의무의 이행이 불능 상태가 돼버린 경우, 여기에 대응하는 다른 쪽 당사자의 의무는 어떻게 되는가?

가령 이 사건에서처럼 집이 방화범에 의하여 소실됨으로써 박 씨는 결국 목적물 인도 의무를 면했는데, 그렇다면 이것을 산 고 씨는 대금을 지급해야 되는가의 문제가 남게 된다.

이것을 민법상으로는 '위험 부담'이라고 한다. 여기에 대해서는 채무자가 부담해야 한다는 '채무자주의'와 반대로 채권자가 부담해야 한다는 '채권자주의'의 입장으로 나뉘는데, 우리 민법은 채무자주의를 선택하고 있다.

따라서 쌍무 계약에서 목적물이 채무자의 책임 없는 사유로 소멸됨으로써 결국 이행할 수 없게 되면 그 위험 부담은 채무자가 부담하게 되고, 반대 당사자는 대가 관계에 있는 자기 채무를 면한다는 결론이 된다. 다른 예로, 선박을 매매했는데 폭풍으로 침몰했다면 판 사람은 선박을 인도할 채무는 면하나 반대로 산 사람에게 대금을 청구하지 못함으로써, 그 위험을 결국 자기가 부담하게 되는 것이다.

참고 조문

제537조(채무자위험부담주의)
쌍무 계약의 당사자 일방의 채무가 당사자 쌍방의 책임 없는 사유로 이행할 수 없게 된 때에는 채무자는 상대방의 이행을 청구하지 못한다.

5. 해약하자고 해서 죄송해요

한영농 씨는 시골에 농장을 갖고 있다. 나이가 들어 농장을 관리할 수 없어 부득이 서울의 양 사장에게 1억 원에 팔기로 했다. 계약금 1,000만 원과 중도금 4,000만 원까지 받았고, 잔금은 1개월 후에 받기로 되어 있다.

그런데 한 씨의 장남이, 아버지가 농장을 관리할 사람이 없어서 팔았다는 소식을 듣고는 농장을 자기가 맡겠다고 나섰다. 한 씨는 파는 것보다 이것이 백번 나을 것 같아 계약을 해제하고 싶다. 가능할까?

① 계약금의 배액을 물어주면 가능하다.

② 양 사장이 동의하면 가능하다.

③ 중도금까지 받은 이상 불가능하다.

　　매매 계약은 계약 후라도, 판 사람이 계약금의 배액을 물어주고 산 사람이 계약금을 포기함으로써 해약할 수 있다. 그러나 이런 방식의 해약에도 일정한 시기적 제한이 있다. 즉 상대방이 '이행에 착수하기 전까지'이다.

　　이 사건에서처럼 산 사람이 판 사람에게 계약금 외에 중도금까지 지급하였으면 그는 벌써 계약 이행에 착수한 것은 물론 계약의 종료만을 남겨놓고 있을 뿐이므로, 산 사람의 권리 보호를 위해서 계약금 배액을 물어주는 방식, 즉 해약금 지급으로는 계약을 해제할 수 없다. 간단히 말하면 중도금까지 받았으면 해약금 지급 방식으로는 해약하지 못한다(이 사건에서 양 씨가 동의하면 이는 별개의 문제가 되는데, 이처럼 계약 당사자가 계약을 해제하기로 합의하고 해제하는 것을 '합의 해제'라고 하며, 이 합의 해제는 또 하나의 계약이 성립하는 것으로 본다).

📝 참고 조문

제565조(해약금)

① 매매의 당사자 일방이 계약 당시에 금전, 기타 물건을 계약금, 보증금 등의 명목으로 상대방에게 교부한 때에는 당사자 간에 다른 약정이 없는 한 당사자의 일방이 이행에 착수할 때까지 교부자는 이를 포기하고 수령자는 그 배액을 상환하여 매매 계약을 해제할 수 있다.

⚖️ 어드바이스

부동산을 판 사람이 중도금까지 받은 뒤에는, 계약금의 배액을 물어주는 방식으로도 계약을 해제할 수 없다는 것을 명심하자.

6. 아무리 급해도 일에는 순서가 있다

    이재촉 씨의 온 가족이 미국으로 이민을 가게 되었다. 그래서 살고 있던 집을 급히 오현수 씨에게 팔면서 중도금은 15일 후, 잔금은 30일 후에 받기로 계약을 했다.

    이재촉 씨는 한 달 후에는 온 가족이 미국으로 떠나야 하기 때문에 잔금을 정확하게 30일 후에 지급해달라고 신신당부를 했다. 그러나 오 씨는 사정 때문에 이 약속을 어기고 말았다. 화가 난 이재촉 씨는 즉시 그 이튿날 계약을 해제한다고 통지를 보냈다. 이 계약은 이로써 해제된 것일까?

① 매수인이 잔금 지급 의무를 불이행하였으므로, 해제 통지로 계약은 해제되었다.

② 매수인에게 잔금을 언제까지 지급해달라고 요구한 후에 계약을 해제하여야 한다.

③ 약속한 날짜가 지났다고 그 이튿날 계약을 해제하는 것은 신의 성실의 원칙에 위배되어 해제된 것으로 볼 수 없다.

계약이 해제되는 경우도 많다. 그러나 많은 사람들이 계약 해제의 절차에 대해서는 무지할 정도로 모르고 있다. 부동산 매매 계약과 같이 계약 당사자 쌍방이 서로 상대방에게 계약상의 이행 의무를 부담하는 계약을 '쌍무 계약'이라고 한다. 판 사람은 등기 이전 의무를, 산 사람은 대금 지급 의무를 부담하는 것이 그 실례이다. 그런데 이 의무들은 특별한 약정이 없는 한 일단 서로 '동시 이행 관계'에 놓이게 된다. 부동산 매매 계약에서는 대체로 잔금 지급 의무와 등기 이전에 필요한 서류 제공 의무가 동시 이행 관계에 있다.

이렇게 동시 이행 관계에 있는 쌍무 계약에서는 계약 당사자 일방의 채무 불이행이 있다고 하더라도 즉시 계약을 해제할 수 있는 것이 아니다. 즉 먼저 상대방에게 자기 채무의 이행을 제공하고, 동시에 상대방에게는 상당한 기간을 정하여 그 기간까지 의무 이행을 요구(이를 '최고'라고 한다)하여야 하고, 다음 정해준 기간까지도 역시 채무의 이행이 없으면 그때 가서야 계약을 해제할 수 있다(다만 상대방이 미리, 이행기에도 이행하지 않을 의사를 표시한 경우에는 최고 절차 없이 계약을 해제할 수 있다).

📝 참고 조문

제544조(이행 지체와 해제)
당사자 일방이 그 채무를 이행하지 아니하는 때에는 상대방은 상당한 기간을 정하여 그 이행을 최고하고 그 기간 내에 이행하지 아니한 때에는 계약을 해제할 수 있다. 그러나 채무자가 미리 이행하지 아니할 의사를 표시한 경우에는 최고를 요하지 아니한다.

⚖ 어드바이스

이재촉 씨는 우선 오현수 씨에게 상당한 기간(보통 1주일 내지 2주일 정도)까지 잔금을 지급할 것을 최고하고, 동시에 자신의 의무 이행을 위한 준비 절차로서 소유권 이전 등기용 인감 증명을 발급받아두면 된다.

7. 사정이 변경되었으니 봐주시오

앞에 든 사건에서 입장을 바꾸어보자. 즉 이재촉 씨는 이민을 가기 위해서 자기 집을 오현수 씨에게 팔았던 것인데, 이재촉 씨가 계약 체결 후 갑자기 예상할 수 없었던 어떤 사정 때문에 이민을 갈 수 없게 되었다고 가정해보자.

왜냐하면 미국의 이민 방침이 갑자기 변경되어 이재촉 씨에게 이민 허가를 취소했는데, 이 사정은 이재촉 씨가 중도금까지 받은 후에 생겼다. 그래서 이민을 포기해야 하는 이재촉 씨로서는 이러한 사정을 오 씨에게 설명하면서 계약을 해제하자고 하였으나, 오 씨가 동의할 수 없다고 한다. 이재촉 씨는 예상하지 못한 사정 변경을 이유로 해서 계약을 해제할 수 있을까?

① 아무리 사정이 변경되었어도 오 씨가 동의하지 않는 한 일방적인 계약 해제는 할 수 없다.

② 당사자 이 씨가 책임질 수도 없고, 예상할 수 없었던 사정이 생겼으면 이것으로 계약을 해제할 수 있다.

③ 사정 변경을 문서로 통지하고, 계약금의 배액을 물어주는 방법으로 계약 해제할 수 있다.

어떤 법률 행위 당시에 있었던 환경 또는 그 행위를 하게 된 기초가 되는 사정이 법률 행위 성립 이후에 현저하게 변경되어 그 법률 행위대로 이행하는 것이 공평하지도 않고 또 신의 성실의 원칙에 비추어 부당하다고 인정되는 경우에, 그 법률 행위를 변경하거나 폐기할 수 있다는 것을 '사정 변경의 원칙'이라고 한다.

이 원칙은 오늘날 세계 각국이 명문의 법률 규정이나 또는 판례로 승인하고 있다. 그런데 우리나라에서만큼은 이러한 원칙을 법률은 물론 법원의 판례로도 잘 인정하지 않고 있다.

따라서 이 사건에서 정답은 ①이다. 상대방이 동의하게 되면 계약이 해제되지만 그것은 또 하나의 계약일 뿐이고, 이 사정 변경의 원칙이 적용되기 때문은 아니다.

참고로, 우리나라의 민법 학자들은 이 원칙을 인정하지 않는 법원의 입장에 대해 크게 비판하고 있다. 계약 체결 당시 당사자가 예상하지도 못했고, 또 예상할 수도 없었던 사정이 발생한 경우 당사자로 하여금 그 계약에 구속받게 하는 것은 가혹하고 온당하지도 않다는 근거를 들고 있다.

어드바이스

중도금까지 받은 이상 계약 해제는 불가능하다. 또 사정 변경을 이유로 하는 것도 불가능하다. 그렇다면 남은 방법은 상대방을 설득하는 것뿐이다.

8. 고래 싸움에 새우 등 터진다는데

넓따란 정원까지 두고 있는 황 사장은 자녀들이 출가하자 구태여 넓은 집에 살 필요가 없어져서 아파트로 이사 가려고 집을 팔기로 했다.

이 소식을 듣고 박 사장이 집을 보러 왔다. 넓은 정원이 맘에 든 박 사장이 뒷감당은 생각도 안 하고 덜컥 계약부터 체결했다. 중도금까지는 어떻게 해서 지급했으나, 잔금 2억 원 마련이 여의치 않아 황 사장에게 양해를 구하고 미리 등기 이전을 받아, 잘 아는 신용금고에 이 집을 담보로 제공하고 1억 원을 융자받아 잔금의 반을 지급했다. 신용금고는 물론 이 집에 대해 근저당권 설정 등기를 해두었다.

그러나 끝내 박 사장이 잔금을 다 치르지 못해 이 계약은 해제되고 말았는데, 이렇게 되자 집을 팔았던 황 사장은 신용금고 측에 근저당권 설정 등기를 말소하라고 하였다. 신용금고 측에서는 자기의 근저당권 설정 등기를 말소해주어야 하는가?

① 부동산 매매 계약이 해제되면, 제3자의 등기는 당연히 말소해주어야 한다.

② 계약이 해제되더라도 선의의 제3자의 등기는 보호된다. 따라서 매매 계약의 해제 전에 해둔 근저당권 설정 등기는 말소해줄 의무가 없다.

③ 신용금고가 황 사장과 박 사장의 계약 조건이나 사정을 미리 알고 융자해준 것이므로 말소해주어야 한다.

계약이 일단 적법하게 해제되면, 계약 당사자는 '원상회복 의무'를 진다. 예를 들면, 판 사람은 산 사람에게 받은 매매 대금을 돌려주어야 하고, 산 사람이 등기를 이미 마친 경우라면 이 등기를 말소해주어야 한다.

그리고 아직 이행하지 않고 있는 계약상의 의무는 이행할 필요가 없게 된다. 그러나 이러한 원칙은 계약 당사자 간에만 적용되고, 그 계약을 기초로 제3자가 이해관계를 맺은 경우라면 사정은 복잡해진다.

이럴 때 민법은 계약이 해제되더라도 선의의 제3자의 권리는 해하지 못한다고 규정하여 해결하고 있다. 즉 '계약 해제 이전에 그 계약 목적물에 대하여 이해관계를 갖고 있던 선의의 제3자'에게는 계약 당사자가 해제의 효과를 주장하지 못하게 된다는 뜻이다.

가령 이 사건에서 황 사장과 박 사장 간에는 박 사장의 잔금 지급 의무 불이행에 따라 계약이 해제되었는데, 그 해제 이전에 목적물에 대해 근저당권을 취득한 제3자인 신용금고의 권리는 보호되는 것이다. 따라서 신용금고로서는 융자금을 회수하기 전에는 근저당권 설정 등기를 말소해줄 의무는 없다.

📝 참고 조문

제548조(해제의 효과, 원상회복 의무)
① 당사자 일방이 계약을 해제한 때에는 각 당사자는 그 상대방에 대하여 원상회복의 의무가 있다. 그러나 제3자의 권리를 해하지 못한다.

⚖️ 어드바이스

잔금을 받지 않고 미리 등기를 넘겨주면 이런 낭패를 보게 된다. 황 사장이 집을 찾으려면, 억울하더라도 1억 원을 물어주고 근저당권 설정 등기를 말소받은 다음, 손해 본 금액을 박 사장에게 청구하는 수밖에 없다.

9. 남의 떡이 커 보이길래

"남의 떡이 커 보인다"는 옛말이 있다. 차안학 씨는 승용차를, 강기동 씨는 지프차를 갖고 있다. 차안학 씨는 지프차로 방방곡곡을 여행하고 싶었고, 강기동 씨는 승용차로 고속도로를 마음껏 달리고 싶어 서로 차를 교환했다.

그러나 곧 불편함을 느낀 두 사람은, 한 달 전의 교환 계약을 해제하고 차를 서로 다시 돌려주기로 했다. 그런데 공교롭게도 강기동 씨가 승용차를 차안학 씨에게 돌려주기로 약속한 장소에 가던 중 중앙선을 넘어온 다른 차에 의해 충돌해 승용차는 그만 대파되고 말았다. 이런 경우 강기동 씨가 차안학 씨에게 이행하여야 할 의무는 무엇인가?

① 사고 당시 중고 승용차 시세대로 금전을 돌려주면 된다.

② 사고 당시를 기준으로 해서 파손된 승용차와 같은 종류, 사용 기간이 같은 승용차를 구입해서 돌려주면 된다.

③ 사고 당시의 승용차 가격에 적당한 위자료를 더해서 금전으로 손해 배상을 해주어야 한다.

　계약이 맺어져 계약 내용대로 일부라도 이행이 된 상태에서 계약이 해제되면, 계약의 당사자는 서로 계약이 없었던 상태로 만들 의무를 부담한다. 이것을 '원상회복 의무'라고 한다(계약은 있었으나 이행이 없었으면 원상회복 의무는 있을 수조차 없다). 예컨대 부동산 매매 계약이 해제되면 판 사람은 받은 돈을, 산 사람은 부동산 그 자체를 돌려주고 등기도 말소해주어야 한다.

　그런데 이 원상회복 의무의 내용은 조금 더 파고들 필요가 있다.

　먼저 계약의 이행으로서 토지, 건물, 상품 등 물건이 제공된 경우에 그것이 그대로 남아 있으면 그 물건 자체를 반환하면 된다(원물 반환 원칙).

　그러나 받은 원물이 없어지거나, 피손되거나, 또는 소비한 탓에 원물 반환이 불가능하게 되면 이때는 예외적으로 금액으로 반환하여야 한다(가격 반환의 원칙). 가격은 계약 당시와 해제 당시 서로 변동이 있을 수 있는데, 해제 당시의 가격으로 함이 원칙이다.

　그리고 멸실, 파손, 소비로 원물은 없어졌으나, 원물이 대체 가능한 '대체물'인 경우에는 같은 종류, 같은 성능이나 품질, 같은 양의 것으로 반환하여야 한다.

📝 참고 조문

제548조(해제의 효과 원상회복 의무)
① 당사자 일방이 계약을 해제한 때에는 각 당사자는 그 상대방에 대하여 원상회복의 의무가 있다. 그러나 제3자의 권리를 해하지 못한다.

⚖ 어드바이스

승용차는 대체물에 속한다. 따라서 강기동 씨는 사고 당시를 기준으로 해서 같은 사용 기간, 같은 성능의 승용차를 구입해서 반환하여야 하고, 또한 상대방과 타협해서 시세대로 물어줄 수도 있다.

10. 뒤늦게 도착한 점심 도시락

주식회사 도봉사의 200여 명 사원들이 주말에 등산 대회를 갖기로 계획하였다. 알다시피 산에서 취사가 금지된 지는 오래 아닌가? 그래서 총무과의 정 과장은 200명분 점심 도시락을 한량 음식점에 주문하고, 정각 12시까지 대회 장소인 산 밑으로 배달해달라고 신신당부하였다.

그런데 대회 당일 약속한 12시가 넘고 1시가 되어도 주문한 도시락이 도착하지 않아, 정 과장은 부랴부랴 빵과 음료수를 구해 사원들에게 공급하여 위기를 모면하였다.

그러나 점심을 마치고 난 2시경 주문한 도시락이 도착하였다. 늦게 도착한 이유는 교통난 때문이라는 것이다. 화가 난 정 과장은 도시락 대금을 줄 수 없다고 하였고, 음식점 측은 고의가 아니었고 배달하지 않아도 좋다는 연락도 없이 이제 와서 왜 대금을 안 주느냐고 항의한다.

자, 주식회사 도봉사는 이런 경우 도시락 대금을 줄 의무가 있는가? (참고로 도시락 대금은 200명분 100만 원이고, 재료대는 50만 원이다.)

① 도시락 대금은 안 주어도 되나, 재료대는 주어야 한다.
② 음식점 측에 고의가 없었으므로 도시락 대금은 전액 주어야 한다.
③ 약속 시간에 도착하지 않았으므로 주지 않아도 된다.

주문한 도시락이 아무리 교통난 때문이라고 하더라도 약속한 시각에 배달되지 않은 경우, 주문자는 계약을 취소, 즉 해제할 수 있다. 해제하면 도시락 대금의 지급 의무는 없는 것이다. 이처럼 '계약의 성질 또는 당사자의 약정에 의하여 일정한 시일, 또는 기간 내에 이행하기로 한 계약'을 법률상 '정기 행위'라 하고, 정기 행위의 계약에서 채무자가 약정한 시일이나 기간 내에 계약을 이행하지 않아 채권자(주문자)가 계약의 목적을 달성할 수 없는 경우에는 최고, '이행 요구'라는 절차 없이도 일방적으로 해제할 수 있다.

그 이유는, 이 사건의 경우를 보면 굳이 설명할 필요도 없을 것이다. 교통난 때문이라는 항변(자기에게 고의 과실이 없었다는 주장)이나, 시간이 늦어서 배달하지 않아도 좋다는 사전 연락이 없었잖느냐는 음식점의 항변은 통하지 않는 것이다(다만, 이 사건에서 도시락이 배달된 시각까지도 사원들이 식사를 하지 않고 있었다면, 계약 목적은 그런대로 달성할 수 있으므로 회사의 해제권 행사는 인정되지 않는다). 이처럼 약속의 불이행은 불이행자에게 반드시 불이익이 뒤따름을 명심하자.

📑 참고 조문

제545조(정기 행위와 해제)

계약의 성질 또는 당사자의 의사 표시에 의하여 일정한 시일 또는 일정한 기간 내에 이행하지 아니하면 계약의 목적을 달성할 수 없을 경우에 당사자 일방이 그 시기에 이행하지 아니한 때에는 상대방은 전조의 최고를 하지 아니하고 계약을 해제할 수 있다.

⚖️ 어드바이스

야유회에 타고 갈 대절 버스가 제 시간에 도착하지 않으면, 즉 정기 행위 계약에서 상대방이 엄수하지 못하면, 일방적으로 해약해도 무방하다. 10~20분 늦었다면? 그 때는 받아들여야 할 것이다.

11. 월부로 구입한 피아노

대학 시절 촉망받던 피아니스트 정경희 양은 그만 사랑에 빠져, 부모의 반대를 무릅쓰고 예술가의 장래마저 포기한 채 연극학도인 남자와 결혼하였다.

그들에게 첫 딸이 태어났는데 자라면서 엄마를 닮았는지 음악에 소질이 있는 것이 아닌가? 정경희 씨는 못다 이룬 자기 꿈을 어린 딸을 통해 펼쳐보려고 큰맘 먹고 피아노를 할부로 들여놓았다. 조건은 매월 20만 원씩 1년 동안 부어나가는 것이다.

그러나 예나 지금이나 연극배우는 유명해지기 전까지는 배고픈 법. 남편의 수입이 일정치 않아 11개월째부터 그만 할부금을 내지 못했다. 그러자 피아노를 판 대리점에서 가차 없이 계약대로 피아노를 가져가려고 하는데, 이는 정당한가?

① 매매 대금이 완불될 때까지 피아노의 소유권은 판 사람에게 있으므로 정당하다.

② 할부금을 1회 지체했다고 해서 피아노를 회수하려는 행위는 권리 남용이므로 부당하다.

③ 할부금의 지급을 일단 독촉해보아야 하고, 그 후에도 지급하지 않을 때 회수해야 정당하다.

매매 대금을 일정한 기간 동안 분할해서 일정 기한(예컨대 주, 월)마다 지급할 특약으로 이루어지는 매매를 '할부 매매' 또는 '대금 분할 지급 매매'라고 한다. 이런 계약이 이루어지면 목적물은 일단 매수인에게 인도되어 매수인이 이를 사용할 수 있게 되지만, 대금이 완불될 때까지 목적물의 소유권은 판 사람에게 있다는 특약이 존재하므로 '소유권 유보부 매매'라고도 한다.

이러한 매매 방식에는, 판 사람의 대금 회수를 보장하기 위해서 산 사람이 분할된 대금을 제때에 지급하지 못하면 반드시라고 해도 좋을 만큼 매매의 효력이 상실된다는 특약이나, 나머지 대금은 한꺼번에 내야 한다는 특약, 그리고 매매 목적물을 판 사람이 회수한다는 특약이 뒤따르게 된다.

이 사건에서도 정경희 씨가 할부금을 지체하자 이러한 특약에 따라 피아노 대리점이 피아노를 회수하려는 것인데 일단은 정당하다고 할 수도 있다.

그러나 이러한 특약은 신의 성실의 원칙이나 권리 남용 금지의 원칙에 비추어서 당, 부당을 판단해야 한다. 열 번씩이나 잘 부어가고 있었고 두 번이 남은 상태에서 할부금을 1회 지체했다고 해서 독촉 한 번 없이 즉각 회수하는 것은, 권리 남용 금지의 원칙에 비추어볼 때 역시 부당하지 않을까?

그래서 정답은 ②로 판정하기로 한다.

🔨 어드바이스

그럼에도 불구하고 피아노 대리점이 당장이라도 피아노를 가져가려고 시도한다면 어떻게 될까? 지체한 할부금을 물어주든가 아니면 사정을 해야 할 것 같다. 이럴 때 법이 가장 무력해 보인다.

12. 어쩐지 평수가 모자란다 했더니

　요즈음 부동산 값이 폭등하여 신혼부부가 대출 없이 저축만으로 자기집 마련에 27년이 걸린다는 절망적인 통계도 나와 있지만, 여기 열심히 일하고 저축하여 10년 만에 자기 집을 마련한 알뜰한 정다운 씨 부부네 사건을 풀어보기로 하자.

　정다운 씨가 집을 살 때, 부동산 중개인과 파는 사람의 말로는 대지가 50평이라고 해서, 대지만 평당 100만 원씩 계산해 매매 대금을 5,000만 원으로 정했다.

　등기까지 마치고 입주해서 살아보니 아무래도 마당이 생각보다 적은 것이 아닌가? 그래서 측량을 해보니 역시 다섯 평이 모자라는 것이 확인됐다. 이 다섯 평은 옆집이 침범해서 건축을 한 것이다.

　자, 이런 경우 정다운 씨가 판 사람에게 청구할 수 있는 권리는 무엇인가?

① 모자라는 다섯 평만큼의 대금을 돌려달라는 대금 감액 청구를 할 수 있다.

② 매매 계약을 해제할 수만 있다.

③ 손해 배상 청구만 할 수 있다.

④ 대금 감액 청구권, 계약 해제권, 손해 배상 청구권 모두 있다.

매매 계약이 이루어지면 판 사람은 산 사람에게 매매의 목적물을 넘겨주어야 할 의무가 있다. 그런데 넘겨준 목적물에 흠(하자)이 있으면 어떻게 될까? 물론 판 사람은 여기에 대해 당연히 책임이 있다.

이 사건처럼 목적물의 수량이 부족한 경우에는 매수인은 부족한 수량에 해당하는 매매 대금의 감액을 청구할 권리가 있다. 따라서 이미 대금을 전부 지급한 경우라면 부족분에 해당하는 금액의 반환을 청구할 수 있고, 아직 지급 전이라면 그에 해당하는 대금은 주지 않아도 된다. 또 흠의 정도가 너무 심해서 매수인이 계약의 목적을 달성할 수 없는 경우에는 계약 전체를 해제할 수도 있고, 그 흠으로 인해서 손해가 생겼으면 배상도 청구할 수 있다.

이러한 책임을 민법은 '매도인의 하자 담보 책임'이라고 한다. 매도인에게 이러한 엄격한 책임을 물을 수 있기 때문에 우리들은 어느 정도 안심하고 거래를 할 수 있는 것이다.

참고 조문
제572조(권리의 일부가 타인에게 속한 경우와 매도인의 담보 책임)
제573조(전조의 권리 행사 기간)
제574조(수량 부족, 일부 멸실의 경우와 매도인의 담보 책임)

어드바이스
이 사건에서는 대금 감액 청구권을 선택하는 것이 제일 간단하고 현명하다. 대금 감액 청구는 소송의 형식으로 행사한다.

13. 조상님 덕분에 대박

봉이 김선달은 조상님이 꿈에 나타나자, 잠에서 깨어 새벽같이 이웃 친구인 김삿갓 집의 문을 두드렸다.

"나에게 돈 10만 원만 급히 빌려주게."

"어디에다 쓰려고?"

"실은 조상님이 어젯밤 꿈에 나타나셨는데, 며칠 후 대박이 날 거라고 하셨어. 그래서 복권을 좀 사보려고. 당첨되면 반은 자네에게 줌세."

이렇게 해서 10만 원을 꾸어 몽땅 복권을 샀는데, 정말 꿈대로 대박이 났다. 상금 10억 원의 1등에 당첨되는 횡재를 한 김선달은 마음이 변했다.

"말로만 반을 주겠다고 하였으니 약속은 취소하네. 대신 빌린 돈 100배에 해당하는 1,000만 원만 주겠네."

김선달의 약속 취소는 적법한가?

① 그렇다. 문서가 아닌 말로 한 증여 약속은 얼마든지 취소할 수 있다.

② 그렇지 않다. 말로만 했어도 증여 계약은 이미 성립됐다.

③ 이런 경우에는 법원이 모든 사정을 종합하여 판결한다.

사람은 신용이 있어야 한다. 그래서 '믿을 신(信)' 자는 '사람(人)＋말(言)'인 것이다. 사람이 한 말은 믿을 수 있어야 하고, 따라서 말을 믿을 수 있게 행동해야 할 의무가 있다.

민법상, 무상으로 상대방에게 금전이나 물건, 서비스를 제공하겠다는 약속을 '증여'라고 하고, 이 증여도 엄연히 일종의 계약이다. 따라서 증여 계약도 신의에 따라 성실히 이행하여야 한다.

그런데 민법은 뜻밖에도(?) "증여의 의사가 서면으로 표시되지 아니한 경우에 각 당사자는 이를 해제할 수 있다"고 한다. 서면화하지 아니하고 말로만 한다는 증여의 약속은 경솔하게 한 것으로 보고, 해제를 인정하여 증여의 이행이라는 구속으로부터 면제한다는 취지이다.

그렇다면 말로만 한 증여 약속을 해제하겠다고 하면, 이것을 기대하고 있던 수증자로서는 그야말로 '꽝'인가? 법률이 그렇다고 하니 어쩔 수 없다. 이것이 대가가 서로 교환되는 여타 계약과 달리, 일방적으로 주겠다고 하는 증여 계약의 운명인가 보다.

📝 참고 조문

제554조(증여의 의의)
증여는 당사자 일방이 무상으로 재산을 상대방에 수여하는 의사를 표시하고 상대방이 이를 승낙함으로써 그 효력이 생긴다.

제555조(서면에 의하지 아니한 증여와 해제)
증여의 의사가 서면으로 표시되지 아니한 경우에는 각 당사자는 이를 해제할 수 있다.

⚖️ 어드바이스

그러므로 누가 무엇을 주겠다고 하면, 그 사람의 선의만 기대하고 있을 것이 아니라 이를 서면화해두고 볼 일이다.

14. 배은망덕한 양자

6·25 전쟁 때 이북에서 단신으로 월남한 김실향 씨는 평양냉면집을 차려 갖은 고생 끝에 많은 돈을 벌었다. 자식들도 다 가르치고 출가시켰으나, 불운하게도 많은 자식들 중 누구 하나 김 노인을 모시지 않으려 한다. 자식도 품 안에 있을 때 자식이고, 품 떠나면 그만인가 보다.

말년에 외로워진 김 노인은 양자를 맞아들이고 갖고 있던 부동산 중 일부는 양자에게 넘겨주었으며, 남은 재산은 자기가 죽으면 양자에게 주기로 문서로 약속하였다.

이쯤 되었으면 양자라도 김 노인을 잘 받들어야 하는데, 양자마저 김 노인을 부양은커녕 구박만 하고 죽기만 바라고 있다. 김 노인이 생각하다 못해 법률 사무소를 찾아가, 이제는 마음만이라도 편하게 혼자 살고 싶은데 양자에게 넘겨준 재산을 찾을 수 있느냐고 의논하였다고 하자. 당신이 변호사라면?

① 증여를 받은 양자가 잘 모시지 않으면 문서로 증여를 약속하였다고 하더라도 이를 해제하여 되찾을 수 있다고 조언하겠다.

② 이미 재산의 일부를 넘겨주었고, 나머지 재산에 대해서도 문서로 증여를 약속한 이상 되찾을 수 없다고 대답한다.

③ 재산도 되찾을 수 없고, 불효죄는 없다고 일러주지 않을 수 없다.

일단 재산을 증여했다고 하더라도, 증여받은 자('수증자')가 증여한 자의
은혜를 원수로 갚을 때 증여자를 보호하려는 것이 법의 정신이고, 규정이다.
그 보호 방법은 증여를 취소, 즉 해제하는 것이다. 그리고 증여를 해제할 수
있는 사유는 두 가지다.

첫째, 수증자가 증여자나 그 배우자에 대해 범죄 행위가 있는 때이다. 범죄
행위의 내용은 묻지 않는다. 둘째, 수증자가 증여자를 부양할 의무(도덕상의
의무가 아닌, 법률상의 의무)가 있는데도 이를 이행하지 않는 때이다.

이런 경우에 증여자는 수증자에게 넘어간 재산에 대해서 증여 계약을 해
제하면 된다.

법과 도덕은 서로 다른 사회 규범이지만, 때로는 어깨를 나란히 하고 걷는
경우도 있다. 이 사건과 같이 도덕적 배은망덕 행위가 법률상으로는 증여 해
제 사유가 되는 경우를 바로 도덕과 법이 동반자 관계에 있다고 하며, 바로
이 사건이 그러한 전형적인 사례라고 할 수 있다. 당신이 정답 ①과 같은 조
언을 하였다면 당신도 변호사의 자질이 있다.

📝 참고 조문

제556조(수증자의 행위와 증여의 해제)

① 수증자가 증여자에 대하여 다음 각호의 사유가 있는 때에는 증여자는 그 증여를
   해제할 수 있다.
   1. 증여자 또는 그 배우자나 직계 혈족에 대한 범죄 행위가 있는 때
   2. 증여자에 대하여 부양 의무 있는 경우에 이를 이행하지 아니하는 때

⚖ 어드바이스

김 노인은 이제라도 증여를 해제하고, 이 해제를 원인으로 하는 소유권 이전 등기 청
구 소송을 제기하여야 한다. 그리고 아직 이행하지 않은 부분은 이행할 의무가 없다.

15. 가정부가 된 심청이

우리나라의 민담에서 심청이는 아버지의 눈을 뜨게 하려고 공양미 300석에 몸을 팔지만, 무대를 현대로 옮겨보자.

동냥과 바느질품으로는 아버지를 도저히 부양할 수 없게 된 심청이는 18세 되는 해의 봄, 서울의 연놀부 사장 집에 가정부로 들어갔다. 기한은 5년으로 하되 보수는 5년 후 심청이가 시집갈 때 집 한 채를 사주기로 약정을 하였다.

그러나 인색하기로 이름난 연놀부인지라 심청이가 먹는 것도 아까워하고 사사건건 구박이 심해서, 심청이도 견디다 못해 3년 만에 연놀부의 집에서 뛰쳐나오지 않을 수 없었다.

약속대로 5년을 채우지 못한 심청이가 연놀부를 상대로 보수를 청구할수 있을까? 만약 청구할 수 있다면 보수의 범위는?

① 실제 일한 기간만큼의 보수를 청구할 수 있고, 그 보수는 국민 주택 규모의 집 시가의 5분의 3이다.

② 약정한 기한을 심청이가 채우지 못하였으므로 보수 청구권은 상실되었다.

③ 실제 일한 기간만큼의 보수를 청구할 수 있고, 보수는 중산층 가정에서고용하는 가정부의 평균적 임금이다.

당사자 일방(노무자)이 상대방에 대하여 노동력을 제공하고, 상대방(사용자)은 이에 대하여 보수를 지급하기로 하는 계약을 민법상 '고용'이라고 한다. 심청이가 연놀부의 가정부가 되기로 하고 연놀부는 심청이가 시집갈 때 집 한 채를 사주기로 한 것도 고용 계약인 것이다.

오늘날의 고용 계약은 개인 대 개인 간에 이루어지기보다는 자본주의의 발달에 따라 근대적 노사 관계로 변화되어 민법이 규정하는 불과 10개조의 고용 계약의 의미는 퇴색된 감이 없지 않으나, 어쨌든 고용 계약이 이루어지면 노무자는 근로를 제공할 의무를, 사용자는 보수를 지급할 의무가 생긴다.

그런데 이 사건처럼 약정했을 때 노무 제공자는 자기의 보수를 어떻게 청구할 것인가가 문제가 된다. 신의 성실의 원칙에 비추어 실제 일한 기간만큼의 보수를 청구할 수 있되, 그 범위는 중산층 가정이 고용하는 가정부의 평균 임금을 지급해달라고 청구할 수 있다고 해석하는 것이 가장 온당한 해석이 아닐까?

📝 **참고 조문**

제655조(고용의 의의)
고용은 당사자 일방이 상대방에 대하며 노무를 제공할 것을 약정하고 상대방이 이에 대하여 보수를 지급할 것을 약정함으로써 그 효력이 생긴다.

제656조(보수액과 그 지급 시기)
① 보수 또는 보수액의 약정이 없는 때에는 관습에 의하여 지급하여야 한다.
② 보수는 약정한 시기에 지급하여야 하며 시기의 약정이 없으면 관습에 의하고 관습이 없으면 노무를 종료한 후 지체 없이 지급하여야 한다.

⚖️ **어드바이스**

고용되는 사람이 가장 중요하다고 할 수 있는 보수 조건을 애매하게 해서는 곤란하다. 보수는 액수, 지급 시기 등을 명확히 해두어야 한다.

16. 도급인의 횡포

놀부는 도시 변두리에 부모로부터 상속받은 땅 200평을 갖고 있다. 세월이 흘러 이 지역이 개발된다는 소문이 나돌자 놀부는 이 땅에 상가 건물을 짓고 싶었으나 자금이 없었다.

그래서 건축업자인 박달봉 씨에게 부탁하여 공사의 재료나 인부 등 일체의 건축비는 박달봉 씨가 부담하고 건축비는 완공된 뒤에 주기로 하는 계약을 맺었다.

박달봉 씨의 노력으로 공사는 완공되었는데, 놀부는 임대가 되지 않고 있다는 이유로 공사 대금을 줄 생각을 않고 있다. 이런 경우 신축 건물의 소유권은 누구에게 있다고 보아야 하는가?

① 대지 소유자이고 동시에 공사 도급을 준 놀부의 소유이다.

② 남의 땅이라도 건물을 지으면 그 건물의 소유권은 지은 사람에게 있다. 따라서 건물을 완공시킨 박달봉 씨의 소유이다.

③ 놀부와 박달봉 씨 간에 건물 소유권에 관해 아무런 약정이 없었던 경우에 한하여 완공시킨 박달봉 씨의 소유이다.

어떤 일의 완성을 주문하고, 상대방이 이를 수락하는 형태의 계약을 '도급'이라고 한다. 주문하는 사람을 '도급인', 수락한 사람을 '수급인'이라고 부른다. 도급 계약이 이루어지면 수급인은 주문대로 '일의 완성'이라는 의무를, 도급인은 수급인에게 보수를 지급할 의무를 지게 된다.

건설 공사는 대표적인 도급 계약이고, 원고 청탁, 방송 출연, 그림 제작, 음악회의 연주, 맞춤 양복의 주문들도 도급 계약이다. 그만큼 도급 계약은 사회 생활에서 빈번하게 이루어지고 있다. 그리고 일이 완성되면 그 완성물의 소유권은 도급인에게 있다. 그런데 이 사건과 같은 건축 도급 계약에 있어서, 수급인이 공사라는 일의 완성 의무에서 더 나아가 재료가 들어가는 공사의 재료 전부를 제공하여 건물을 완성시킨 경우, 보수가 지급되기 전까지 건물의 소유권은 도급인에게 있는가? 수급인에게 있는가?

이에 대하여 학설과 판례는, 당사자 간에 그 소유권 귀속에 관해서 아무런 약정이 없는 경우 수급인에게 있다고 한다.

📝 참고 조문

제664조(도급의 의의)
도급은 당사자 일방이 어느 일을 완성할 것을 약정하고 상대방이 그 일의 결과에 대하여 보수를 지급할 것을 약정함으로써 그 효력이 생긴다.

⚖️ 어드바이스

놀부는 공사비를 다 주어야만 신축 건물의 소유권을 되찾을 수 있다. 박달봉 씨는 공사비 확보를 위해 놀부가 건물을 처분하기 전에 서둘러야 할 것이다.

⚖️ 참고 판례

건물 건축 도급 계약을 맺고 자기의 노력과 재료를 들여 건물을 건축(완공)한 사람은 그 건물의 소유권을 원시 취득한다(대법원 1996. 9. 20. 선고).

17. 손자를 찾아주는 분에게 후사하겠음

고려기업 윤 회장의 손자가 어느 날 학교 귀가 중에 실종되었다. 윤 회장은 곧 경찰에 가출 신고를 하였고, 경찰은 유괴되었다는 심증을 갖고 수사를 시작하였으나 손자의 행방은 여전히 오리무중이다.

그래서 윤 회장은 손자의 사진과 함께 "손자를 찾거나, 있는 곳을 알려주는 분에게는 후사하겠다"는 신문 광고를 냈다.

이 광고를 본 일이 없는 강원도의 농사꾼 상용 씨가, 웬 청년이 어린이를 동해안 해수욕장에서 강제로 끌고 다니는 것을 보고 수상하게 느낀 나머지 경찰에 알려주었다. 경찰은 이 제보를 단서로 하여 맹렬한 수사 끝에 경기도에서 유괴범을 체포하여 윤 회장의 손자를 찾아내었다.

나중에 알고 보니, 유괴범이 윤 회장의 손자를 동해안에서 며칠 데리고 있었던 건 사실이나 상용 씨의 제보는 수사에 큰 도움은 되지 않았다. 상용 씨는 윤 회장에게 광고대로 사례금을 청구할 수 있을까?

① 청구할 수 있다.

② 상용 씨의 제보가 수사에 도움이 안 됐다면 청구할 수 없다.

③ 상용 씨의 제보가 신문 광고를 보고 한 것도 아니고, 그만한 제보는 시민의 의무로서 당연한 것이므로 사례금을 청구할 수 없다.

이 사건처럼 집 잃은 사람을 찾아주면 사례하겠다든가, 또는 가스가 안 나는 연탄을 발명하면 상금을 주겠다는 등 일정한 행위를 한 자에게 일정한 보수를 지급하겠다고 널리 광고하는 경우를 우리는 흔히 보게 된다. 이것을 민법에서는 '현상 광고'라고 한다. 이렇게 광고라는 수단으로 사회 일반에게 일정한 행위를 요구한 경우에는 그 행위를 완료한 자에게 반드시 광고에서 정한 보수가 지급되어야 함은 물론이다.

그런데 문제는, 광고의 존재를 알지 못하고 광고에서 요구한 지정 행위를 한 경우에도 보수가 지급되어야 할까? 이 사건에서 상용 씨는 윤 회장의 손자를 찾는 광고는 보지 못했으나, 광고에서 요구한 행위는 완료했다고 할 수 있다. 게다가 상용 씨의 제보가 수사에 도움이 됐는지의 여부는 보수 청구권과는 관련이 없다고 할 수 있다.

따라서 결론은, 보수 청구권이 있다는 것이다. 더 나아가 윤 회장이 신문 광고를 내기 전에 이미 제보를 한 경우라고 하더라도, 광고에서 요구한 지정 행위(즉 제보)를 하였으면 이 경우에도 보수 청구권은 있다고 해석해야 된다.

📝 참고 조문

제675조(현상 광고의 의의)
현상 광고는 광고자가 어느 행위를 한 자에게 일정한 보수를 지급할 의사를 표시하고 이에 응한 자가 그 광고에 정한 행위를 완료함으로써 그 효력이 생긴다.

⚖️ 어드바이스

이 사건에서도 보수 조건, 즉 사례금이 애매하다. 도대체 얼마가 지급되어야 '후사'하였다고 볼 것인가? 윤 회장의 사회적 지위, 경제력, 상용 씨의 노력의 정도 등을 종합해 정해지는 수밖에 없을 것이다.

18. 매매 계약이 해제된 경우에 복비는?

조그만 회사의 회사원이던 위대한 씨는 틈틈이 공부를 해서 소망하던 공인중개사 자격을 얻었다.

그래서 회사를 그만두고 사무실을 차렸는데, 복부인인 최 여사의 의뢰로 최 여사의 수만 평 되는 임야를 팔아주게 되었다. 정부의 토지에 대한 규제가 날로 심해져 이 임야를 사려는 사람이 없었으나, 위대한 씨의 끈질긴 노력으로 이 임야를 황 사장이 사게 되었다.

계약이 체결되어 소위 복비를 받아야 하나 복비는 잔금을 치를 때 두둑이 받기로 약속이 되었다. 그러나 이 계약은 황 씨가 잔금을 기한 내에 치르지 못하여 그만 해약되고 말았다. 이런 경우에도 복비를 청구할 수 있는 것인가?

① 계약이 체결된 이상, 그 후 해약이 됐어도 복비는 받을 수 있다.

② 계약이 없었던 셈이 되므로 받을 수 없다.

③ 해약이 된 이상 법규에 정해진 복비를 전부 받을 수는 없으나, 그래도 계약이 체결된 일은 있으므로 일부는 받을 수 있다.

　　부동산을 팔아달라거나 살 수 있게 알선해달라는 것처럼 어떤 사무의 처리를 위탁하는 것을 민법상 '위임'이라고 한다. 변호사에게 소송을 의뢰하는 것, 공인 감정사에게 부동산 시가의 평가를 의뢰하는 것들도 위임 계약인데, 우리의 사회생활에서는 이처럼 타인에게 어떤 사무의 처리를 위임하는 경우가 많다.

　　위임 계약이 이루어지면 위임받은 사람은 성실하게 사무를 처리하여야 하는 의무가 생기고, 위임이 종료되면 위임된 사무 처리에 소요된 비용, 필요비, 그리고 보수를 청구할 권리가 생긴다. 보수의 지급 시기는 위임 계약에서 정하게 되나 아무런 약정이 없으면 후불이 원칙이다.

　　그런데 이 사건의 경우와 같은 공인중개사의 보수(중개 보수)에 관해서는 '공인중개사법'이 규정하고 있고, 이 법에 의하면 중개 수수료는 중개업자의 잘못(고의 또는 과실)으로 계약이 무효, 취소, 또는 해제된 것이 아닌 이상 해약이 되어도 지급하게 되어 있다.

　　이 사건의 결론은 계약이 공인중개사의 잘못으로 해제된 것이 아니므로, 매매 당사자는 법정 중개 수수료를 지급할 의무가 있는 것이 된다.

📝 참고 조문

제680조(위임의 의의)

위임은 당사자 일방이 상대방에 대하여 사무의 처리를 위탁하고 상대방이 이를 승낙함으로써 그 효력이 생긴다.

공인중개사법 제32조(중개 보수 등)

① 개업 공인중개사는 중개 업무에 관하여 중개 의뢰인으로부터 소정의 보수를 받는다. 다만, 개업 공인중개사의 고의 또는 과실로 인하여 중개 의뢰인 간의 거래 행위가 무효·취소 또는 해제된 경우에는 그러하지 아니하다.

19. 빌린 집의 수리는 누가 해야 하는가

　흥부는 놀부에게 쫓겨나 많은 식구들을 데리고 방황하다가 어찌어찌해서 구두쇠 자린고비의 집을 월세로 얻어 살게 되었다.

　그런데 이 집이 워낙 낡아서 대문은 잘 잠기지 않아 밤이면 도둑이 들 염려도 있고, 담장은 무너질 지경이다. 기왓장도 깨져 있어서 비가 오면 새는 형편이고, 마루는 삐걱거리고, 굴뚝도 막혀 밥 짓는 연기가 부엌과 방으로 다 들어온다.

　흥부는 여러 차례 수리를 부탁했지만 집주인은 "그러니까 집세가 싸지 않느냐. 그리고 당신네 식구가 많아서 집이 자꾸 망가지는 것 같다. 그런 것은 독채로 빌려 사는 사람이 수리할 의무가 있는 것이다"라고 하면서 들은 척도 않는다.

　그때마다 흥부는 집이 없는 자신의 신세만 한탄하고 있다. 법으로 볼 때 빌린 집의 수리 의무는 누구에게 있을까?

① 목적물을 점유, 사용하는 임차인에게 있다.

② 파손의 원인에 따라 다르다. 임차인 잘못으로 파손되었으면 임차인에게, 임대인 잘못이면 임대인에게 있다.

③ 통상적인 수리를 제외하고 모든 수리 의무는 임대인에게 있다.

주택을 빌려준 사람(임대인)과 빌린 사람(임차인) 간에는 목적물의 수리를 놓고 분쟁이 있을 수도 있다. 이 사건에서처럼 빌린 집이 수리(또는 수선)를 해야만 사용이 가능한 경우 이 수리 의무는 누가 부담하게 될까?

민법은 원칙적으로, 수리 의무는 '임대인에게 있다'고 하고 있다. 이 의무는 임대인의 의무로서 너무나 당연한 것이다. 즉 임대인은 목적물을 '임차인이 사용 또는 수익하는 데 필요한 상태를 유지하여야 할 적극적 의무'가 있다. 따라서 수리하지 않으면 목적물을 사용, 수익할 수 없는 상태가 되었을 때 그 수리 의무는 임대인에게 있으며, 천재지변 또는 불가항력으로 목적물이 파손된 경우에도 임대인이 지게 되어 있다. 만일 그럼에도 불구하고 임대인이 이 의무를 이행하지 않으면 이것은 임대인의 계약 위반이 되는 것이다.

다만 목적물을 사용, 수익하는 데 커다란 지장이 없는 통상적인 파손에 대해서는 임차인이 수리하여야 한다. 예컨대 유리창이 깨지거나 방구들이 갈라지는 정도의 파손은 임차인이 수리할 의무를 갖게 된다. 이 사건에서는 파손 정도를 비추어볼 때 임대인이 수리할 의무가 있다고 보아야 한다.

📑 **참고 조문**

제623조(임대인의 의무)
임대인은 목적물을 임차인에게 인도하고 계약 존속 중 그 사용, 수익에 필요한 상태를 유지하게 할 의무를 부담한다.

⚖ **어드바이스**

만일 임대인에게 수리 의무가 있는데도 수리해주지 않는다면? 임차인은 자기 비용으로 수리하고 이 수리비를 청구하면 된다. 지급하여야 할 월세에서 공제하는 방법도 있을 수 있다.

20. 빌린 땅에 집을 지었더니

배운 것은 없으나 일찍부터 요리 기술을 익혀 식당 주방장이 된 소림사 씨는 결혼을 하게 되자 독립을 결심하였다.

그래서 서울 변두리에 장어 요릿집을 차리려고 친척 땅 500평 중 100평을 5년간 무상으로 빌려, 이 땅에 식당 건물을 짓고 개업을 하였다. 성실하고 요리 솜씨가 좋은 소림사 씨의 영업은 번창 중이다.

5년 후 친척은 이 땅 전부를 제3자에게 팔게 되었는데, 새로 산 땅 주인이 소림사 씨에게 식당 건물을 헐고 그 땅을 돌려달라고 한다. 소림사 씨는 응해야만 하는가? 입장 난처한 소림사 씨에게는 어떤 권리도 없을까?

① 기한이 지났고, 또 땅 주인이 바뀐 이상 응해야 하고, 아무런 권리가 없다.

② 건물의 수명이 다할 때까지 토지를 사용할 권리가 있다.

③ 토지에 건물을 신축하였으므로 새 땅 주인에게 건물이 들어선 땅은 자기에게 팔 것을 요구할 권리가 있다.

"매매는 임대차를 깨뜨린다"라는 말처럼, 임차 목적물의 소유권자가 바뀌면 임차인은 임차권으로서 새 소유자에게 대항하지 못하는 것이 원칙이다.

우리 사회에는 다른 사람의 토지를 빌려서 그 위에 건물을 지어 이용하는 경우가 적지 않다. 그런데 토지의 임대인이 계약 기한이 끝났다고, 또는 토지의 소유자가 바뀌어 새 소유자가 건물의 철거와 건물이 들어선 땅을 돌려줄 것을 요구하는 경우, 임차인의 지위는 어떻게 될까? 이런 경우에는 임차인의 지위를 보호할 필요가 있기 때문에 특별한 권리가 부여된다.

즉 임차인이 그 건물에 대해 등기(보존 등기 또는 이전 등기)를 하였으면 임대인이나 토지의 새 소유자에게 '대항할 수' 있다. 여기서 대항할 수 있다는 것은 자기에게 임차권이 있음을 주장할 수 있다는 뜻이다. 이때 부여되는 임차권은 그 지상 건물이 존속할 때까지 유효하다. 즉 건물의 수명이 다할 때까지 토지의 소유자가 어떻게 되든지 간에 그 토지의 임차권을 갖게 되는 것이다. 따라서 이 사건에서 소림사 씨의 법적 권리는 건물의 수명이 다할 때까지 땅(100평)을 사용할 권리인 것이다. 물론 새 땅 주인에게 임대료는 내야 한다.

📝 **참고 조문**

제622조(건물 등기 있는 차지권의 대항력)

① 건물의 소유를 목적으로 한 토지 임대차는 이를 등기하지 아니한 경우에도 임차인이 그 지상 건물을 등기한 때에는 제3자에 대하여 임대차의 효력이 생긴다.

⚖ **어드바이스**

땅 주인과 건물 주인이 각각 다르고 건물 주인이 땅의 임차권이 있는 관계는 서로에게 대단히 불편하게 될 것이므로, 가장 좋은 방법은 땅 주인이 건물 주인에게 필요한 부분을 파는 것이 될 것이다.

21. 장사가 잘 안 되면 월세를 내릴 수 있는가

무승건설회사는 신도시 내 아파트를 건설하면서 상가 건물을 지어 이 것을 분양하거나 임대를 하게 되었다. 수만 명의 인구가 밀집해 살게 되는 아파트 단지 내의 상가는 '황금 상업 지역'이라는 대대적인 광고를 보고 많은 사람들이 몰려들어 장사를 시작했다. 비싼 땅에 들어선 상가 건물인지라 보증금도 비싸고 월세도 비쌌다.

그러나 이 신도시는 서울에 인접해 있어서 사람들이 전부 서울로 쇼핑을 다니는 탓에, 결국 이 황금 상업 지역은 파리 날리는 지역이 되고 말았다.

이런 경우 상가 건물을 빌린 임차인들이 월세의 인하를 요구할 권리가 있는가? 물론 상가를 임대해준 건설사에서는 들은 척도 않는다.

① 현재 월세의 인상을 통제하는 법규나 월세의 인하를 보장하는 법규가 없다. 따라서 인하를 요구할 권리도 없다.

② 임차인들이 집단으로 실력을 행사해서 민원을 야기하면 된다.

③ 경제 사정의 변동이 생기면 당연히 월세의 인하를 요구할 수 있는 권리가 있다.

월세 또는 임대료(민법에서는 '차임'이라고 부른다)는 임대차 계약에서 임대인이나 임차인에게 이해관계가 큰 요소이다. 어떻게 해서든지 임대인은 월세를 높이려고 하고, 임차인은 적게 내려고 하는 것은 인지상정이라고 할 수 있다. 그런데 우리 사회의 실정은 경제적 강자인 임대인의 입장이 그대로 관철되고 있을 뿐, 임대인의 일방적인 월세 인상에 대한 법률적 통제(소위 '임대료 통제')는 약한 편이라고 할 수 있다. '상가건물 임대차보호법 사행령'에 따르면 임대료의 인상률은 연간 9퍼센트를 초과하지 못하지만 이것이 지켜지고 있다고는 볼 수 없다. 그러나 민법에서는 개인 간의 임대차 관계에서 '경제 사정의 변동으로 약정한 차임이 불상당한 것(적당치 않은 것)으로 된 때'에는 임차인은 장래 차임의 감액을, 반대로 임대인은 장래 차임의 증액을 청구할 수 있다고 규정하고 있다.

따라서 이론적으로만 말한다면, 보증금과 월세를 약정하고 빌린 상가에서 예상과 달리 장사가 잘 안 된다는 것이 객관적으로 증명되고, 그럼에도 종전에 약정된 차임을 계속 지급하는 것이 부당하게 여겨지는 경우, 임차인은 장래 지급할 월세의 감액을 요구할 법적 권리가 있는 것이다.

📝 참고 조문

제628조(차임 증감 청구권)
임대물에 대한 공과 부담의 증감, 기타 경제 사정의 변동으로 인하여 약정한 차임이 상당하지 아니하게 된 때는 당사자는 장래에 대한 차임의 증감을 청구할 수 있다.

⚖️ 어드바이스

물가와 마찬가지로 건물이나 주택의 월세가 오르기만 하고 내릴 줄은 모르는 우리의 경제 현실에서, 민법이 규정한 임차인의 차임 감액 청구권은 실효가 없어 사문화되었다고 보아야 한다. 따라서 이를 위한 특별 입법이 필요하다고 하지 않을 수 없다.

22. 기한이 끝났는데도 월세를 받으면

   농촌에서 농사만 짓다가는 영원히 노총각 신세를 면할 수 없다고 판단한 칠복 씨는 색시를 구하려고 상경하였다.

   서울의 이곳저곳을 다니던 칠복 씨는 서울 강남 빌딩가 한구석의 빈터를 발견했다. 주인인 최 영감에게 찾아가 이곳에서 농산물 직판장을 하고 싶다고 사정하며 기한을 1년, 월세는 30만 원씩 하는 조건하에 빌렸다.

   이곳에 가건물을 차리고 고향의 무공해 농산물 직판장을 개설한 칠복 씨는 장사도 잘되고 소망하던 색시도 만나 결혼을 하게 되자, 아예 서울 사람이 되기로 작정했다.

   월세는 매월 온라인으로 최 영감 계좌로 송금했다. 1년 기한이 끝났는데도 최 영감이 아무런 말이 없자 칠복 씨는 두 달째 월세를 송금했다. 그런데 이게 웬일인가? 느닷없이 최 영감이 직판장을 자기가 하겠다면서 땅을 내놓으라는 것이 아닌가? 칠복 씨의 법률상 대처 방법은 무엇인가?

① 최 영감이 소송을 해서 강제 집행을 할 때까지 은근과 끈기로 버틴다.

② 최 영감의 요구를 받은 때부터 6개월간은 합법적으로 사용할 수 있다.

③ 기한이 끝났으므로 재계약이 맺어지지 않는 한 아무런 대응 방법이 없다.

　　임대차 기간이 끝났는데도 임차인이 빌린 물건을 그대로 점유하거나 사용 중이고, 임대인은 상당한 기간 내에 여기에 대해 아무 말이 없는 경우, 민법은 임대차 계약이 갱신된 것으로 간주한다. 임대인의 이의 제기가 없었다고 해서 이를 '묵시의 갱신'이라고 부른다. 이처럼 임대차 계약이 묵시적으로 갱신되면 이때는 종전 임대차와 동일한 조건으로 임대차된 것으로 보게 된다.

　　다만 '묵시의 갱신' 효과는 명시적 갱신보다는 다소 약하다. 즉 임대인이나 임차인은 누구든지 기한에 구애됨이 없이 언제든지 임대차 계약을 해지할 수 있고, 그 해지의 효력은 임대인이 먼저 해지한 경우에는 임차인이 그 통고를 받은 날로부터 6개월, 임차인이 먼저 해지한 경우에는 임대인이 통고를 받은 날로부터 1개월이 경과해야 발생하게 된다(제635조). 이 사건에서의 임대차 계약은 묵시의 갱신이 이루어졌다고 판단되나, 임대인인 최 영감이 계약을 해지하였으므로 이 해지의 효력은 6개월 뒤에야 발생하게 된다. 따라서 칠복 씨는 앞으로 6개월은 적법하게 땅을 사용할 권리가 있는 것이다.

📝 참고 조문

제639조(묵시의 갱신)

① 임대차 기간이 만료한 후 임차인이 임차물의 사용, 수익을 계속하는 경우에 임대인이 상당한 기간 내에 이의를 하지 아니한 때에는 전 임대차와 동일한 조건으로 다시 임대차한 것으로 본다. 그러나 당사자는 제635조의 규정에 의하여 해지의 통고를 할 수 있다.

⚖ 어드바이스

묵시의 갱신이 이루어졌다고 하더라도 임대인이 계약 해지 통지를 하면 6개월 뒤에는 토지를 반환할 의무가 생긴다. 이것만 보더라도 임차인의 지위가 대단히 열세임을 알 수 있다.

23. 임차인이 월세를 안 내면

　김 씨 노부부의 유일한 수입원은 갖고 있는 조그만 상가 건물에서 매월 50만 원가량 나오는 월세이다.

　그런데 사람을 잘못 만났는지, 이 건물을 빌려 옷가게를 하는 이유돌 씨가 장사가 안 된다며 월세를 생각날 때만 주고, 심지어는 월세를 내려달라고 한술 더 뜨는 실정이다.

　그래서 월세를 안 내려면 건물을 비워달라고 요구했더니, "임대 보증금 1,000만 원이 있으니 월세는 이 보증금에서 까나가면 될 것 아니냐"라는 대답만 돌아올 뿐이다. 기한이 남아 있고 보증금도 있는 경우, 월세를 내지 않는 것도 계약 해지 사유가 될까?

① 월세를 두 번 이상 안 내면 임대차 계약을 해지할 수 있다.

② 보증금이 월세로 충당될 때까지는 해지할 수 없다.

③ 기한이 남아 있는 이상 계약을 해지할 수는 없다.

④ 월세가 한 번이라도 밀리거나 안 내면, 기한이나 보증금과 관계없이 즉시 계약을 해지할 수 있다.

임차인이 월세를 제때에 내지 않을 시(이를 민법에서는 '차임 연체'라고 한다) 임대인에게 생기는 권리는 무엇일까?

만일 1회라도 연체할 경우 임대인이 즉각 임대차 계약을 해지할 수 있다고 한다면, 이것은 임차인에게 대단히 가혹하고 불리한 일이다. 그래서 민법은 '2회 이상' 연체한 경우 임대인에게 계약 해지권을 인정하고 있다. 여기서 2회 이상 연체한 경우란, 예컨대 월세를 매월 말 지급하게 되어 있는 경우 1월분, 2월분을 연속해서 연체한 경우는 물론이고, 1월분과 3월분을 연체한 경우도 해당된다.

'연체'란 엄밀히 말해서 이를 지급하기로 한 시기를 지나 지급하는 경우를 포함하는 것이지만, 사정이 있어서 며칠 늦은 경우도 해당한다고는 해석할 수 없다.

어쨌든 월세가 2회 이상 연체되면 임대인은 임대차 계약을 해지할 수 있게 되고, 따라서 임차인은 임차물을 반환(실무상으로는 '명도'라고 한다)할 의무가 생기게 된다.

📝 참고 조문

제640조(차임 연체와 해지)
건물, 기타 공작물의 임대차에는 임차인의 차임 연체액이 2기의 차임액에 달하는 때에는 임대인은 계약을 해지할 수 있다.

⚖️ 어드바이스

월세가 2회 이상 연체된 뒤에 임대인이 밀린 월세를 받았다면 어떻게 될까? 계약 해지권을 포기한 것으로 보아야 할 것이다. 그러므로 임차인은 설사 월세를 연체했더라도 계약을 해지당하기 전까지는 빨리 지급하고 볼 일이다.

24. 젊어서 고생은 사서도 한다기에

집안이 가난하여 초등학교만 겨우 마칠 수밖에 없었던 손재주 씨는 일 찍부터 자동차 정비 기술을 배웠다. "젊어서 고생은 사서도 한다"는 말대 로 살아왔고, 10여 년간 남의 밑에서 정비공을 하던 손재주 씨는 어느 날 독립을 결심했다.

그래서 아파트 단지 앞 임대만 씨의 건물을 3년 기한으로 빌려 속칭 '배 터리 가게'를 열었다. 부지런하고 성실한 그에게 행운의 여신은 계속 미소 를 보내어 그의 사업은 번창했다. 세차장이 있으면 좋겠다는 손님들의 말 을 듣고 손재주 씨는 임대만 씨의 양해를 얻어 기존 건물 옆에 3,000만 원을 들여 세차장까지 설치하였다.

그런데 기한이 끝나자 임대만 씨가 건물을 반환해달라는 것이 아닌가? 그리고 세차장 시설은 철거해달라고 한다. 손재주 씨로서는 야속하기만 한데, 이 세차장 시설에 대한 권리는 없을까?

① 임대차 기한이 끝나면 원상회복과 목적물을 반환하여야 하므로 아무런 권리가 없다.

② 세차장 시설비는 임대만 씨가 손해 배상해주어야 한다.

③ 임대만 씨의 양해를 얻어 시설한 세차장 건물에 대해 임대만 씨가 시가대 로 사라고 요구할 수는 있다.

상업 목적으로 남의 부동산을 빌리는 사람은 자기의 영업을 위해 빌린 물건에 많은 자본을 들여 시설을 하거나 개량을 하는 경우가 많다. 이런 경우 임차인의 보호를 위해서 임차인이 들인 자본을 회수할 수 있는 길을 마련해 주는 것이 필요하게 된다. 그중의 하나로, 이 사건과 같은 경우에 임차인에게 인정되 는 '부속물 매수 청구권'이라는 제도가 있다.

이것은 건물이나 공작물을 빌린 사람이 '임대인의 동의를 얻어' 임차한 건물에 부속시킨 물건이 있을 때, 임대차 관계가 끝났을 시 임대인에게 이 부속물을 사달라고 청구할 수 있는 권리를 말한다. 임차인은 자기가 들인 자본을 회수할 수 있는 길이 열리게 되는 것이다. 여기서 반드시 명심할 것은, '부속물'은 빌린 건물 내에 설치된 시설물과 다른 개념의 시설물이어야 하고, 시설 당시 임대인의 동의를 얻어야만 한다. 임차인이 부속물 매수 청구권을 행사하면 임대인은 반드시 그대로 사주어야 할 의무가 생긴다. 부속물에 대한 평가는 '시가'라고 풀이되나, 실제로는 객관적인 감정 가격에 따르게 된다.

📝 **참고 조문**

제646조(임차인의 부속물 매수 청구권)

① 건물, 기타 공작물의 임차인이 그 사용의 편익을 위하여 임대인의 동의를 얻어 이에 부속한 물건이 있는 때에는 임대차의 종료 시에 임대인에 대하여 그 부속물의 매수를 청구할 수 있다.

⚖️ **어드바이스**

임차인의 임대 목적물에 대한 투하 자본을 회수하는 그 밖의 방법으로는, 필요비와 유익비의 상환 청구권이라는 것도 있다. 필요비는 임대 목적물의 보존을 위해서 투입한 비용(예컨대 수리비)을 말하고, 유익비는 그 비용의 투입으로 인해 건물의 가치가 증가하게 되는 비용을 말한다.

25. 임대인의 동의가 없는 자기들끼리의 계약

30년간의 공무원 생활 끝에 55세로 정년퇴직한 최외곬 씨는 퇴직금으로 장사를 해보려고 이곳저곳을 물색하다가 번화가의 제과점을 인수하기로 하였다. 그때까지 제과점을 경영하던 김과자 씨는 건물 주인인 박 사장에게 기한을 2년으로 빌려 제과점을 경영하고 있었는데, 기한이 1년 정도 남은 상태에서 제과점을 양도하려고 한 것이다.

그동안 이 제과점은 여러 번 임차인이 바뀌었으나, 그때마다 건물 주인인 박 사장은 보증금과 월세를 인상하였을 뿐 제과점의 양도 양수는 문제 삼지 않고 있었다. 이런 사정까지 알게 된 최외곬 씨는 안심하고 권리금까지 준 뒤 제과점을 인수했다.

그런데 예상과 달리, 1개월 후에 박 사장이 최외곬 씨와 김과자 씨의 양도 양수 계약은 인정할 수 없다면서 점포를 비워달라고 하는 것 아닌가? 이런 경우 최외곬 씨의 권리는 무엇인가?

① 임대인의 동의가 없는 전대차 계약은 무효이다. 따라서 점포를 비워주어야 한다.

② 김과자 씨와 최외곬 씨의 임대차 계약 기한, 즉 남은 11개월간은 그대로 점포에서 영업을 할 권리가 있다.

③ 임대인의 동의가 없었어도 사회 관행과 통념에 비출 때 양도 양수 계약은 유효하다. 따라서 2년간은 그 점포에서 영업할 수 있다.

우리 사회에서는 이 사건과 같은 경우가 사실 너무나 많다. 그러나 민법은, 임대인의 동의 없이 임차인과 양도 양수 계약을 맺고 점포를 빌리는 사람('전차인'이라고 한다)과의 계약의 효력을 인정하지 않고 있다. "임차인이 누구냐?" 하는 문제는 임대인에게 중요한 문제이고, 이는 임대인을 보호하기 위해서다.

이렇게 임대인의 동의 없이, 임차인이 일방적으로 자기가 임차한 목적물을 다시 제3자에게 빌려주는 경우를 '무단 전대', 그리고 임차권을 양도하는 경우를 '무단 양도'라고 부른다.

무단 전대 또는 무단 양도가 행해지면 임대인은 우선 임차인에 대하여 계약 해지를 할 수 있다. 이 계약 해지에 따라 전차인은 임대인의 소유물을 불법 점유하는 셈이 되어 이를 임대인에게 인도해주지 않으면 안 된다.

이렇게 되면 전차인은 임대인과 임차인 간의 계약에서 정해진 계약 기한까지의 목적물 사용 권리마저 없게 된다.

📝 참고 조문

제629조(임차권의 양도, 전대의 제한)
① 임차인은 임대인의 동의 없이 그 권리를 양도하거나 임차물을 전대하지 못한다.
② 임차인이 전항의 규정에 위반한 때에는 임대인은 계약을 해지할 수 있다.

⚖️ 어드바이스

무단 전대나 임차권의 무단 양도는 임대인으로부터 계약을 해지당하는 사유가 되므로, 임차인으로부터 임차하거나 임차권을 양도받으려는 사람은 사전에 반드시 임대인의 동의를 얻어야 한다. 임대인이 동의하지 않는다면 포기하는 것이 좋다(이 사례에서는 건물주가 전대차 사실을 알면서도 이의를 제기하지 않았으므로 그 전대차에 동의하였다고 볼 여지도 있다).

26. 집을 빌려주었더니 사무실을 차렸다면

　K종합무역회사의 한만술 과장은 지방의 지사장으로 발령받아 이사를 가게 되어, 살고 있던 아파트를 강무궁화 씨에게 월세를 놓았다. 한만술 씨는 아파트를 떠나면서 계약 기한(2년) 동안 집을 깨끗이 사용해달라고 부탁했다.

　그런데 몇 달 후 가보니, 강 씨가 이 아파트에서 살림을 하는 것이 아니라 '역술 연구소'라는 조그만 팻말을 부치고 많은 사람들에게 점을 쳐주고 있는 것이 아닌가?

　한만술 씨는 기분도 나쁘거니와 점을 보려는 많은 사람들의 출입으로 자기 집이 더럽혀지는 것에 분개하지 않을 수 없다. 아직 계약 기간은 1년 6개월이 남았는데, 한만술 씨가 강 씨와의 임대차 계약을 위와 같은 사유로 해지할 수 있을까? 단, 강 씨는 월세를 지금까지 한 번도 밀린 적이 없다.

　① 주거용으로 빌려 영업용으로 사용하는 것은 계약 위반이므로 해지할 수 있다.

　② 계약 기한이 남아 있으므로 해지할 수는 없다.

　③ 빌리는 아파트의 용도를 계약 시에 명시적으로 약정하지 않았으므로 해지할 수는 없다.

　　임대차 계약이 이루어지면 빌려준 사람(임대인)은 빌린 사람(임차인)에게 빌린 사람이 목적물을 시용할 수 있도록 인도해줄 의무, 제3자의 방해 행위를 제거해줄 의무, 목적물을 수선할 의무를 부담하게 된다. 그리고 빌린 사람은 당연히 이 목적물을 사용할 권리가 있다. 이것이 임차권이다.

　　그런데 빌린 사람의 임차권은 한계가 있다. 즉 목적물을 계약이나 또는 그 목적물의 성질에 의해 정해진 용법대로 사용하여야 한다. 주거의 목적으로 빌려 영업용으로 사용하거나, 그 밖에 주거 이외의 목적으로 사용하는 것은 용법 위반이 된다.

　　따라서 빌려준 사람은 아직 계약 기한이 남아 있고 다른 계약 위반 사실(예컨대 월세 미지급)이 없다고 하더라도, 빌린 사람의 용법 위반을 이유로 계약을 해지할 수 있다. 아파트는 누가 보아도 주거용 건물이고, 이를 빌려서 영업을 하는 것은 전형적인 용법 위반이 된다.

🔨 어드바이스

임대인의 입장에서는 임차인의 용도를 확인할 필요가 있다. 계약서에 그 용도를 기재하고, 용도에 위반될 경우에 해지할 수 있다는 조항을 넣는 것을 잊지 말아야 한다.

27. 권리금을 돌려다오

　서울 강남의 요지에 20층짜리 빌딩이 들어서게 되자 건물주의 먼 친척인 오성 씨가 지하를 3년 기한으로 얻어 극장식 레스토랑을 개설하였다. 보증금은 1억 원이었으나 화려한 조명, 무대 등 시설비로 2억 원이 들었고, 화려한 시설 덕에 성업 중이다.

　그런데 1년 6개월 만에 오성 씨가 사정이 생겨 이 레스토랑을 그만두게 되었다고 가정하자. 그래서 한음 씨가 권리금으로 3억 원을 주고 이 레스토랑을 인수하게 되었다. 이 과정에서 건물주는 레스토랑의 인계인수를 알고는 있었으나 아무런 개입을 하지 않았다.

　그런데 1년 6개월 후 임대차 기한도 끝나고 또 관계 법규가 바뀌어, 이 지하 레스토랑은 건물의 주차장으로 사용하지 않으면 안 되었다. 자, 이런 경우 한음 씨가 인수하면서 지불한 권리금에 대해서는 어떻게 될까?

　① 건물주에게 권리금을 청구할 수 있다.
　② 건물주에게 권리금을 청구할 수 없다.
　③ 극장식 레스토랑의 평균적인 권리금은 청구할 수 있다.

결론적으로, 임대인(건물주)에게 권리금은 반환을 청구할 수 없다. 도시의 소위 목 좋은 곳에 위치한 점포에는 막대한 권리금이 붙어 있는 경우가 대부분이다.

그러면 이러한 권리금의 법적 성질은 무엇인가? 그것은 건물이나 점포의 임차권 양도에 부수해 임차인과 전차인 간에 주고받게 되는데, 그 본질은 '임차 목적물이 갖는 특수한 장소적 이익의 대가'라고 설명되고 있다.

그 위치가 교통이 편리하다든가, 사람의 왕래가 많다든가, 눈에 잘 띄는 지점에 있다든가, 또는 오랫동안 개점하여 세상에 널리 알려져 있고 그래서 영업이 아주 잘된다든가 등등의 이유로 권리금이 형성되고, 또 그 액수도 증가하는 추세에 있는 것이 실정이다.

그러나 임대차 관계가 종료된 경우에 임차인 자신은 물론, 이 임차인으로부터 임차권을 양도받는 사람은 임대인에게 자신이 영업을 시작하기 전에 지출된 권리금을 법적으로 청구할 수는 없다.

이 점이 임대인에게 반환을 청구할 수 있는 보증금과 다른 점이다. 따라서 권리금 명목의 돈은 임대인에게는 청구할 수 없음을 유의하여야 한다.

⚖ 어드바이스

권리금을 주고 점포를 빌려도 그 권리금은 임대인에게 청구하지 못한다. 그래서 권리금을 회수하기 위해 다시 점포를 제3자에게 임차(전차)하는 경우가 많은데, 이때 전차인은 무단 전대 또는 무단 양도가 될 가능성이 많으므로 신중하게 처리할 필요가 있다.

28. 노처녀들의 혼수 계가 깨졌는데

우리나라 사람들처럼 계를 좋아하는 민족도 없다고 한다.

바람무역회사에 재직 중인 노처녀 열두 명이 혼수 계를 만들었다. 매월 월급날 5만 원씩 불입해 생년월일이 가장 빠른 노처녀 순서대로 타기로 했다. 계주는 최고참격인 35세의 정 씨가 맡았다.

그런데 6개월 뒤 배신자, 즉 이미 곗돈을 탄 노처녀 두 사람이 시집을 가는 바람에 이 계가 그만 깨졌다. 열두 명의 계원 중 여섯 사람은 아직 곗돈을 타지 못했다. 이 여섯 사람이 6개월간 불입한 금액에 대해서는 누가 책임을 저야 하는가?

① 계가 깨지면 원인이 무엇이든지 간에 계주가 물어내야 한다.

② 계주와 시집간 두 사람이 물어내야 한다.

③ 이미 곗돈을 탄 여섯 사람이 나머지 못 탄 사람들에게 물어주어야 한다.

우리나라 사람들은 옛날부터 '계'라는 독특한 조합 형태를 구성하여 상부 상조하고 공동의 필요에 대처해왔다. 그 역사는 멀리 신라 시대부터라고 하는데, 밝혀진 계의 종류는 그 성질과 목적에 따라 헤아릴 수조차 없을 정도이다.

자본주의 경제가 고도로 발달하고 금융 제도가 확산된 오늘날에도 계는 여전히 성행하고 있다. 계는 그 조직 목적, 불입금의 불입 방법, 곗돈의 배정 방법 등에 따라 형태가 복잡하나, 가장 단순한 것은 계원들 상호 간에 곗돈을 타는 순서를 정한 '번호 계' 또는 '순번 계'라고 할 수 있다.

그런데 계가 중간에 깨진 경우에는 이해관계의 충돌과 분쟁이 필연적으로 생기게 마련이다. 이미 곗돈을 탄 사람과 불입금을 착실히 붓고도 곗돈을 타지 못한 사람 간의 분쟁이 그 전형적인 형태이다.

계가 깨지게 되면 자연히 해산과 청산의 절차를 밟게 되는데, 청산에 관하여 합의가 이루어지지 않은 경우 곗돈을 타지 못한 사람들은 이미 곗돈을 탄 사람들을 상대로 자신들이 그동안 불입한 '계 불입금'(타야 할 '곗돈'이 아니다)의 반환을 청구할 수 있게 된다.

따라서 계가 깨지면 무조건 계주(속칭 '계 오야')가 책임지는 것이라고는 할 수 없다.

🔨 어드바이스

계에 관한 분쟁이 의외로 적지 않다. 이런 송사를 지켜본 입장에서 말한다면 계는 믿을 수 있는 사람들끼리는 무방하겠지만, 그렇지 못한 경우에는 아예 관여하지 않는 것이 최선이라고 할 수 있다.

1. 시키지도 않은 일을 했다

'이웃사촌'이라는 말도 있지만, 앞뒷집에 사는 여포 씨와 장비 씨는 바로 옆에 살면서도 사이가 좋지 않다. 그러던 중 여포 씨가 부친상을 당하여 부득이 온 가족이 집을 비우고 일주일 예정으로 지방으로 내려갔다.

여포 씨가 지방으로 내려간 날부터 장마가 져서, 여포 씨의 마당은 하수구가 넘치는 바람에 그대로 내버려두면 집마저 무너질 형편이 되었다.

이를 목격하게 된 옆집의 장비는 처음에는 고소하게 생각하였으나 사태가 심상치 않자 사람을 고용해서 여포 씨 집 안마당의 하수구를 고치고 빗물을 배수시켰다. 이 바람에 비용이 10만 원이나 들었다.

장비 씨는 여포 씨가 귀가한 뒤 사정을 말해주고 자기가 들인 비용을 물어달라고 했더니, 여포 씨는 시키지도 않은 일을 왜 했느냐면서 물어줄 수 없다고 강경하게 나왔다.

이런 경우 장비 씨가 들인 비용은 과연 어떻게 처리되는가?

① 여포 씨의 위임이 없었고 또 장비 씨의 행동은 법률상 의무가 없었던 것이므로, 여포 씨가 물어낼 의무는 없다.

② 이웃 간에 당연히 해야 할 일에 대해서는 법률상 보수 청구권이 주어지지 않는다. 따라서 물어달라고 할 수는 없다.

③ 위임이 없었다고 하더라도 여포 씨가 물어주어야 한다.

우리들의 일상생활에서는 부탁 없이도 다른 사람의 사무를 처리해주는 경우가 적지 않다. 이것을 민법에서는 '사무 관리'라고 하는데, 예를 들면 이 사건 같은 경우, 이웃 사람의 출타 중에 수금하러 온 이에게 요금을 대신 지급해주는 경우, 집을 잃은 어린이를 보호하고 음식물을 제공하는 경우 등을 들 수 있다. 이러한 일들은 얼핏 생각하면 이웃 간의 인정이나 도덕상의 의무를 수행하는 것에 불과하다고 할 수도 있겠으나, 이런 일들을 반드시 법률과 관계없는 것으로 보아서는 안 된다.

이처럼 법률상의 의무도 없이 다른 사람의 사무를 처리하는 사무 관리가 일단 행해지면, 관리하는 사람은 위임이 있었던 것과 마찬가지로 본인이 관리할 수 있을 때까지 성실하게 관리를 계속할 의무가 있고, 이 관리는 본인에게 가장 이익이 되는 방법으로 해주어야 한다. 한편 본인은 관리하는 사람이 비용을 지출한 경우 그 비용을 물어줄 의무가 있다.

이 사건에서 장비 씨의 행동은 전형적인 사무 관리라고 할 수 있고, 따라서 여포 씨는 그 비용 10만 원을 물어줄 법률상 의무가 있다.

📝 참고 조문

제734조(사무 관리의 내용)
① 의무 없이 타인을 위하여 사무를 관리하는 자는 그 사무의 성질에 좇아 가장 본인에게 이익되는 방법으로 이를 관리하여야 한다.
② 관리자가 본인의 의사를 알거나 알 수 있는 때에는 그 의사에 적합하도록 관리하여야 한다.

⚖ 어드바이스

법률상의 의무가 없는데도 다른 사람의 사무를 처리해주는 사무 관리는 본인에게 불리하게 해서도 안 되고, 본인의 의사에 반하는 경우에는 중지하여야 한다.

2. 보증금을 줄 때까지는 월세를 못 주겠소

갑석 씨는 을동 씨의 상가 점포를 보증금 5,000만 원, 월세 50만 원, 기한 1년의 조건으로 빌려 피자 가게를 차렸다.

그러나 예상과는 달리 장사가 잘되지 않아 6개월 만에 가게 문을 닫아야 하는 형편이 되었다. 그래서 갑석 씨는 을동 씨에게 해약을 제안하고 보증금을 돌려달라고 했다. 을동 씨는 이 점포에 다른 사람이 세를 들어야 보증금을 돌려주겠다고 한다.

갑석 씨는 보증금을 받을 때까지 어쩔 수 없이 잘되지도 않는 가게를 열어놓고 있는데, 을동 씨는 월말이 되자 월세를 달라고 한다. 자, 이런 경우에도 월세를 주어야 하는가? 갑석 씨와 을동 씨의 임대차 계약은 일단 해지되었다고 간주한다.

① 점포를 쓰고 있는 한 월세를 내야 한다.

② 계약이 해지되었고, 점포 주인이 보증금을 주지 않고 있으므로 월세를 낼 의무는 없다.

③ 보증금에 대한 이자와 월세는 서로 상계할 수 있으므로, 월세는 내지 않아도 된다.

　　임대차 계약이 해지되면, 임차인의 점포를 비워줄 의무와 임대인의 보증금을 내줄 의무는 소위 '동시 이행 관계'에 놓이게 된다는 것을 이미 알게 되었을 것이다. 그리고 임차인은 보증금을 받을 때까지는 점포를 사용, 즉 점유할 권리(유치권)가 있다는 것도 알게 되었을 것이다.

　　그러나 점포는 이것을 임대하면 월세라는 이득이 생긴다. 임차인은 이 월세에 해당하는 이득은 자신이 가질 수 없다. 이처럼 정당한 원인 없이 생기는 이득을 '부당 이득'이라고 하며, 이 부당 이득은 그로 인해 손해를 본 사람에게 이득자가 반환해야 한다.

　　매매 계약이 해제되면 매매 대금을 받은 사람이 부당 이득이 되므로 지급한 사람에게 이것을 반환하여야 하는 이치도 마찬가지다. 부당 이득 반환 제도는 민법의 중요한 원리이다. 부당 이득은 우리의 사회생활에서 빈번하게 일어나는 현상인데, 이 제도가 있음으로써 분쟁을 해결할 수 있는 것이다.

📝 참고 조문

제741조(부당 이득의 내용)
법률상 원인 없이 타인의 재산 또는 노무로 인하여 이익을 얻고 이로 인하여 타인에게 손해를 가한 자는 그 이익을 반환하여야 한다.

⚖ 어드바이스

부당 이득은 불로소득과는 다른 개념이다. 부당 이득 제도는 정당한 원인 없이 이득을 얻는 사람과 그로 인해 손해를 보는 사람 간 반환의 원칙과 범위를 정하기 위한 제도이고, 불로소득은 반드시 피해자를 전제로 하지는 않는다.

3. 물에 빠지면 지푸라기라도 잡는다

한 여사의 남편은 도박죄로 경찰서에 구속되었다. 한 여사는 남편을 석방시키려고 여러 군데 알아보던 중에 박떠벌 씨를 만났다.

박떠벌 씨는 경찰서 수사과장이 자기와 고등학교 동창이므로 자기가 부탁하면 석방될 수 있다고 큰소리쳤다. 이에 한 여사는 박떠벌 씨에게 남편의 석방을 부탁하고 교제비 명목으로 200만 원을 건네주었다.

그런데 한 여사 남편의 죄가 경미하고 반성의 표시가 뚜렷하여 의외로 벌금만 물고 석방되었다. 뒤늦게 속은 한 여사는 박떠벌 씨에게 준 돈을 받아내고 싶다. 법에 호소해서라도 받아낼 수 있을까?

① 박떠벌 씨에게 속은 것이므로 당연히 받아낼 수 있다.

② 교제비 명목은 위법한 것이므로, 위법한 목적으로 지급한 돈은 받아낼 수 없다.

③ 아내의 입장에서 남편을 석방시키기 위한 동기가 인정되어 받아낼 수 있다.

정당한 원인 없이 다른 사람의 재물을 취득한 자는 이것을 반환하여야 하는 것이 원칙이다. 이러한 제도를 '부당 이득 반환 청구 제도'라 함은 이미 앞에서 설명한 바 있다.

그러나 이 원칙에도 예외는 있다. 법으로 보호받을 수 없는 불법한 원인으로 재물을 교부한 경우(이를 '불법 원인 급부'라고 한다)에는 그 반환을 청구하지 못한다. 만일 이 반환 청구를 인정한다면 불법 행위를 한 사람을 법이 보호하는 모순된 결과가 되기 때문이다. 예컨대 도박을 하는 것을 알고도 돈을 빌려준 경우에 이 돈의 반환 청구를 인정하게 된다면 법은 도박 자체를 인정하는 결과가 된다.

반환 청구를 못 한다고 해서, 그 재물을 취득한 자를 법이 보호하는 것도 아니다. 취득자에게는 별도로 사기죄 등의 형사 책임이 뒤따르게 된다.

이 사건에서는 수사 기관에 뇌물을 주어 남편을 석방시키겠다는 목적으로 금전을 교부한 행위 자체가 이미 불법이다. 따라서 불법한 원인에 의한 것은 반환 청구를 할 수 없다.

📝 참고 조문

제746조(불법 원인 급여)
불법의 원인으로 인하여 재산을 급여하거나 노무를 제공한 때에는 그 이익의 반환을 청구하지 못한다. 그러나 그 불법 원인이 수익자에게만 있는 때에는 그러하지 아니하다.

⚖️ 어드바이스

불법한 원인으로 재물을 교부한 경우라고 하더라도 교부의 원인이 받은 자, 즉 수익자에게 있었던 경우에는 예외적으로 반환받을 수 있다. 이 사건에서도 만일 박떠벌이 한 여사에게 접근하여 감언이설로 석방해주겠다고 속이고, 여기에 속아서 교제비를 준 경우라면 그렇다는 뜻이다.

4. 사랑의 매인가, 폭행인가

　도산 서당의 이황곡 훈장님은 학동들이 숙제를 안 해오고 수업 시간에 졸고만 있자 화가 머리끝까지 났다. 그래서 학동들 전원을 '엎드려뻗쳐'를 시키고 대나무 막대기로 엉덩이를 때렸다.

　그런데 유난히 몸이 약한 홍길동 군은 그만 이 매를 맞고 실신하였을 뿐만 아니라 병원에 입원까지 하게 되었다. 화가 난 홍길동 군의 부모는 훈장님을 관가에 고발하고 치료비 배상을 요구하였다.

　훈장님이 홍길동 군을 포함한 학동들에게 무슨 감정이 있었던 것은 물론 아니다. 훈장님의 매는 사랑의 매인가? 아니면 폭행으로 치료비를 배상하여야 하는가?

　① 훈장님의 매는 교사로서의 징계권의 정당한 행사이기 때문에 아무런 법적 책임이 없다.

　② 매를 맞은 학생들이 이의를 제기하지 않으면 체벌은 정당하다. 따라서 아무런 책임이 없다.

　③ 교사의 체벌도 일정한 한계가 있는 법이다. 한계를 벗어나 학생이 입원까지 하였다면 법적 책임이 있다.

예전에는 선생님이 학생들에게 가하는 매(체벌)는 그 자체가 법적인 시빗거리가 될 수 없었다. '군사부일체'나 "스승의 그림자조차 밟아서는 안 된다"라는 격언이 있을 정도로 스승은 임금이나 아버지 같은 권위의 상징이었기 때문이다. 이러한 유교적 전통은 오늘날의 교육 현장에서도 존중되고 있으나, 문제는 이 사건의 경우처럼 교사의 체벌이 언제나 정당하다고 인정될 것이냐에 있다.

이에 대하여 법원은 교사의 체벌이 징계권의 행사로서 정당 행위에 해당하려면 '그 체벌이 교육상 필요가 있고, 다른 교육적 수단으로 고치는 것이 불가능하여 부득이할 것', 그리고 그와 같은 경우에도 '체벌의 방법과 정도가 사회 통념상 비난받지 않을 수 있는 객관적 타당성이 있을 것'이라는 두 가지 기준을 제시하고 있다.

이 기준에 비추면 훈장님의 체벌은 그 방법과 정도가 지나쳤다고 보아야 하지 않을까? 학동이 체벌로 인하여 입원까지 하였으니 말이다. 따라서 이 사건에서 훈장님의 체벌은 불법 행위가 된다고 보아야 한다.

📝 참고 조문

제750조(불법 행위의 내용)
고의 또는 과실로 인한 위법 행위로 타인에게 손해를 가한 자는 그 손해를 배상할 책임이 있다.

⚖ 어드바이스

교사의 체벌이 정당한 징계권의 범위를 넘는 경우, 이것은 형사상으로 폭행이나 상해죄가 되고, 민사상으로는 불법 행위로서 손해 배상 책임까지 져야만 한다.

5. 고소는 자유다

술을 좋아하는 박주당 씨는 퇴근길에 집 근처 포장마차에서 술을 한잔 하다가 동네 불량배들과 시비가 붙었다. 그 결과 병원에 입원까지 할 정도로 중상을 입었다.

박주당 씨는 즉시 가해자로 생각되는 A, B, C 3인을 형사 고소하여 이들은 구속이 되었다. 그런데 재판 결과, 그중 A가 이 폭행에 가담하지 않은 것이 판명되어 무죄로 석방되었다.

석방된 A는 박주당 씨에게 허위 고소로 구속까지 되었으니 구속 기간 동안에 입은 손해를 배상하라고 요구하였다.

박주당 씨로서는 폭행을 당할 때 술에 다소 취해 있었기에 폭행 가담자를 정확히 알 수는 없었다. 손해 배상을 해주어야 하는가?

① 범인인지 제대로 알아보지 않고 한 고소는 결과적으로 허위 고소이고, 이 것은 A에 대한 불법 행위이므로 배상해주어야 한다.

② A씨가 결국 무죄가 된 이상, 이 사유만으로도 손해 배상 책임이 있다.

③ A씨가 무죄 판결을 받았다는 이유만으로 박주당의 고소가 불법 행위가 되는 것은 아니고, 이 고소에 박주당 씨의 고의, 과실이 있어야 배상해줄 책임이 있다.

범죄의 피해자는 수사 기관에 고소할 수 있다. 그래서 고소는 자유일 수도 있다. 그러나 허위 또는 날조의 사실로 형사 고소하는 경우에는 형법상 '무고죄'가 되어 엄한 처벌을 받게 된다.

이러한 허위 고소로 인해서 고소를 당한 사람(피고소인)은 혐의를 벗기 위해 많은 노력을 해야 하고, 또 그 과정에서 상당한 손해와 정신적 고통을 겪게 된다. 따라서 허위 고소는 민법상으로도 불법 행위가 되는 것은 분명하다.

그런데 어떤 범죄의 피해자가 가해자를 처벌해달라고 하는 형사 고소를 하여 그 결과 가해자로 지목된 사람이 구속되거나 재판에 회부되었으나, 결국은 무죄 또는 무혐의가 된 경우 피해자의 고소는 어떻게 평가해야 하는가?

법원의 판례는 이때 피해자의 고소가 무조건 불법 행위가 되는 것은 아니고, 이 고소에 고소한 사람의 어떤 고의나 과실이 있어야 불법 행위가 되는 것으로 보고 있다.

이 사건을 놓고 본다면 박주당 씨는 A가 가해자가 아닌 것을 알고도, 또는 조금만 주의하면 A가 폭행에 가담하지 않은 사실을 알 수 있는데 이를 알아보지도 않고 고소한 경우에만 이를 허위 고소, 즉 불법 행위가 된다고 보아야 하고, 그렇지 않은 경우 A, B, C 3인으로부터 구타당하였다고 생각하고 이 가담자들이 모두 범인이라고 고소했다면 그 정도로는 잘못된 고소라고 볼 수는 없다. 따라서 A가 무죄를 받았다는 이유만으로 박주당의 고소가 허위 고소라고 볼 수는 없다.

⚖ 어드바이스

피해자의 형사 고소가 허위 고소가 아니라면 결국 A만 억울하게 되었다는 이야기가 되는데, 이 경우에는 '형사보상 및 명예회복에 관한 법률'에 의하여 A는 구속 기간 중의 손해를 보상받을 수가 있다. 이 보상은 물론 국가가 해준다.

6. 이루어질 수 없는 사랑

간통은 혼인 신고를 한 배우자가 있는 사람이, 자기와 혼인 관계에 있지 않은 다른 사람과 육체관계를 맺는 것을 말한다. 이 간통을 법으로 처벌해야 되느냐, 아니면 도덕적 비난에 맡겨야 하느냐의 논쟁이 지금도 치열한 형편이다.

미모의 여자 영화배우 김재미 여사가 결혼 생활이 원만치 못하던 중 미혼의 남자 영화배우 나홀로 씨와 그만 사랑에 빠졌다고 가정하자.

김 여사의 남편 한숨만 씨는 물론 이 두 남녀를 간통죄로 형사 고소하여 처벌받게 할 수 있다. 그러나 형사 고소를 하게 되면 세상이 떠들썩할 것 같아 조용히 민사 문제로 처리하고 싶다. 민사상으로 이혼 소송을 제기할 수도 있고, 간통죄를 범한 아내인 김 여사에게 위자료도 청구할 수 있음은 물론이다. 문제는 상대방인 나홀로 씨인데, 너무 괘씸하여 그에게도 위자료를 청구하고 싶다. 가능한가?

① 나홀로 씨는 형사 처분만 받을 뿐 위자료의 배상 책임은 없다.

② 위자료는 혼인 관계에 있는 자기 아내에게만 청구할 수 있고, 그 상대방에게 청구할 수 없다.

③ 나홀로 씨도 불륜 관계로 한숨만 씨에게 정신적 고통을 주었으므로 위자료를 지급할 책임이 있다.

우리나라에서 간통은 아직 범죄로 보고 있다. 이것을 폐지하여야 하느냐 마 느냐의 존폐 논쟁은 아직도 결말을 보지 못하고 있는 실정이다.

그러나 가령 간통죄가 폐지된다고 하더라도 이 간통이 부부간에 평생 지 켜야 할 '정조 의무'를 배반하는 행위이고, 민법상으로 '불법 행위'를 구성한 다는 사실만큼은 변함이 없을 것이다. 그리고 이혼 사유가 된다는 점도 그럴 것이다.

그리고 간통 행위를 범한 배우자가 다른 배우자에게 그 불법 행위로 인해 입은 정신적 고통에 대한 대가(이를 '위자료'라고 한다)를 지급해야 하는 것도 불법 행위의 원칙으로서 너무나 당연하다.

그러면 가령 아내와 간통한 상대방 남자에게도 이 위자료 지급 책임이 있 을까?

법은 이를 긍정하고 있다. 그리고 그 이론 구성은 간통이 남편의 권리에 대 한 침해이기 때문이라고 하고 있다. 따라서 상대방도 남편에 대해 위자료를 물어줄 책임이 뒤따른다(그리고 이 사건의 경우와 반대로, 가령 남편이 간통을 했다고 하면 그 상대방 여자도 아내에게 위자료 지급 책임이 있음은 물론이다).

⚖ 어드바이스

위자료는 문자 그대로 피해자가 겪은 정신적 고통에 대해 이를 위로, 무마하기 위한 금전인데, 이것은 법원이 고통의 정도, 사회적 지위와 신분, 재산 정도 등을 종합해 서 지급을 명하게 되고, 반드시 가해자 재산의 몇 퍼센트라는 규칙은 없다.

7. 파울 볼에 맞았소

프로 야구 관람을 좋아하는 윤 과장은 어느 일요일, 초등학생인 아들 녀석과 함께 야구장을 찾았다.

윤 과장은 홈 팀인 '서울 드래곤즈'를 응원하기 위해 3루 측 관람석에 앉아 열렬히 응원했다. 그날따라 시합은 역전에 역전을 거듭하는 흥미진진한 시소게임이었는데, 유난히 파울 볼을 많이 때리는 드래곤즈의 강타자 선수가 타석에 나왔다.

윤 과장과 그 아들은 드래곤즈 팀이 동원한 응원단의 화려한 응원을 구경하느라고 운동장에서의 게임 진행을 미처 보지 못했다. 그 순간 강타자 선수가 친 공이 파울 볼이 되어 3루 측 관람석으로 날아와, 잠시 한눈을 팔고 있던 윤 과장의 아들 눈에 맞아 큰 부상을 입게 되었다.

이런 경우 윤 과장은 손해 배상을 청구할 수 있는가? 만일 있다면 누구에게 청구해야 하는가?

① 한눈 판 사람 잘못이 더 크므로 손해 배상은 청구할 수 없다.
② 파울 볼을 친 강타자 선수에게 청구할 수 있다.
③ 강타자 선수가 소속된 구단에 청구할 수 있다.

야구장에서 파울 볼이 관중석으로 날아가는 일은 비일비재하다. 그렇다면 일단 관중석으로 날아간 파울 볼은 낙하하면서 사람을 다치게 해도 아무런 문제가 되지 않을까? 물론 입장권 뒤에는 깨알 같은 글자들이 인쇄되어 있는데, 그 요지는 파울 볼에 의한 사고에 대해서는 구단이 책임을 지지 않는다는 것이다.

그러나 법적으로 말해서, 야구장의 파울 볼로 인한 사고에 대해 구단이 아무런 책임이 없다고는 생각할 수 없다. 왜냐하면 야구공이 관중석에 빠른 속도로 날아가 사람이 맞으면 다칠 수 있다는 것은 누구나 예상할 수 있고, 따라서 시합을 주관하는 구단에서는 적당한 시설(예컨대 그물망)을 설치해야 할 의무가 있다고 해야 할 것이다. 만일 이러한 시설이 없었다면 다친 사람은 구단에 대하여 공작물 설치, 보존의 하자로 인한 손해 배상을 청구할 수 있다고 해야 공평할 것이다.

📑 참고 조문

제758조(공작물 등의 점유자, 소유자의 책임)

① 공작물의 설치 또는 보존의 하자로 인하여 타인에게 손해를 가한 때에는 공작물 점유자가 손해를 배상할 책임이 있다. 그러나 점유자가 손해의 방지에 필요한 주의를 해태(懈怠)하지 아니한 때에는 그 소유자가 손해를 배상할 책임이 있다.

⚖️ 어드바이스

프로 야구 출범 이후, 시합 중의 파울 볼이 운동장 밖으로 날아가 지나가던 행인에게 부상을 입혀 구단이 배상해준 실례는 있다고 한다. 그 이유도 공작물 설치, 보존의 하자에 대한 책임 때문이었다.

8. 너무 예뻐도 탈이다

대학교 졸업반인 성춘향은 이름 그대로 절세미인이다.

방학을 맞아 친구들과 동해안으로 피서를 갔는데, 한 여성 잡지의 기자가 수영복을 입은 성춘향의 모습을 보고 카메라로 수십 장의 사진을 찍어 8월호 표지에도 싣고, '예쁜 몸매 자랑'이라는 기사와 함께 여러 장의 사진을 실었다.

친구들이 이 잡지를 보고 알려주는 바람에 성춘향도 이 잡지를 구해보니, 기절초풍할 노릇이 아닌가? 더욱 놀라운 것은 이 잡지사는 다음 호에도 '해수욕장의 풍경'이라는 기획하에 성춘향의 수영복 입은 사진을 실을 예정이라고 한다.

잡지사에 항의하니 "우리 잡지 때문에 유명해졌으니 오히려 사례하라"며 한술 더 뜬다. 거듭 항의하니 그제야 게재료란 명목으로 10만 원을 우송해왔다. 당신이 변호사라면 성춘향의 사건을 어떻게 처리할 것인가?

① 초상권 침해를 이유로 위자료를 청구한다.
② 위자료 청구는 물론 사죄 광고도 청구한다.
③ 위자료 청구, 사죄 광고 청구 외에 잡지의 폐간 신청도 한다.
④ 위자료, 사죄 광고 청구와 다음 호의 사진 게재 정지를 청구한다.

현대는 매스미디어의 시대다. 홍수처럼 쏟아져 나오는 신문, 잡지, 텔레비전을 보면 수많은 사람의 얼굴들이 등장한다.

그러나 사람의 얼굴이나 전신은 그의 동의 없이 촬영하거나 촬영된 사진(영상)을 사용할 수 없다. 이처럼 사람이 자신의 얼굴에 대하여 갖는 권리를 '초상권'이라고 하는데, 이것은 인격권의 일부를 구성한다고 보고 있다. 얼굴이 잘생겼느냐의 여부, 수영복을 입은 몸매가 어떤지는 묻지 않는다.

그런데 이 초상권이 침해된 경우 피해자의 권리는 무엇인가?

첫째, 그 침해로 입은 정신적 고통에 대한 대가, 즉 위자료를 청구할 수 있다. 둘째, 명예 회복을 위하여 사진의 무단 촬영과 무단 사용을 사죄하는 내용의 광고를 게재할 것을 청구할 수 있다. 셋째, 아직 사용하지 않은 사진을 다음 호 잡지에 게재하는 것을 중지시키는 청구를 할 수 있다.

이 모든 청구 소송에서 이기고, 또 많은 위자료를 받아내면 당신은 명변호사인 것이다.

🪨 어드바이스

어느 여성지가 미스코리아 출신 배우의 명예를 훼손하는 허위 추측 기사를 게재한 경우, 또 어느 광고주가 계약 기간이 끝났는데도 광고 모델이 출연한 TV 광고물을 계속 방영한 경우에 각각 손해 배상 책임을 인정한 하급심 판례가 있다. 모두 인격권(초상권 포함)에 대한 침해로 보았기 때문이다. 사죄 광고를 청구하는 것에 대해서는 1991년 4월 1일 헌법재판소가 양심의 자유를 침해하는 것이라는 이유로 위헌 판결을 내렸다.

9. 그 의사, 생사람 잡을 뻔했네

　공인회계사라는 자유직업을 가진 강태공 씨는 이름 그대로 낚시광이다. 틈만 나면 낚시터로 달려가는데 어느 날 동료들과 강원도 파로호로 3박 4일간의 밤낚시를 떠났다.

　그런데 낚시터에서 배가 살살 아프더니 참을 수 없게 되었다. 동료들이 그를 데리고 시골의 개인병원인 오의원을 찾아갔다. 진찰을 마친 의사는 먹은 것이 체한 것 같다면서 약을 지어주었다.

　그러나 이 약을 먹고도 복통이 가라앉지 않아 그 이튿날 급히 서울로 와서 입원을 했다. 알고 보니 급성 맹장염이었다. 응급 수술을 한 강태공 씨는 생명은 건졌으나, 생각할수록 오의원의 의사가 괘씸했다. 급성 맹장염임을 모르고 체했다니, 오진도 보통 오진인가? 강태공 씨가 오의원의 의사에게 손해 배상을 청구할 수 있을까?

① 의사의 오진은 무조건 불법 행위가 된다. 청구할 수 있다.
② 오진으로 인하여 생명을 잃은 것은 아니므로 청구할 수 없다.
③ 의사의 오진에 어떤 고의나 과실이 있어야만 청구할 수 있다.

오늘날 의료 과정에서의 과오로 인한 환자와 의료인 간의 분쟁이 점점 늘어나고 있는 추세이다.

의료인도 인간이므로 진단, 수술, 투약, 마취 등의 의술을 시행하는 과정에서 과실이 있을 수 있다. 그러나 의술에 문외한인 피해자가 의료인의 과오를 입증하기는 매우 어렵기 때문에, 의료인을 상대로 한 손해 배상에서 피해자가 승소하는 비율은 극히 적은 것이 사실이다. 그래서 특별법을 제정해서라도 의료 과오로 인한 피해자를 구제해야 한다는 주장이 제기됨에 따라, 2011년 4월 7일 의료사고 피해구제 및 의료분쟁 조정 등에 관한 법률이 제정, 시행되고 있다.

이 사건에서 의사는, 진단 과정에서 급성 맹장염이라는 질병을 급체로 오진한 잘못이 있음은 분명하다. 그러나 이 오진이 바로 불법 행위로 인한 과실이라고 볼 수는 없다. 그런 판례도 나와 있다. 즉 오진을 하였다고 해서 바로 과실이 있다고는 할 수 없다는 것이다.

오진이 불법 행위가 되기 위해서는, 그래서 손해 배상의 대상이 되기 위해서는, 오진하였다는 사정 외에 이 오진이 의사로서 평균적인 주의 의무를 다하지 못한 과실 때문이라는 점이 규명될 수 있어야 하는 것이다.

🔨 어드바이스

오진 그 자체만으로는 불법 행위가 되지 않는다는 판례는 오늘날 많은 비판의 대상이 되고 있다. 이 사건처럼 진찰 당시 급성 맹장염의 전형적인 증상이 있었고, 평균적인 의사라면 능히 알 수 있었는데도 복통으로 오진하여 환자가 응급 조치를 받을 기회를 잃게 하였다면, 오진 그 자체가 과실이 된다고 보아야 하지 않을까?

10. 모기 보고 칼 빼어 들더니

만사에 준비가 있어야 한다는 유비무환의 정신이 충만한 강심장 씨는 도둑 침입에 대비해 맹견을 기르고 안방에는 야구방망이를 준비해놓았다.

강심장 씨가 술에 취해 곯아떨어진 어느 날 밤, 도둑이 강심장 씨의 안방까지 들어왔다. 부스럭거리는 소리에 잠이 깬 강심장 씨가 살펴보니 도둑이 훔칠 물건을 찾지 못하고 도로 나가는 중이었다.

강심장 씨는 집 밖으로 나가려는 도둑을 쫓아가 야구방망이로 도둑의 머리를 강타했다. 도둑은 머리에 중상을 입고 병원에 입원해 뇌 수술을 받은 끝에 생명은 건졌다. 강심장 씨의 행위는 정당방위인가? 아니면 치료비를 배상해주어야 하는가?

① 강심장 씨의 행위는 다소 지나친 감은 있으나 정당방위이다. 따라서 배상 책임도 없다.

② 중상을 입은 행위는 비록 형법상으로는 무죄이지만, 도둑이 입은 손해만 큼은 치료비를 도의적으로 배상해주어야 한다.

③ 강심장 씨의 행위는 정당방위의 한계를 넘었다. 따라서 치료비 배상 책임 이 있다.

'정당방위'는 형법상으로는 물론 무죄이고, 민사상으로도 불법 행위가 아니므로, 상대방이 입은 손해에 대해 배상 책임이 뒤따르지 않는다.

그러나 어떤 반격 행위가 법률상으로 정당방위라고 인정되기 위해서는 엄격한 요건이 필요하다. 첫째는 타인의 불법 행위에 대해 자기나 제3자의 이익을 방위하려는 목적이어야 한다. 이 방위 행위는 침해 행위가 막 시작되려거나 행해지고 있는 때에만 하여야 하고, 침해가 끝난 뒤에는 할 수 없다. 둘째는 방위 행위가 이것 말고는 다른 수단이 없는 불가피하거나 부득이한 경우라야 한다. 셋째는 반격으로서 지키려는 이익과 그 반격으로 상대방에게 주는 손해가 어느 정도 균형을 이루어야 한다.

이런 기준하에 이 사건을 살펴본다면 강심장 씨의 행위는 두 가지 점에서 정당방위의 한계를 벗어났다고 할 수 있다. 하나는, 도둑의 침해가 종료된 뒤에 반격했다는 것이고, 또 하나는 야구방망이로 머리를 강타한 방법이 불가피하거나 부득이한 것으로 평가될 수 없다는 것이다. 따라서 강심장 씨는 도둑이 입은 손해를 배상할 법적 책임이 있다.

📝 참고 조문

제761조(정당방위, 긴급 피난)

① 타인의 불법 행위에 대하며 자기 또는 제3자의 이익을 방위하기 위하여 부득이 타인에게 손해를 가한 자는 배상할 책임이 없다. 그러나 피해자는 불법 행위에 대하여 손해의 배상을 청구할 수 있다.

👤 어드바이스

범죄가 점점 흉폭하고 잔인해져가면서, 그동안 법전 속에 잠자고 있던 정당방위가 새로운 각광을 받고 있다. 그러나 정당방위는 그 폭을 넓히면 남용의 여지가 있게 되고, 좁히면 제도 자체를 사문화시키는 어려움이 뒤따른다.

11. 싸우다가 죽더라도 고소하지 않는다

중소 도시인 만월시의 유흥가는 '용팔이파'와 '람보파'가 서로 장악하려고 날마다 으르렁거리고 있다.

부하들의 잦은 충돌에도 불구하고 승부가 나지 않자, 양 파의 두목은 합의를 하게 되었다. 두목끼리 서로 무기 없이 맞대결을 해서, 지는 쪽이 이긴 쪽에게 항복을 하여 단일 조직으로 통합하기로 한다는 것이었다. 단 싸우다가 어느 한 쪽이 불구가 되거나 심지어 죽더라도 고소하지 않는다는 합의까지 하였다.

드디어 운명의 날, 양 파의 두목이 산에서 장장 세 시간 동안 결투를 했는데, 람보파 두목이 졌다. 그리고 람보파 두목이 그 후유증으로 실명을 했다. 과연 람보파 두목이 손해 배상 청구(고소)를 할 수 있을까?

① 할 수 없다. 아무리 암흑가의 사나이지만 고소하지 않기로 한 합의의 정신은 존중되어야 한다.

② 할 수 없다. 결투의 합의에는 당연히 신체에 어떤 피해가 있더라도 감수하기로 한 피해자의 승낙이 포함되어 있기 때문이다.

③ 할 수 있다. 합의 속에 피해자의 승낙이 있었다고 하더라도 이런 합의는 무효이기 때문이다.

이 사건과 같은 '결투의 합의'는 만화에나 나오는 이야기만은 아니다. 실제로도 있을 수 있는 사건이다. 그러면 '합의' 그 자체는 법률상으로 어떻게 보아야 하는가? 피해의 승낙인가? 원래 피해자의 승낙이 있으면, 그 승낙에 따른 행위는 위법성이 없다고 해석되고 따라서 불법 행위가 성립되지 않는다. 다리에 중상을 입은 환자가 의사에게 절단 수술을 해도 좋다고 승낙하면, 의사의 행위는 피해자의 승낙이 있었기 때문에 상해죄가 되거나 불법 행위가 되지 않는 것이다.

그러나 피해자의 승낙에 의한 행위가 적법하기 위해서는 피해자가 그 승낙으로 발생하게 될 손해의 의미나 내용을 충분히 이해할 판단 능력이 있어야 하고, 승낙 자체도 강요된 것이 아닌 자유로운 판단에 의하여야 한다. 또한 승낙은 반사회적이어서도 안 된다.

이런 관점에서 볼 때 결투의 합의는 그 자체가 반사회적인 것이다. 따라서 비록 고소하지 않는다는 합의가 있었어도 이러한 합의는 모두 무효라고 보아야 하고, 피해자는 손해 배상을 청구할 수 있다고 해석해야 한다. 다만 피해자 자신의 잘못도 있으므로 이 잘못은 손해 배상액을 정함에 있어서 참작이 되어야 할 것이다.

🔨 어드바이스

피해자는 가해자를 형사 고소할 수도 있고, 민사상으로는 손해 배상 책임을 물을 수 있다. 결투의 합의 속에 손해 배상 청구권도 포기한다는 의미도 포함되었다고 해석하는 경우에는 어떻게 될까? 그래도 이 합의 자체가 반사회적이어서 역시 무효라고 보아야 할 것이다.

12. 떼죽음한 조개

서해안에 위치한 어느 한적한 시골에서 있을 법한 일이다.

마을 사람들은 농사도 짓고, 썰물 때가 되면 개펄에 나가 조개도 잡는 반농반어의 생활을 하고 있다. 그런데 수년 전에 이 마을로부터 4킬로미터 정도 떨어진 약간 높은 지역에 비누 공장이 들어선 이후로, 이 공장에서 나오는 폐수가 조개 어장으로 흘러들어가 조개들이 죽기 시작해 어획고가 급격하게 줄어들었다.

마을 사람들은 이것이 공장의 폐수 때문이라고 의심하고 항의하였으나, 공장 측은 공해 방지 시설을 완벽히 했기 때문에 폐수의 방류는 있을 수 없다고 펄쩍 뛴다.

그러나 개펄에서는 여전히 폐수 악취가 가득하다. 자, 이와 같은 사정만으로 마을 사람들이 손해 배상을 받을 수 있을까?

① 받을 수 없다. 증거가 없다. 의심만으로 불법 행위를 증명할 수 없기 때문이다.

② 받을 수 없다. 비누 공장에서는 공해 방지 시설도 했기 때문이다.

③ 받을 수 있다. 조개의 떼죽음과 비누 공장의 건설, 폐수의 방류 등을 살펴보면 불법 행위의 개연성이 있다.

과거에는 공장 굴뚝이 번영의 상징이었지만, 이제는 환경 오염, 공해의 주역으로 인식되고 있다. 공장에서 배출되는 매연, 분진, 악취, 먼지, 폐수는 자연을 오염시키는 동시에 많은 사람들에게 피해를 주고 있다.

공해 물질의 배출은 그것이 민법상 배상 책임을 져야 하는 불법 행위인가의 문제를 낳고 있다. 무릇 불법 행위가 되기 위해서는 가해자의 고의 또는 과실에 의한 행위와 피해자의 손해라는 결과 간에 이른바 '인과 관계'가 있어야 하고, 이 인과 관계의 존재는 배상을 구하는 피해자가 증명해야만 한다. 그러나 이것을 피해자가 도대체 어떻게 입증할 수 있다는 말인가?

공해로 인한 손해 배상 소송의 고민은 바로 여기에 있다. 그래서 법원은 피해자의 입증 책임을 덜어주기 위해서 일정한 사실만 입증해 인과 관계를 추정해볼 수 있는 '개연성', 즉 가능성 정도만 있으면, 공해 물질의 배출자인 가해자에게 배상 책임을 인정하는 판결 경향을 보여주고 있다.

이것을 '개연성 이론'이라고 하는데, 이것도 아직까지는 확립된 상태는 아닌 것 같다. 어쨌든 이 사건에서 비누 공장이 들어서기 전까지는 조개의 죽음이 없었고 그것이 공장 가동 이후라는 사정을 감안해보면, 개연성 이론에 의해 손해 배상을 받을 수도 있으므로 정답을 ③으로 한다.

🔨 어드바이스

공해 소송에서 피해자의 입증 책임을 덜어주려는 '개연성 이론'은 1974년 12월 10일 대법원이 최초로 판시함으로써 그 후 하나의 모델이 되었고, 2004년 11월 26일에는 "가해 기업이 배출한 어떤 물질이 피해 물건에 도달하여 손해가 발생하였다면 가해자 측에서 그 무해함을 입증하지 못하는 한 책임을 면할 수 없다"는 판결까지 나왔다. 이제는 공해로 인한 피해라도 집단 민원의 방식으로 해결되어서는 곤란하고 법률적으로 해결되어야 할 것이다.

13. 애들 싸움이 어른 싸움 된다

　중학교 2학년생인 박사고 군은 이뭉치 군과 함께 놀다가 말다툼 끝에 서로 몸싸움을 하게 되었다. 박 군은 이 군의 발길질에 채여 장 파열상을 입고 병원에 입원까지 하게 되었다.

　박 군의 치료비가 500만 원가량 나왔는데 박 군은 가정 형편이 어려워 부담할 능력이 없다. 그래서 박 군의 부모는 이 군의 부모에게 찾아가 치료비를 물어줄 것을 요구했으나, 이 군의 부모는 도의적 책임감에서 100만 원 정도는 물어줄 수 있으나 미성년자인 애들 싸움에 부모가 어떻게 전부 법적 책임을 지느냐고 펄쩍 뛴다.

　이 치료비에 대한 법적 책임은 누구에게 있는가?

① 중학교 2학년생 정도면 사리 분별 능력이 있으므로 불법 행위자인 이 군에게만 책임이 있고, 그 부모에게는 없다.

② 미성년자를 감독해야 할 친권자인 이 군의 부모에게 책임이 있다.

③ 싸움과 같은 상호 폭행의 경우에는 책임이 당사자 쌍방에게 있다. 따라서 이 군과 그 부모도 반의 책임이 있다.

불법 행위를 저지른 미성년자는 대부분 자기 재산이 없기 때문에 배상 능력이 없는 것이 현실이다. 그러면 피해자의 손해는 누가 배상하여야 하는가? 민법과 판례는 이렇게 해결하고 있다.

첫째, 미성년자가 자기의 불법 행위에 대한 능력('책임 능력'이라고 한다)이 없다고 판단되면 부모가 배상하도록 하고 있다. 둘째, 미성년자에게 사리 분별 능력이 있다고 판단되면 그때는 미성년자에게 배상 책임이 있고, 부모에게는 없다고 되어 있다(판례는 사리 분별 능력이 대체로 15세 정도면 있다고 보고 있는 것 같다).

그렇다면 미성년자에게 분별 능력이 있어서 손해 배상 책임은 미성년자가 진다고 하더라도 재산이 없는 경우 피해자는 어떻게 될까? 최근의 판례는 미성년자의 사리 분별 능력의 유무를 따지기보다는 부모에게 배상 책임을 지우는 경향을 보여주고 있다. 이러한 경향에 비추어 정답을 ②로 한다.

참고 조문

제753조(미성년자의 책임 능력)
미성년자가 타인에게 손해를 가한 경우에 그 행위의 책임을 변식할 지능이 없는 때에는 배상의 책임이 없다.

제755조(감독자의 책임)
① 다른 자에게 손해를 가한 사람이 제753조 또는 제754조에 따라 책임이 없는 경우에는 그를 감독할 법정 의무가 있는 자가 그 손해를 배상할 책임이 있다. 다만, 감독 의무를 게을리하지 아니한 경우에는 그러하지 아니하다.

어드바이스

법원의 판결 추세도 아직은 확고하게 정립되어 있는 것은 아니다. 그러나 이러한 법원의 노력과 경향을 지지해주었으면 한다.

14. 이익이 있는 곳에 위험도 있다

아파트 단지에서 조그만 슈퍼마켓을 경영하는 안 씨는 배달 사원으로 김 군을 고용하였다. 김 군이 하는 일은 전화로 주문을 받고 오토바이를 타고 배달하는 일이다. 이 일은 김 군이 아침부터 저녁까지 쉬지 않고 하는 것은 아니다.

김 군은 점심 무렵 배달할 일이 없게 되자 동사무소에 가서 자기의 주민등록증 등본을 발급받으려고 했다. 그래서 슬그머니 오토바이를 타고 자기 일을 보러 가다가, 길을 건너는 어린이를 치었다. 김 군은 배상 능력이 없다.

이런 경우에도 김 군을 고용한 안 씨가 손해를 배상하여야 하는가? (김 군이 일으킨 사고는 배달과 관계없이 자기 일을 보기 위해 오토바이를 타고 가다가 일어난 사고이고, 안 씨는 김 군이 오토바이를 타고 나간 사실도 모르고 있었다.)

① 배상할 책임이 있다. 왜냐하면 그를 고용하였으니까.

② 배상할 책임이 없다. 김 군의 사고는 그의 업무와 관계없으니까.

③ 배상할 책임이 없다. 안 씨는 김 군에게 지시한 일도 없고, 알지도 못했으니까.

다른 사람을 사용 또는 고용하여 어떤 사무에 종사하게 한 때에, 사용자는 '피용자가 그 사무 집행과 관련하여 제3자에게 입힌 손해'를 배상할 책임이 있다. 이것을 '사용자 책임'이라고 한다.

사용자에게 손해 배상 책임이 인정되는 이유는, 피용자가 대개 배상 능력이 없기 때문에 피해자를 보호하기 위해서이고, 또 하나는 남을 고용하여 사업을 하는 사람은 그만큼 이익을 얻고 있으므로, 피용자가 타인에게 준 손해도 사용자 자신이 부담하는 것이 공평하다고 보기 때문이다.

사용자 책임이 성립되기 위해서는 사고가 피용자의 사무 집행과 관련이 있어야 한다. 그런데 이것은 외형상으로 관련이 있으면 충분하고, 반드시 피용자의 업무 범위 내일 필요는 없다.

안 씨에게 고용된 김 군의 업무는 오토바이로 배달하는 것이지만, 사고는 업무에 이용되는 오토바이 운전에 의한 것이므로 외형상 사무 집행과 관련이 있다고 볼 수 있다.

📝 참고 조문

제756조(사용자의 배상 책임)

① 타인을 사용하여 어느 사무에 종사하게 한 자는 피용자가 그 사무 집행에 관하여 제3자에게 가한 손해를 배상할 책임이 있다. 그러나 사용자가 피용자의 선임 및 그 사무 감독에 상당한 주의를 한 때 또는 상당한 주의를 하여도 손해가 있을 경우에는 그러하지 아니하다.

② 사용자에 갈음하여 그 사무를 감독하는 자도 전항의 책임이 있다.

🏋 어드바이스

민법에서는, 사용자 책임을 면하려면 사용자가 피용자에 대한 감독을 게을리하지 않았다는 것을 입증하라고 요구하고 있으나, 이 입증이 불가능에 가까우므로 피해자는 어느 정도는 안심하고 사용자에게 책임을 추궁할 수 있다.

15. 맹견 주의

　이층집의 1층에 세 들어 사는 최 씨는 자기가 사는 동네에 도둑이 심하다는 소문을 듣고 사납기 짝이 없는 도사견을 데려와 집을 지키게 했다. 개가 워낙 사나워 튼튼한 줄로 매어놓고 대문 밖에는 '맹견 주의'라는 경고 글까지 붙여놓았다.

　어느 날, 떠돌이 행상인 황 씨가 물건을 팔려고 최 씨 집의 초인종을 눌렀으나 기척이 없어 발로 대문을 걷어찼다. 그 바람에 대문이 열리면서 동시에 도사견이 줄을 끊고 달려 나와 황 씨를 물어버렸다.

　황 씨가 치료비의 배상을 요구하자, 최 씨는 황 씨가 맹견 주의라는 경고문을 무시하였고, 대문을 걷어찬 잘못 때문에 일어난 일이기 때문에 자기 잘못은 없다면서 치료비를 물어줄 수 없다고 하였다.

　치료비는 누가 부담하여야 하는가?

① 맹견의 소유자인 최 씨가 물어내야 한다.

② 최 씨는 맹견 주의라는 경고를 대문에 써 붙였고 그럼에도 이를 무시하고 대문을 발로 걷어찬 황 씨의 잘못이므로, 최 씨가 물어낼 의무는 없다.

③ 맹견의 사육을 방치한 집 소유자가 물어내야 한다.

사람이 사육하거나 관리하는 동물이 다른 사람에게 손해를 입힌 경우에 그 손해는 누가 부담하여야 하는가?

민법은 이런 경우, 동물의 종류와 성질에 따라 상당한 주의를 하지 않았다는 조건으로 동물의 점유자나 또는 점유자를 대신하여 동물을 보관하는 자에게 부담시키고 있다. 여기서 상당한 주의를 다하였다는 사실을 증명할 책임은 배상 청구를 받은 점유자나 보관자에게 있다.

그러면 어느 정도의 주의를 하면 책임이 없게 될까? 그것은 동물의 종류가 무엇이냐와 그 동물의 성질이 어떠하느냐에 따라 천차만별일 것이다. 이 사건에서와 같이 '맹견 주의'라는 경고문을 대문에 써 붙인 경우 상당한 주의를 다한 것으로 보아야 할까? 그렇게 볼 수는 없을 것 같다. 도사견이 줄을 끊고 달려 나왔다는 사실을 볼 때 그렇다.

따라서 치료비의 배상 책임은 도사견이라는 사나운 동물의 관리를 다하지 못한 최 씨에게 있다. 다만 그냥 돌아섰으면 아무 일도 없었을 텐데 발로 대문을 걸어찬 피해자 황 씨도 책임의 일부는 스스로 지는 것이 공평할 것이다.

📝 **참고 조문**

제759조(동물의 점유자의 책임)
① 동물의 점유자는 그 동물이 타인에게 가한 손해를 배상할 책임이 있다. 그러나 동물의 종류와 성질에 따라 그 보관에 상당한 주의를 해태하지 아니한 때에는 그러하지 아니하다.

⚖ **어드바이스**

민법은 동물의 경우에도 점유자나 보관자가 동물의 관리를 소홀히 하지 아니한 것을 입증하면 책임이 없다고 규정하고 있으나, 이 역시 입증이 불가능에 가까운 것이라고 할 수밖에 없다.

16. 가해자가 누군지 모르겠다

회사에서 야근을 하고 밤늦게 퇴근하던 신 씨는 골목길에서 불량배 다섯 명으로부터 집단 구타를 당하였다. 그 과정에서 불량배 중 1인으로부터 몽둥이로 맞아 골절상까지 입었다.

중상을 입은 신 씨는 입원을 했고, 경찰에 신고를 하여 경찰이 수사를 편 결과 그중 3인을 검거하였다. 그런데 이들은 한결같이 자기들은 몽둥이를 들고 때리지 않았다고 부인한다. 아직 검거되지 않은 다른 사람이 한 것이라고 변명하고 있다.

미스터 신의 상처는 구타로 생긴 것이 아니고 몽둥이에 의한 것이 사실이다. 현재로선 누가 몽둥이로 때렸는지 알 수가 없다. 치료비가 250만 원이 나왔는데 신 씨는 누구에게 손해 배상을 청구하여야 하는가?

① 몽둥이로 구타한 사람에게만 청구하여야 하는데, 현재로서는 알 수 없으므로 그 사람을 검거할 때까지는 방법이 없다.

② 현재 검거된 3인에게 그들이 몽둥이로 때렸는지를 따지지 않고 손해의 전부를 배상 청구할 수도 있고, 그중 배상 능력이 있는 사람만을 선택해서 전부를 청구할 수도 있다.

③ 현재 검거된 3인에게 50만 원씩 150만 원의 손해 배상을 청구할 수 있다.

여러 사람이 공동으로 불법 행위를 한 때에는 그 여러 사람 전부가 연대하여 손해를 배상할 책임이 있음은 상식으로 생각해보아도 분명하다. 그런데 이 사건처럼 여러 사람이 불법 행위에 가담했으나 '누구의 행위가 손해(골절상)를 가한 것인지 알 수 없을 때'는 어떻게 되는가? 신 씨는 집단 구타에 의해서 골절상을 입은 것이 아니고 누군가의 몽둥이 가격에 의하여 치료비 250만 원의 손해가 생겼으니 말이다.

이런 경우에도 민법은 '공동 불법 행위'라고 보고, 공동 불법 행위자들이 피해자에 대하여 연대하여 배상할 책임이 있다고 규정함으로써 해결하고 있다. 여기서 '연대하여'라는 것은, 공동 불법 행위자들이 각자 손해의 전부를 배상할 책임이 있다는 뜻이다. 구체적으로는 전원이 250만 원을 배상하여야 하고, 피해자가 그중 한 사람만을 상대로 청구하더라도 청구받은 그 사람은 혼자서라도 250만 원을 배상하여야 하는 위치에 있다는 뜻이다.

📝 참고 조문

제760조(공동 불법 행위자의 책임)
① 수인이 공동의 불법 행위로 타인에게 손해를 가한 때에는 연대하여 그 손해를 배상할 책임이 있다.
② 공동 아닌 수인의 행위 중 어느 자의 행위가 그 손해를 가한 것인지를 알 수 없는 때에도 전항과 같다.
③ 교사자나 방조자는 공동 행위자로 본다.

🔨 어드바이스

이 사건에서 피해자는 자기를 몽둥이로 때린 피해자가 누구인지 따질 것도 없이 현재 검거된 세 사람을 전원 상대해서 250만 원의 배상을 청구할 수 있고, 그중 배상 능력이 있는 사람만을 선택해서 250만 원을 청구할 수도 있다.

17. 눈에는 눈, 이에는 이

한 동네에 사는 돌쇠와 먹쇠는 함께 술을 마시다가 그만 사소한 이유로 싸우게 되었다. 돌쇠가 힘이 더 센 탓에 먹쇠는 돌쇠의 주먹에 맞아 그만 이가 부러졌다. 먹쇠는 진단서를 떼어 돌쇠를 고소하였으나 그만한 일로 구속될 리 만무하다.

사또께서는 돌쇠에게 먹쇠를 찾아가 잘못을 빌고 처벌을 바라지 않는다는 진정서를 받아오라고 명령했다. 돌쇠가 먹쇠를 찾아가니, 먹쇠는 치료비와 위자료도 필요 없고 자기가 당한 대로 "주먹으로 한 대 쳐서 이 한 개를 부러뜨리게 해주면 이것으로 손해를 배상받은 셈 치고 진정서를 써주겠다"고 제안하였다.

먹쇠가 이러한 방식으로 손해를 배상받을 수 있는가?

① 불가능하다. 손해는 금전으로 배상하는 것이 원칙이다.
② 가능하다. 돌쇠가 동의하면.
③ 가능하다. 법원이 허가하면.

　가해자가 자기의 불법 행위로 인하여 피해자가 입은 손해를 배상하는 수단은 두 가지가 있다. 하나는, 원상대로 회복해주는 것이다. 가령 불법 행위가 명예 훼손일 경우에 피해자의 요청에 따라 신문에 자진하여 사죄 광고를 내는 것이 그 실례이다.

　그러나 원상회복이 불가능한 경우에는 금전으로 배상하는 것이 원칙이다. 다른 사람의 생명이나 신체에 대한 불법 행위로 인하여 사망하거나 불구가 되게 한 경우 원상회복은 불가능하다. 따라서 가해자는 피해자에게 피해자가 입은 손해를 금전으로 배상하여야 한다. 그래서 오늘날 생명, 신체에 대한 불법 행위에 따른 손해 배상의 방법은 금전 배상, 즉 배상금을 물어주는 것이 원칙이라고 할 수 있다.

　이 사건에서 먹쇠의 심정은 충분히 이해가 가지만, 이것은 오늘날의 법률이 허용하고 있지는 않다. '눈에는 눈, 이에는 이'라는 고대의 '동해보복(同害報服)의 원칙'은 폐기된 지 오래다. 먹쇠는 치료비와 위자료라는 금전 배상을 받는 것에 만족하여야 한다.

📝 **참고 조문**

제394조(손해 배상의 방법)
다른 의사 표시가 없으면 손해는 금전으로 배상한다.

⚖ **어드바이스**

'합의'는 불법 행위로 인한 손해 배상의 여부와 범위를 당사자끼리 자치적으로 해결하는 것이다. 범죄가 수반되는 불법 행위에 있어서 당사자 간의 합의는 수사 기관이나 법원에서 정상을 참작하는 중요한 자료가 된다.

18. 왜 나만 갖고 그래

변두리에서 시내로 지하철을 타고 출퇴근하는 샐러리맨 방자는 '지옥철' 신세를 면하려고, 큰맘을 먹고 자가용족이 되기로 했다.

어렵사리 면허를 따고, 시내 연수도 마치고, 경차를 사서 역사적인 출근을 하는 날이었다. 공교롭게도 횡단보도도 아닌 곳에서 초등학교 학생이 갑자기 길을 건너는 것을 뒤늦게 발견하고 급정거를 했으나 그만 사고가 났다. 아직 보험도 안 들었는데 치료비는 300만 원가량 나을 예정이다. 물론 상대방에게 위자료도 물어주어야 할 것이다.

자, 방자 씨가 물어내야 할 손해의 범위는?

① 치료비 전액과 피해자 측이 요구하는 대로 위자료를 물어주어야 한다.

② 치료비와 위자료의 합산액에서 피해자의 과실에 해당하는 비율만큼은 공제한 액수다.

③ 치료비와 보험 회사가 정해놓은 기준에 해당하는 위자료다.

④ 치료비는 전액을, 위자료는 법원이 정해주는 대로다.

　자기의 불법 행위로 말미암아 다른 사람에게 손해를 가한 때 그 손해를 배상하여야 한다는 것은 이미 여러 차례 설명한 바와 같다. 그런데 피해자에게도 어떤 잘못이 있다면, 이러한 피해자의 과실은 손해 배상 과정에서 어떻게 평가하여야 할 것인가? 피해자의 잘못은 손해의 '발생'단계에서 있을 수도 있고, 또는 손해의 '확대'에 대해서도 있을 수 있다.

　민법은 피해자에게도 손해의 발생 또는 손해의 확대에 대해 잘못이 있으면 손해 배상의 책임 여부를 정하거나 금액을 정할 때 참작하도록 하고 있다. 이것을 '과실 상계'라고 한다.

　이 사건에서 피해자는 횡단보도 아닌 곳을 건넌 잘못이 있다. 그래서 배상 금액을 정함에 있어서 이러한 피해자의 과실 비율만큼을 손해액에서 공제하게 된다. 예를 들어 피해자의 손해가 100만 원이고 과실이 2할 정도라면 가해자에게는 80만 원의 배상을 명하게 되는 것이다. 피해자가 과실이 있으면 자기 과실 비율에 해당하는 손해는 피해자가 부담해야 한다는 과실 상계 제도가 있음으로 인해서, 법은 만인 앞에 공평하다는 말을 들을 수 있는 것이다.

📝 참고 조문

제396조(과실 상계)
채무 불이행에 관하여 채권자에게 과실이 있는 때에는 법원은 손해 배상의 책임 및 그 금액을 정함에 이를 참작하여야 한다.

⚖️ 어드바이스

불법 행위(특히 교통사고)에 있어서, 정도의 차이는 있으나 대개 피해자에게도 과실은 있다고 할 수 있다. 그러나 당사자 간의 합의 과정에서는 과실 상계가 거론되지 않는 것 같고, 소송에서만 문제가 되고 있는 것 같다. 소송에서 과실 상계는 당사자가 주장하지 않아도 법원이 직권으로 과실 여부와 과실 비율을 참작하고 있다.

19. 생명은 그 무엇보다 소중하기에

독실한 기독교 신자인 최신실 씨는 결혼 후 첫아이로 딸을 낳았고, 이후 단산하기로 결심하고 B병원에서 영구 불임 수술을 받았다. 그런데 그 후 행운인지 불행인지 임신이 되었다.

태아도 생명인 법, 원치 않는 임신이었지만 그녀는 독실한 신앙에 따라 출산을 하였다. 태어난 아이는 사내였다. 최 여사는 B병원에 항의하였다. B병원은 잘못을 시인하면서도 "출산율도 낮은데 득남했으니 전화위복 아니냐? 출산비는 받지 않겠다"라고 하였다.

최 여사가 청구할 수 있는 손해는 무엇인가?

① 원치 않는 임신과 출산으로 인한 정신적 고통에 대한 위자료다.

② 위자료와 둘째 아이 출산비다.

③ 태어난 아이가 성년에 달할 때까지의 양육비다.

　　영구 불임 수술의 실패로 원치 않는 임신과 출산을 한 경우 그 산모 또는 부부가 입은 손해는 무엇일까?

　　우선 정신적 고통에 대한 위자료와 출산 비용은 당연히 손해로 보아야 한다. 그래서 정답을 ②라고 하였다.

　　그러나 더 나아가서 출산한 아이가 성년에 달할 때까지의 양육비도 청구할 수 있을까? 왜냐하면 불임 수술의 실패가 없었다면 둘째 아이의 임신이나 출산은 없었을 것이고, 또 양육의 문제도 발생할 리 없기 때문이다. 양육에는 막대한 경제적 부담이 뒤따르는 것도 사실 아닌가?

　　이에 관한 우리나라 법원의 판례는 아직 없는 것 같다. 그런데 독일의 연방 대법원은 1990년대 초 이 문제를 긍정하는 판결을 내놓았다. 원치 않는 임신·출산으로 인한 양육비를 손해로 보지 않는 하급심의 판결을 번복한 것이어서 독일 사회에 충격을 주었다고 한다. 이러한 유형의 분쟁이 앞으로 예상되는 우리나라에서도 이 판결은 참고가 될 것이다.

⚖ 어드바이스

이 문제는, 영구 불임 수술의 잘못으로 임신이 되었으나 낙태를 한 경우에도 해결하기 곤란한 숙제를 던져준다. 즉 위자료 외에 낙태 수술 비용이 손해일 수 있는가가 문제되기 때문이다. 결론은, 낙태는 '모자보건법'에 의한 불가피한 경우 이외에는 불법(범죄)으로 간주되고 있으므로, 그 수술 비용은 손해로 볼 수 없을 것 같다.

20. 사고도 억울하거늘

농촌에서 농사만 짓던 삼용이는 "말은 태어나면 제주로 보내고 사람은 서울로 보내라"는 속담만 믿고 용감하게 상경하였다. 상경은 하였으되 서울에는 아는 사람도 없고, 교통은 또 얼마나 복잡한가?

종로 한복판에서 휘황찬란한 네온사인을 구경하다가, 횡단보도의 파란불을 늦게 보고 급하게 뛰어가는 순간 빨간불로 바뀌어 그만 자동차에 치이고 말았다.

3개월의 치료가 끝나자 그는 다시 시골로 가려는데, 가해자(보험사) 측은 삼용이가 사고 당시 무직자였다는 이유로 위자료 30만 원만 주겠다고 한다. 사고도 억울한데 시골 사람이라 얕보는 것이 아닌지?

자, 삼용 씨에 대한 손해 배상 기준은 무엇인가?

① 사고 당시 무직자였으므로 수입의 손해는 없다. 따라서 위자료밖에 받을 수 없다.

② 3개월 전까지 농사를 지었고, 다시 농사를 지어야 할 형편이므로 농촌에서의 품꾼 삯은 받을 수 있다.

③ 사고 당시 도시에 있었으므로 도시에서의 노동자 품삯은 받을 수 있다.

불법 행위로 인한 재산상의 손해 배상액을 산출하는 기준은 '사고 당시 피해자가 얻고 있던 수입'이다. 그런데 사고 당시 피해자가 수입이 없었던 경우, 즉 무직자인 경우에는 어떻게 될까? 이것은 어린이, 학생, 주부의 경우에도 공통되는 문제이다.

현재 보험 회사나 법원에서의 손해 배상 실무를 보면 이런 경우에는 '일용 노동자의 하루 품삯'을 기준으로 하고 있다. 그리고 피해자가 농촌에 거주하고 있으면 농촌 일용 노동자의 하루 품삯을, 도시에 거주하고 있으면 도시 일용 노동자의 그것을 기준으로 삼고 있는데, 이러한 일용 노동자의 품삯은 건설협회나 농협이 조사해 책으로 발간하고 있어서 이것을 자료로 삼고 있다.

그리고 일용 노동은 대개 한 달이면 25일씩, 그리고 만 60세, 경우에 따라서는 65세가 끝날 때까지 종사할 수 있다고 간주하고 있다. 사고 당시 직업이 없었던 사람도 최소한 일용 노동자로서의 수입만큼은 있다고 간주되는 만큼, 이 사건에서 삼용 씨도 농촌 일용 노동자로서의 하루 품삯을 기준으로 손해 배상을 받을 수 있는 것이다(물론 위자료는 별도로 받을 수 있다).

⚖ 어드바이스

무직자의 손해 배상 기준이 농촌 일용 노동 임금인가, 아니면 도시 일용 노동 임금인가의 문제는 피해자에게 커다란 이해관계가 걸려 있다. 통계로는 농촌의 그것이 도시보다 두 배에 달하기 때문이다. 해결의 관점은 사고 당시 어느 지역에 거주하였는가로 귀착된다(농촌 일용직 노동 임금으로 배상하는 경우에도 그 가동 연한을 60세가 될 때까지로 보는 판례에서부터 65세가 될 때까지로 보는 판례 등 다양하나, 이 60세와 65세 자체도 농촌 노동 인구, 즉 농업 인구의 고령화 추세와 현실에 비추어볼 때 시대와 맞지 않는다는 느낌이다).

21. 연탄 공장 때문에 집값이 내렸다

장안시가 지금은 인구 20만의 도시이지만, 10여 년 전에는 인구 3만 가량의 소도시였고, 그중 태평동은 허허벌판이었다.

당시 이곳에 연탄 공장이 세워졌는데 그 후 도시의 확산으로 공장 주위에는 많은 주택들이 들어섰다. 그런데 이 연탄 공장에서 발생하는 시꺼먼 가루가 주위로 날아가, 주민들은 빨래를 널 수도 문을 열어놓을 수도 없는 형편이었다. 그래서 주민들은 '공해 추방 태평동 주민 비상대책위원회'를 결성한 뒤 공장 앞으로 몰려가 항의 시위도 벌이고, 당국에 진정도 해보았으나, 공장은 본체만체하고 당국 역시 대책이 없다.

이 때문에 태평동의 주택값은 다른 지역보다 30퍼센트나 내렸고, 팔고 이사하려고 해도 사러오는 사람조차 없는 실정이다.

비상대책위원회는 연탄 공장을 상대로 하락한 집값에 대한 집단 손해 배상 소송을 제기하려고 하는데, 가능한가?

① 연탄 공장의 연탄 가루로 인해 집값이 하락해도 이것을 주민들의 손해라고 볼 수 없다. 따라서 불가능하다.

② 주민들이 연탄 가루로 인해 고통을 받고 집값이 하락하는 손해를 입은 이상 손해 배상을 청구할 수 있다.

③ 연탄 공장이 주택보다 먼저 들어섰으므로 주민들은 소송을 제기할 자격이 없다.

매연, 먼지, 악취, 소음 등 소위 공해 물질의 배출이 반드시 불법 행위가 되는 것은 아니다. 또 불법 행위의 영역에서 말하는 '손해'는 불법 행위와 인과 관계가 있는 현실적인 손해만을 손해로 보고 있다.

이를 '통상의 손해'라고 하며, 피해자에게만 있을 수 있는 특별한 사정으로 인한 손해는 '특별 손해'라고 하는데, 이것은 가해자가 알고 있거나 알 수 있었을 때에만 배상받을 수 있다.

그런 의미에서 집값의 하락은 사실상으로는 손해일 수 있어도, 불법 행위에서 따지게 되는 인과 관계가 있는 현실적인 손해, 즉 통상의 손해라고 보기는 어렵다.

대법원은 이와 비슷한 사건, 즉 소주 공장의 매연과 악취로 인하여 이 공장에 인접한 주민이 제기한 손해 배상 청구 사건에서 "특별한 사정이 없는 한 이로 인하여 육체적 정신적 손해가 발생하였다면 그러한 손해의 배상을 청구하는 것은 모르되, 부동산의 시가가 하락하였다고 피고(공장)에게 그 손해 배상을 명할 수는 없다"라는 판결을 내린 바 있다(1968. 11. 19.).

따라서 이 대법원 판례에 의하더라도 주민들의 손해 배상 청구는 받아들여지지 않을 것이므로 정답은 ①이다.

🔨 어드바이스

이 사건에서 주민들이 위자료는 청구할 수 있다고 보아야 할 것이다. 연탄 공장에서 발생하는 가루 때문에 '진폐증'이라는 불치의 병에 걸린 주민이 제기한 손해 배상 청구 사건에서 주민이 승소한 사건도 있었다.

22. 쨍하고 해 뜰 날만 기다리다가

현걸 씨는 30세의 무명 가수로 소위 밤무대 가수이다. 가수 현철 씨도 사실 〈앉으나 서나 당신 생각〉이라는 노래가 히트하기 전까지는 무명 가수 아니었던가?

현걸 씨도 '언젠가는 쨍하고 해 뜰 날이 있겠지' 하면서 오늘도 밤무대에서 혼신의 힘을 다하여 노래를 부른다. 그가 업소에서 일을 마치고 귀가하던 중 자동차에 치였다고 하자. 불행하게도 성대를 다쳐서 유명 가수가 되어보겠다는 꿈도 잃게 되고….

그나저나 손해를 배상받아야겠는데 가수의 정년은 언제까지일까? 왜냐하면 손해 배상은 피해자의 정년까지의 수입을 기준으로 하니까.

① 최소한 한국인 남자의 가동 연령인 만 60세까지는 밤무대에 설 수 있다. 70세가 넘도록 활동하는 가수들도 있지 않은가?

② 40세까지이다. 40세가 넘도록 가수로 성공하지 못한다면 그 뒤부터는 가수도 아니기 때문이다.

③ 55세까지이다. 그 뒤로는 가수로서의 활동 능력이 감퇴되니까.

④ 모든 밤무대 가수를 조사하여 그중 최고령 가수를 기준으로 하면 된다.

이 문제의 정답으로 ③이 법률가들의 지지를 받을 것 같다.

불법 행위로 인하여 생명을 잃거나 신체가 부상당한 경우에 그 손해 배상액을 계산하는 공식이 있다면 '사고 당시 수입×가동 연령까지'라고 할 수 있다. '가동 연령'이란 직업별로 최대한 종사할 수 있는 기간을 말한다.

그런데 이 세상에는 수만 가지 직업이 있고, 이렇게 많은 직업은 모두 사망할 때까지 종사할 수 있는 것은 아니고 그 한계가 있을 것인데, 가동 연령이란 말하자면 그 직업에 종사할 수 있는 한계 연령이라고 이해해야 할 것이다. 그리고 그 직업이 회사원, 교사, 공무원, 군인들처럼 정년이 있으면 가동 연령은 물론 그 정년까지인 것이다.

그러나 문제는 정년이 정해져 있지 않은 자유직업인이고, 특히 연예인이다. 연예인의 가동 연령에 관해서 아직 법원의 판례는 나오지 않고 있다.

다만 '판소리 국악인'에 대하여는 판례가 있다. 1심과 2심 법원이 가동 연령을 70세까지로 본 데 대하여 대법원은 이를 승인하지 않으면서 "판소리 국악인은 고음 발성이 필요하므로 심장, 폐활량, 성대 등이 정상이어야 하고 기억력 감퇴가 없어야 하는데 70세까지 일할 수 있다고 볼 수는 없다"라고 한 바 있다.

가수도 비슷한 경우로, 현재 법원이 한국인 남자의 보편적인 가동 연령이라고 인정하는 55세까지 종사할 수 있다고 보아야 할 것 같다(물론 피해자가 그 이상도 종사할 수 있음을 입증하는 것은 가능하다).

📛 어드바이스

정년이 정해져 있지 않은 자유직업 소득자의 가동 연령은 결국 판례에 의해서 해결되는 수밖에 없다. 아직 모든 직업별로 가동 연령이 판례로 나와 있지는 않다.

23. 다친 노인에게는 한약이 최고

시골에 사는 정간난 할머니는 서울 사는 아들 집에 다니러 왔다가 교통사고를 당했다. 진단명은 대퇴골 골절상, 입원 치료 기간은 10주였다. 깁스를 하고 10주간이나 입원해서 치료를 받은 정 할머니는 퇴원을 했지만, 원기가 없어서 아들 집에서 계속 요양을 하게 되었다.

다친 노인네가 빨리 나으려면 한약이 최고라는 사람들의 말에 효자인 아들은 비싼 보약을 어머니에게 지어드렸다. 보약 덕분인지 정 할머니는 완쾌하였는데 가해자가 합의를 보자고 한다. 병원 치료비는 물론 가해자가 부담했으므로, 위자료만 물어드리겠다고 한다. 퇴원 후 지어드린 보약값 100만 원도 과연 배상받을 수 있을까?

① 치료가 끝난 이후 피해자가 원기 회복을 위해 구입, 복용한 보약값은 손해가 아니다. 따라서 받을 수 없다.

② 한약의 복용은 직접적인 치료 방법에 속하지 않으므로 받을 수 없다.

③ 피해자인 할머니가 교통사고로 쇠약해진 원기 회복을 위해 구입, 복용한 것도 교통사고로 인한 손해가 된다. 따라서 받을 수 있다.

불법 행위로 인한 손해는 그 불법 행위와 인과 관계가 있는 것만 손해로서 배상된다. 불법 행위가 교통사고일 경우 치료비, 입원 기간 중의 식대, 병원까지의 교통비, 환자를 간호하기 위해 고용한 간호인에게 지급한 비용 등등이 손해가 된다.

그런데 피해자가 노인이거나 부녀자로서 치료 기간 중 또는 치료 종료 후 교통사고로 쇠약해진 원기의 회복을 위해 한약이나 보약을 구입, 복용한 경우에 이 비용도 손해라고 볼 수 있을까?

법원의 판례는 이를 긍정하고 있다. 한약(보약)의 복용이 치료나 원기 회복과 관련이 있는 경우에 한해서 인정한다.

"한약이라고 해서 질병 치료와 관계가 없다 할 수 없고, 연로한 부녀자인 상해 피해자가 한약을 복용한 것은 직접적인 치료 방법이라고 할 수 없더라도 쇠약한 인체를 회복하기 위한 것이라면 그 한약대도 상해로 인한 손해액에 포함된다"라고 판시한 바 있다.

🏃 어드바이스

피해자가 원기 회복을 빙자해, 치료나 원기 회복과는 관계가 없는 보신용의 아주 비싼 보약을 구입해서 복용한 경우는 어떻게 될까? 이 경우에는 물론 손해 배상이 부정될 것이다.

24. 장례는 성대하게 치러드렸다

　국회의원, 장관 등 화려한 공직을 거치고 70세로 일체의 공직에서 물러난 김용삼 씨는 노후에 손자들과 어울려 노는 것을 낙으로 삼고 있었다. 그런데 어느 날 새벽에 산책을 나갔다가 과속으로 질주하는 택시에 치여 그만 사망하고 말았다. 뜻밖의 비보를 접한 김용삼 씨의 자녀들은 비명에 가신 아버지의 장례를 많은 비용을 들여 성대하게 치러드렸다.

　장례 후 가해자를 대리한 보험회사 측과 손해 배상 문제를 논의하게 되었는데, 김용삼 씨가 사고 당시 수입이 없어서 기준대로 하면 100만 원 정도의 위자료밖에는 지급될 것이 없었다. 그러나 장례비는 수천만 원이나 들었다. 이 장례비도 손해인가?

① 장례비가 아무리 많이 들었어도 법률과 사회 통념이 승인하는 한도 내의 장례비만이 손해이다.

② 사람은 언젠가는 죽게 마련이고 죽으면 장례비는 누구에게나 드는 것이어서, 교통사고로 사망했다고 해서 장례비가 손해라고는 할 수 없다.

③ 장례비는 사망한 사람이나 후손의 사회적 지위나 신분에 따라 다르게 마련이다. 따라서 이 사건에서 김용삼 씨의 화려한 경력에 비추어 들어간 장례비는 모두 손해이다.

사람은 언젠가는 죽는다. 그리고 사람은 자기가 언젠가는 죽는다는 사실을 알고 있는 유일한 동물이다. 또 사람이 죽으면 남은 자들에 의하여 장례라는 의식이 치러진다. 죽음의 원인이 자연사든, 병사든, 사고사든, 사람은 죽게 마련이고, 죽으면 장례가 치러지며, 또 장례에는 비용이 들게 마련이다. 그러나 다른 사람의 불법 행위로 인해 사망했다고 해서 별도로 지급하지 않아도 될 장례비가 들어가는 것은 아니다. 왜냐하면 사람은 다른 이유로도 죽는 것이니까.

이렇게 사람은 언젠가는 죽게 되고, 죽으면 장례비는 당연히 들게 마련인데, 불법 행위로 죽었다고 해서 언젠가는 지출하게 될 장례비를 소위 손해라고 볼 수 있을까? 법에서는 무조건 손해라고 본다.

다만 장례비는 실제 들어간 모든 비용이 손해는 아니다. 그 사회가 정당성을 승인할 수 있는 한도의 장례비만 손해라고 해야 한다. 이것은 죽은 자에게 들어가는 천차만별인 장례비를 일정한 범위로 제한함으로써 가해자를 보호하기 위한 법의 배려일 수도 있다.

🔨 어드바이스

소송의 실무에서는 장례에 들어간 비용을 일일이 증명하기 어려워서, 대개 원고와 피고가 장례비는 얼마쯤 들었다고 액수를 합의해 법원에 고지하면 법원은 이 금액을 장례비 손해로 인정하고 있다.

25. 아버님이시여, 부디 극락왕생하소서

앞의 사례에서 김용삼 씨가 독실한 불교 신자라고 하자. 그래서 김용삼 씨의 자식들이 아버님이 돌아가신 지 49일째 되는 날, 아버님이 생전에 다니시던 극락사에서 명복을 빌고 극락왕생을 기원하는 49재 불공을 드렸다. 물론 불공에도 비용이 들어간다.

이 불공 비용도 아버님이 교통사고로 돌아가시지 않았다면 그 시점에서 지출할 비용은 아니었던 것이다. 49재 불공 비용도 손해인가?

① 손해라고 볼 수 없다. 인과 관계가 없기 때문이다.

② 49재 불공 비용도 손해이다. 인과 관계가 있기 때문이다.

③ 손해이다. 김용삼 씨의 사회적 지위 때문이다.

불교는 우리나라에서 가장 오래된 종교이고, 최대의 신도를 갖고 있다고 한다. 불교에서는 사람이 죽으면, 그 후손들이 사망일로부터 49일째 되는 날 고인이 다니던 절에서 소위 '49재 불공'을 드린다.

사망이 자연사든, 병사든, 사고사든, 49재 불공은 불교 신자들에게는 보편적인 신앙 풍습인 것 같다. 그래서 법원은 이러한 현실을 손해 배상의 실무에서 그대로 반영하는 것 같다.

즉 "사람이 사망한 경우에 사망자와 유가족들의 사회적 지위와 사망 원인 등에 비추어 49일재, 100일재를 올리는 것이 우리나라 보통의 풍습이라 할 것이므로, 이 비용은 손해액에 산정되어야 한다"라고 판결하고 있다. 따라서 망인의 영혼을 위로하고 극락왕생을 비는 49재 불공 비용도 불법 행위로 인한 인과 관계에 있는 손해라고 인정하지 않을 수 없다.

👤 어드바이스

49재 불공 비용도 장례비처럼 천차만별일 것이다. 따라서 그 전액을 손해라고 인정할 수는 없을 것이고, 평균적이고 합리적인 범위 내의 비용만이 손해로서 배상될 수 있다고 할 수 있다.

26. 재산 목록 2호

회사 택시 기사였던 정성실 씨는 정말 이름 그대로 성실한 사람이다. 무사고 모범 기사인 정 씨는 마침내 개인택시 면허를 얻어 중형차를 새로 구입하였다. 이 중형차는 조그만 집에 이어 정 씨의 재산 목록 2호이다. 매일 닦고 손을 보며 애지중지한다.

그런데 어느 날 중앙선을 넘어온 호화 승용차에 받혀 대파되고 말았다. 물론 택시는 수리가 가능하다. 가해자는 보험에 가입되었다고 보험으로 처리하자고 하면서 오만불손하다. 물론 수리하면 된다. 그러나 정 씨는 자신의 재산 목록 2호의 파손에 대해 심한 정신적 고통을 맛보았다.

정 씨에게 이 사고에 대한 위자료 청구권이 있을까? (정 씨가 다친 일은 없다.)

① 정신적 고통을 느꼈으면 당연히 위자료 청구권이 있다.

② 물건의 파손에 대해서 그 물건 소유자에게 위자료 청구권은 없다.

③ 상대방의 일방적 과실일 경우에 한해서 위자료 청구권이 있다.

　'생명, 신체'에 대하여 가해진 불법 행위의 경우에는 당연히 피해자와 가족 등에게 위자료 청구권이 주어진다. 그러나 불법 행위가 '물건'에 가해져 물건이 파손되거나 없어진 경우에는 어떻게 될까?

　사람에 따라서는 애지중지하는 물건의 파손, 멸실에 대해서도 정신적인 고통을 받을 수 있다. 그러나 법은 이런 경우에 원칙적으로는 위자료 청구권이 없다고 한다. 왜냐하면 물건의 파손에 대해서는, 그 물건의 소유자가 맛보는 정신적 고통(정신적 손해)은 가해자가 그런 사정을 알았거나 알 수 있었던 경우에만 배상할 수 있는 '특별 사정으로 인한 손해'로 파악하고 있기 때문이다.

　피해자가 가해자의 불법 행위로 인하여 물건이 파손되어 정신적 고통을 맛보았다는 특수한 사정을 입증한다는 것은 거의 불가능에 가까우므로, 결론은 물건에 대한 불법 행위의 경우에는 위자료 청구권이 없는 셈인 것이다.

　이 사건에서 손해는 수리비라는 재산상 손해, 그리고 수리 기간 중의 운휴로 인한 수입 손실이라고 해야 한다.

🔨 어드바이스

이 사건에서 피해자인 정성실 씨에게 물건(택시)의 파손으로 인한 위자료 청구권은 없다고 하더라도, 사고 자체로 인한 위자료 청구권은 있다고 보아야 한다. 왜냐하면 그 사고로 다친 일은 없었으나 사고 당시 정신적 충격은 받았다고 해야 하기 때문이다.

27. 눈엣가시 같던 며느리가 죽었는데

   예로부터 시어머니와 며느리는 사이가 안 좋은 법. 그래서 '고부간의 갈등'이 가정 평화의 암적 요소가 아니던가?

   벙어리 3년, 귀머거리 3년, 소경 3년 등 혹독한 시집살이를 겪어온 김말자 여사가 어느덧 며느리를 보게 되었다. 외아들은 중매를 마다하고 며느리와 연애결혼을 했는데, 한집에 살면서 사사건건 시어머니와 의견 충돌을 빚었다. 그래서 할 수 없이 아들 내외는 분가, 독립을 하였다.

   분가 후 직장을 갖게 된 며느리가 퇴근길에 교통사고로 사망했다고 가정하자. 시어머니에게 법적으로 며느리의 사망에 따른 정신적 고통의 대가, 즉 위자료 청구권이 있는가?

① 며느리와 동거하지 않은 이상 위자료 청구권은 없다.

② 시어머니가 며느리의 사망에 충격, 즉 정신적 고통을 실제 받았느냐에 달려 있다.

③ 시어머니도 며느리의 사망에 따라 동거 여부, 충격 여부에 관계없이 위자료 청구권이 있다.

불법 행위로 사망하거나 부상을 입은 경우에 피해자나 그 가족, 친족이 정신적 고통을 겪게 되는 것은 분명하다. 따라서 생명, 신체에 가해진 불법 행위로 인한 손해 배상 문제에는 반드시 그 정신적 고통에 대한 대가, 즉 위자료의 지급이 뒤따르게 된다.

그런데 며느리와 사이가 안 좋거나 불화 중인 시어머니의 경우는 어떨까?

민법은 "타인의 생명을 해한 자는 피해자의 직계 존속, 직계 비속 및 배우자에 대하여는 재산상의 손해가 없는 경우에도 손해 배상의 책임이 있다"라고 규정하고 있는데, 여기서 열거되지 않은 친족, 예컨대 삼촌, 고모, 이모 등 방계 가족은 어떻게 될까?

법원은 위 규정이 위자료 청구권자를 예시한 것에 불과하다고 보면서 열거되지 않은 친족에게도 위자료 청구권을 인정하고 있다. 그래서 시어머니에 대해서도 위자료 청구권을 긍정한다. 따라서 며느리와 동거했는지 여부, 며느리의 사망에 정신적 고통을 실제 겪었는지 여부는 묻지 않는다.

📑 참고 조문

제751조(재산 이외의 손해의 배상)
① 타인의 신체, 자유 또는 명예를 해하거나, 기타 정신상 고통을 가한 자는 재산 이외의 손해에 대하여도 배상할 책임이 있다.

제752조(생명 침해로 인한 위자료)
타인의 생명을 해한 자는 피해자의 직계 존속, 직계 비속 및 배우자에 대하여는 재산상의 손해 없는 경우에도 손해 배상의 책임이 있다.

⚖ 어드바이스

위자료 청구권을 갖는 친족은 반드시 법률상의 친족에 국한되지 않으며, 배우자도 반드시 혼인 신고된 배우자여야 하는 것은 아니다. 혼인 신고를 하지 않은 사실상의 배우자에게도 위자료 청구권은 있다.

28. 장군의 아들

잠시 옛날로 무대를 설정해보자.

임금의 총애를 받고 있는 병조 판서 김종수 장군이 어느 날 정적이 보낸 것으로 짐작되는 자객에 의하여 암살당했다. 김종수 장군은 운명하면서 어린 아들에게 복수해줄 것을 유언으로 남겼다. 자객의 정체는 알 수 없었으나 귀신같은 검술의 소유자였을 것이다.

어린 아들은 깊은 산중으로 들어가 10년 동안 복수의 일념하에 오직 검술만을 연마했다. 그리고 이제는 어느 누구도 이길 수 있다고 판단되어, 하산하여 아버지를 살해한 자객을 찾아 헤매었다. 그리고 1년 만에 찾아내었다고 하자.

여기서 무대를 오늘날로 되돌리자. 오늘날은 그 자객을 다만 살인죄로 고소할 수 있을 뿐이고, 손해 배상을 청구할 수 있을 뿐이다. 그렇다면 11년이 지나 이제 와서 손해 배상을 청구할 수 있을까?

① 할 수 있다. 가해자가 누구인지 안 때가 최근이므로.

② 할 수 있다. 가해자가 살인죄로 처벌되므로.

③ 할 수 없다. 10년이 넘었으므로.

옛날 같았으면 장군의 아들은 10년 동안 연마한 검술 솜씨를 발휘하여 자객에게 복수를 할 수 있었을 것이다. 그러나 현대 법치국가에서 사적인 복수는 금지되어 있다. 오늘날의 복수는 형벌의 부과라는 수단을 통하여 국가가 담당한다. 또 민사상으로도 피해자에게 손해 배상 청구권을 부여하고 있다.

그런데 이 불법 행위로 인한 손해 배상 청구권도 일정한 기간까지 행사하지 않으면 시효로 소멸한다. 그 기간은 첫째, 피해자가 그 손해 및 가해자를 안 날로부터 3년이고, 둘째는 불법 행위가 있는 날로부터 10년이다.

이처럼 가해자를 알았다면 3년 내에, 몰랐다고 하더라도 불법 행위가 있었던 때로부터 10년 내에 손해 배상 청구권을 행사(법원에 제소하는 것)하지 않으면 권리가 소멸하도록 규정한 이유는, 그만한 세월이 지나면 피해자의 감정도 가라앉게 된다고 보는 것이고, 또 이 세월이 지난 뒤에 당사자 간의 분규를 일으키는 것이 타당하지 않으며, 오랜 세월의 경과로 고통을 잊고 있는 자에게 법적 보호를 해줄 필요가 없기 때문이다.

참고 조문

제766조(손해 배상 청구권의 소멸 시효)
① 불법 행위로 인한 손해 배상의 청구권은 피해자나 그 법정 대리인이 그 손해 및 가해자를 안 날로부터 3년간 이를 행사하지 아니하면 시효로 인하여 소멸한다.
② 불법 행위를 한 날로부터 10년을 경과한 때에도 전항과 같다.

어드바이스

손해 배상 청구권의 시효에 관하여 판례는, '손해를 안 때'라는 것은 '가해 행위가 불법 행위가 되어 손해 배상을 청구할 수 있다는 사실을 안 때'라는 의미이고, '가해자'라는 것은 '손해 배상 청구의 상대방이 되는 자'를 의미한다고 풀이하고 있다.

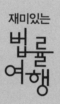

재미있는
법률
여행